Driebanden biljart: Op en af die bergpatrone

Van professionele kampioenskaptoernooie

Toets jouself teen professionele biljartspelers

Allan P. Sand
PBIA Gesertifiseerde biljart-instrukteur

ISBN 978-1-62505-246-9
PRINT 7x10

ISBN 978-1-62505-389-3
PRINT 8.5x11

First edition

Copyright © 2019 Allan P. Sand9

All rights reserved under International and Pan-American Copyright Conventions.

Published by Billiard Gods Productions.
Santa Clara, CA 95051
U.S.A.

For the latest information about books and videos, go to: http://www.billiardgods.com

Acknowledgements
Wei Chao created the software that was used to create these graphics.

Inhoudsopgawe

Inleiding 1
   Oor die tabel uitlegte 1
   Tabel Opstel Instruksies 2
   Doel van die uitlegte 2

A: Onder die heuwel af klein hoek hake **3**
   A: Groep 1 3
   A: Groep 2 8
   A: Groep 3 13
   A: Groep 4 18

B: Onder die heuwel, groot hoekhake **23**
   B: Groep 1 23
   B: Groep 2 28
   B: Groep 3 34
   B: Groep 4 39

C: Kort biljartbanden, vol tafelpatroon **44**
   C: Groep 1 44
   C: Groep 2 49
   C: Groep 3 54

D: Basiese hoekopname (lang biljartbanden) **59**
   D: Groep 1 59
   D: Groep 2 64
   D: Groep 3 69
   D: Groep 4 74

E: Hoek terugkeer, verlengde lang been **79**
   E: Groep 1 79
   E: Groep 2 84
   E: Groep 3 89

F: Skuins hoek, onder die heuwelbeen **94**
   F: Groep 1 94
   F: Groep 2 99
   F: Groep 3 104
   F: Groep 4 109

G: In die hoek (kort biljartbanden) **114**
   G: Groep 1 114
   G: Groep 2 119
   G: Groep 3 124

H: Basiese Dubbele Haken **129**
   H: Groep 1 129
   H: Groep 2 134
   H: Groep 3 139

I: Uitgebreide dubbel-hake **144**
   I: Groep 1 144
   I: Groep 2 149

  I: Groep 3 154
  I: Groep 4 159
J: Dubbele haak, met diagonaal terug **164**
  J: Groep 1 164
  J: Groep 2 169
  J: Groep 3 174
  J: Groep 4 179
K: Dubbel bo-op die heuwel **184**
  K: Groep 1 184
L: Buitekant Retour **189**
  L: Groep 1 189
  L: Groep 2 194
M: Buitekant terugkeer (kort biljartbanden) **199**
  M: Groep 1 199

Other books by the author …
- 3 Cushion Billiards Championship Shots (a series)
- Carom Billiards: Some Riddles & Puzzles
- Carom Billiards: MORE Riddles & Puzzles
- Why Pool Hustlers Win
- Table Map Library
- Safety Toolbox
- Cue Ball Control Cheat Sheets
- Advanced Cue Ball Control Self-Testing Program
- Drills & Exercises for Pool & Pocket Billiards
- The Art of War versus The Art of Pool
- The Psychology of Losing – Tricks, Traps & Sharks
- The Art of Team Coaching
- The Art of Personal Competition
- The Art of Politics & Campaigning
- The Art of Marketing & Promotion
- Kitchen God's Guide for Single Guys

Inleiding

Dit is een van 'n reeks Carambolebiljart boeke wat wys hoe professionele biljartspelers besluite neem, gebaseer op die tafeluitleg. Al hierdie skote is van internasionale kompetisies.

Tydens kompetisies gebruik baie van die skote 'n (CB)-pad wat bekend staan as " Rondom die Wêreldpatrone ". Basies is die (CB) pad van 'n huishoek, na 'n lang biljartbanden, kort biljartbanden ,, teenoorgestelde lang biljartbanden, en dan na die tweede OB.

Hierdie skote sit jou in die kop van die biljartspeler, begin met die balposisies (in die eerste tabel getoon). Die tweede tabel uitleg toon wat die biljartspeler besluit het om te doen.

Oor die tabel uitlegte

Elke skoot het twee tabel konfigurasies. Die eerste tafel is die balposisies voor die skoot. Die tweede tafel is hoe die balle op die tafel beweeg.

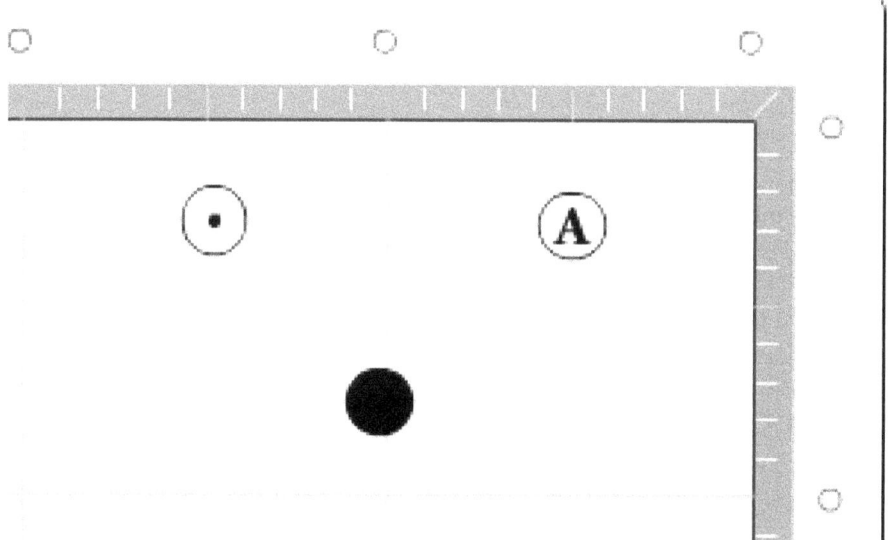

Dit is die drie balle op die tafel:

(A) CB (jou biljartbal)

 OB (teenstander biljartbal)

 OB (rooi biljartbal)

Elke tabel grafiese in hierdie boek is 'n swart en wit voorstelling van 'n standaard 5 x 10 carom biljart tafel. Bale word verteenwoordig met hierdie drie simbole.

Tabel Opstel Instruksies

Gebruik papierbindringe om die balposisies te merk (koop by enige kantoorvoorraadwinkel

Plaas 'n muntstuk by elke biljartbanden wat die (CB) sal raak.

Wanneer jy die skoot speel, let op waar die CB-patroon en elke spoorkontak. U mag verskeie pogings benodig aangesien u aanpassings aan die Sertifiseringsliggaam maak om die patroon behoorlik te volg.

Doel van die uitlegte

Hierdie uitlegte word vir twee doeleindes voorsien.

- Jou ontleding - By die woon kan jy oorweeg hoe om die konfigurasie op die eerste tafel te speel. Vergelyk jou idees met die werklike patroon op die tweede tafel. Dink aan jou oplossing en oorweeg opsies. Uit die tweede tabel kan jy ook analiseer hoe om die patroon te volg. Mentally speel die skoot en besluit hoe jy suksesvol kan wees.

- Oefen die tafel opstelling - Plaas die balle in posisie, volgens die eerste tabel konfigurasie. Probeer om dieselfde manier te skiet as die tweede tafelpatroon. Miskien moet jy baie pogings doen voordat jy die regte manier kry om te speel. So kan jy hierdie skote leer en speel tydens kompetisies en toernooie.

Die kombinasie van geestelike analise en praktiese oefening sal jou 'n slimmer

A: Onder die heuwel af klein hoek hake

Die (CB) kom van die eerste (OB) en gaan na die middel van die lang biljartbanden. Die (CB) gaan na die verste hoek toe - in die kort biljartbanden en lang biljartbanden.

(A) **(CB)** (jou biljartbal) – (•) **(OB)** (teenstander biljartbal) – ● **(OB)** (rooi bal)

A: Groep 1

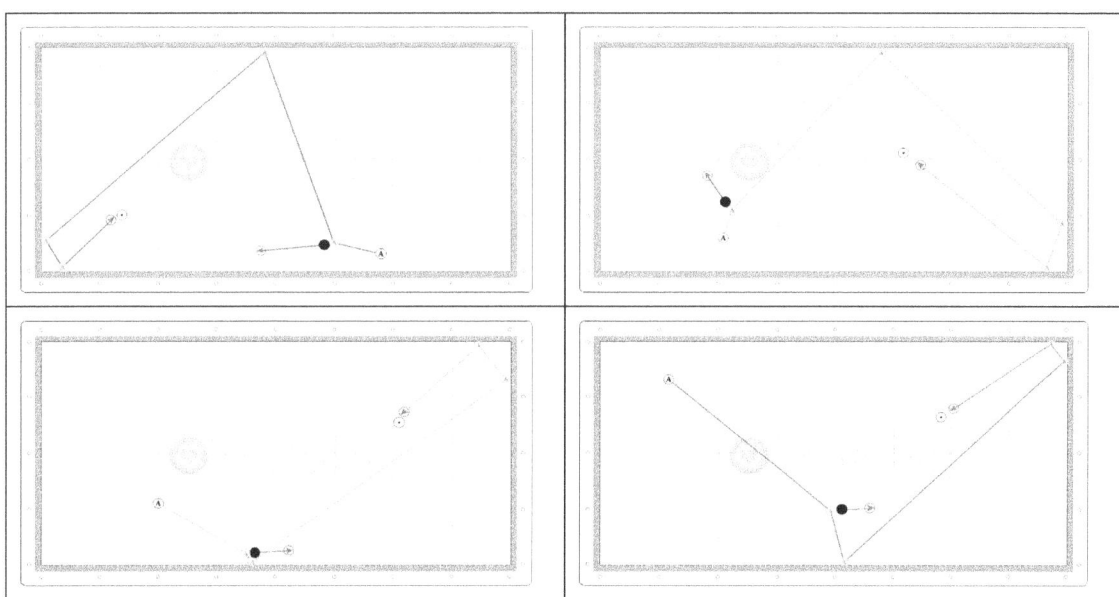

Analise:

A:1a. _____

A:1b. _____

A:1c. _____

A:1d. _____

A:1a – Opstelling

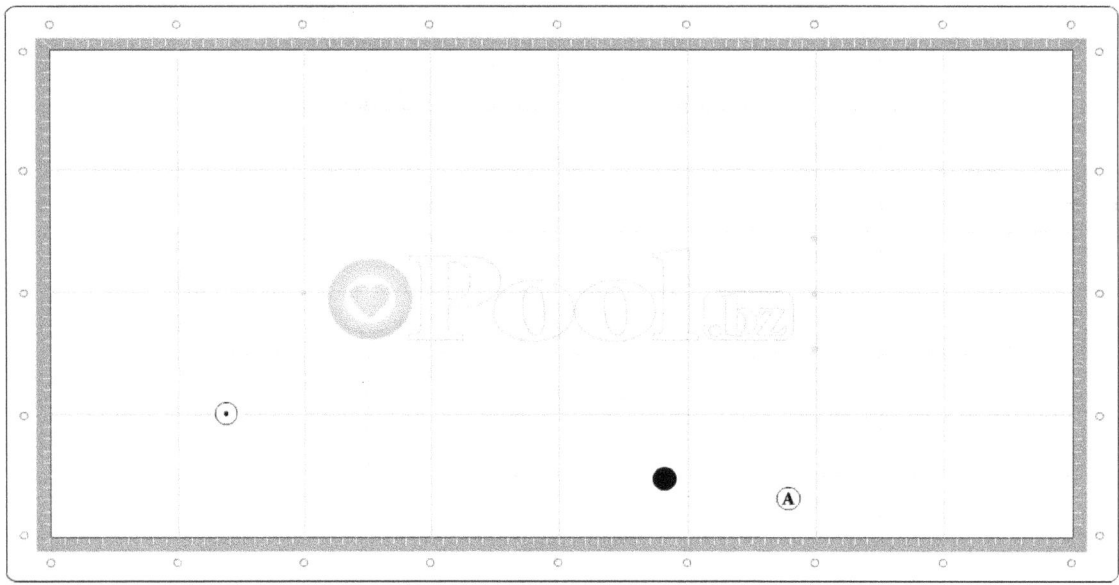

NOTAS VIR JOU IDEES:

Tabelpatroon

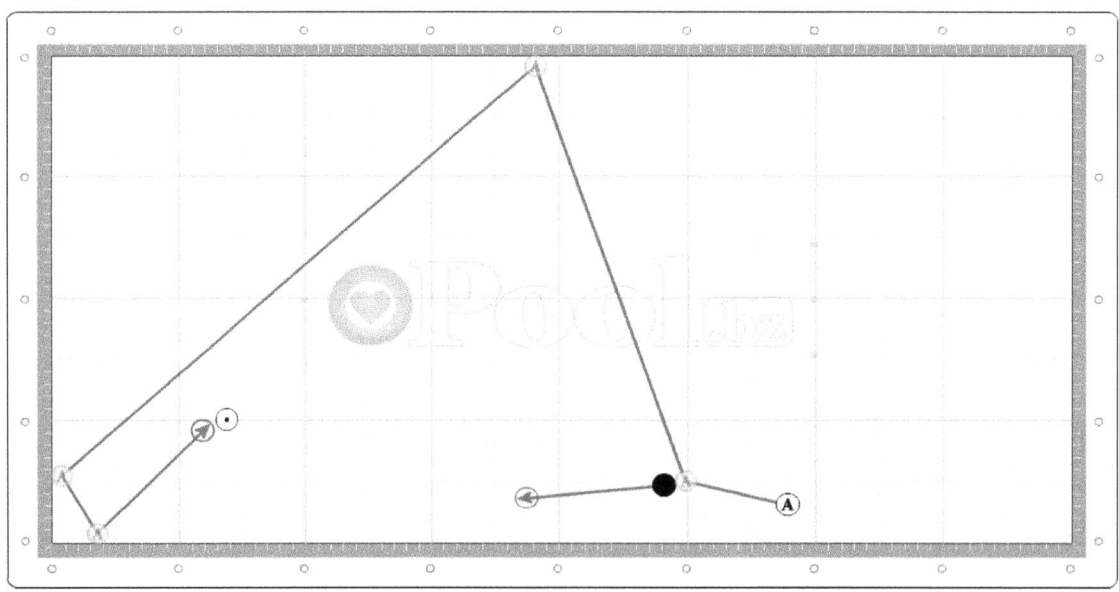

A:1b – Opstelling

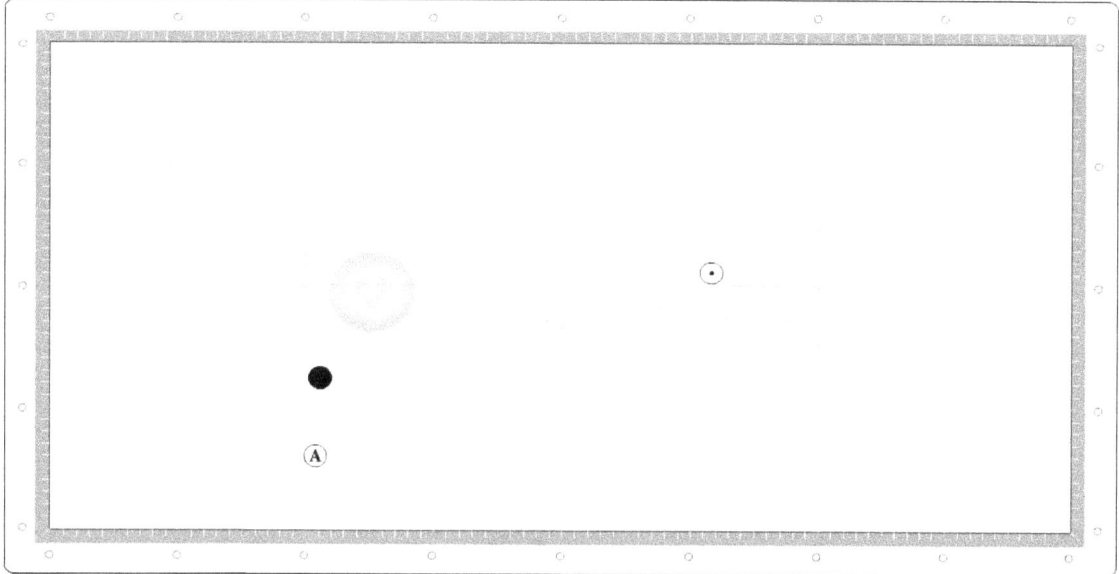

NOTAS VIR JOU IDEES:

Tabelpatroon

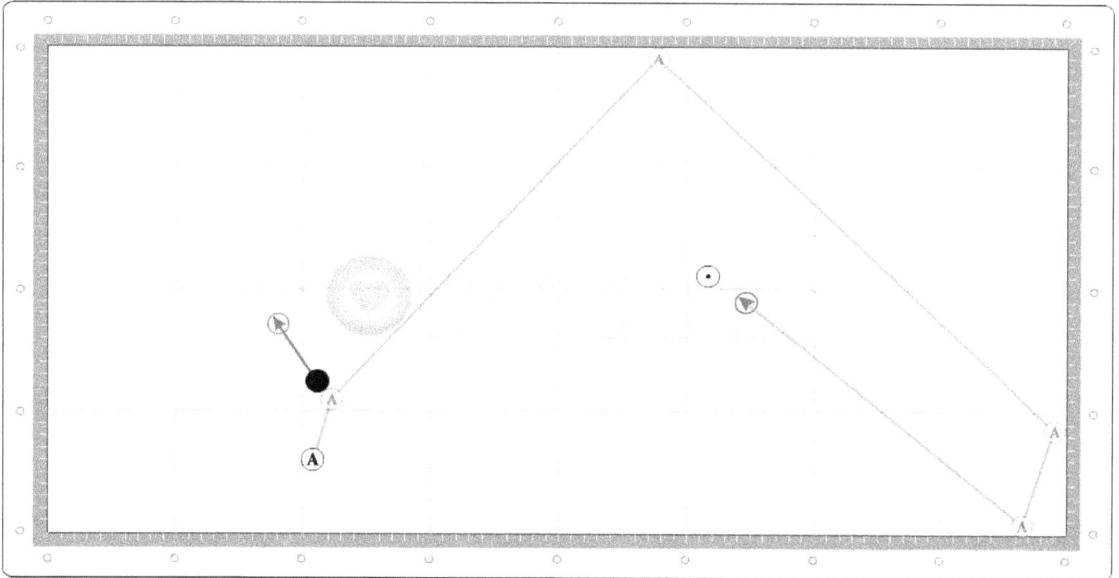

A:1c – Opstelling

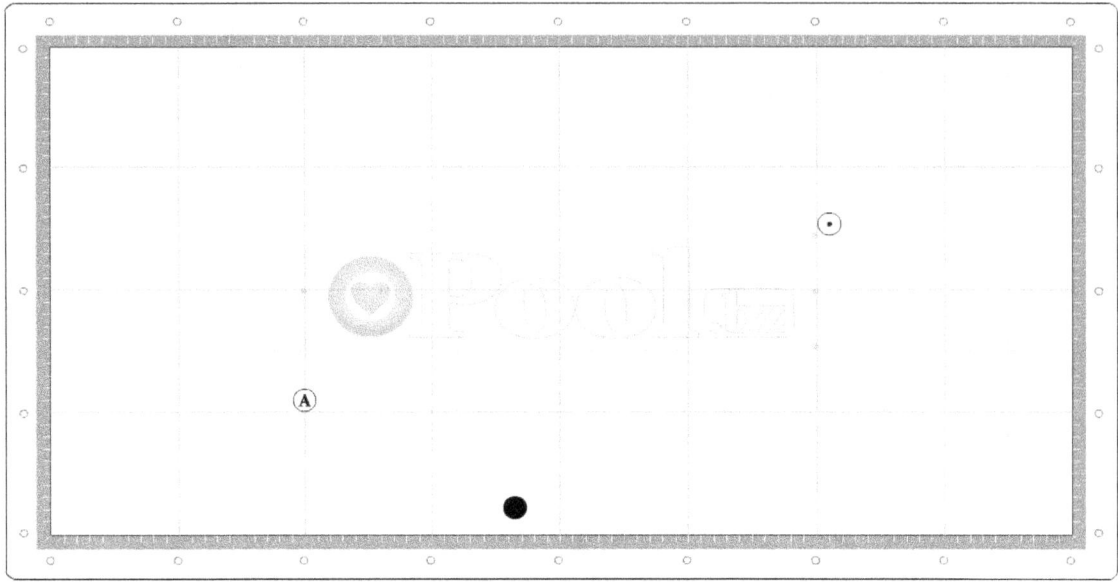

NOTAS VIR JOU IDEES:

Tabelpatroon

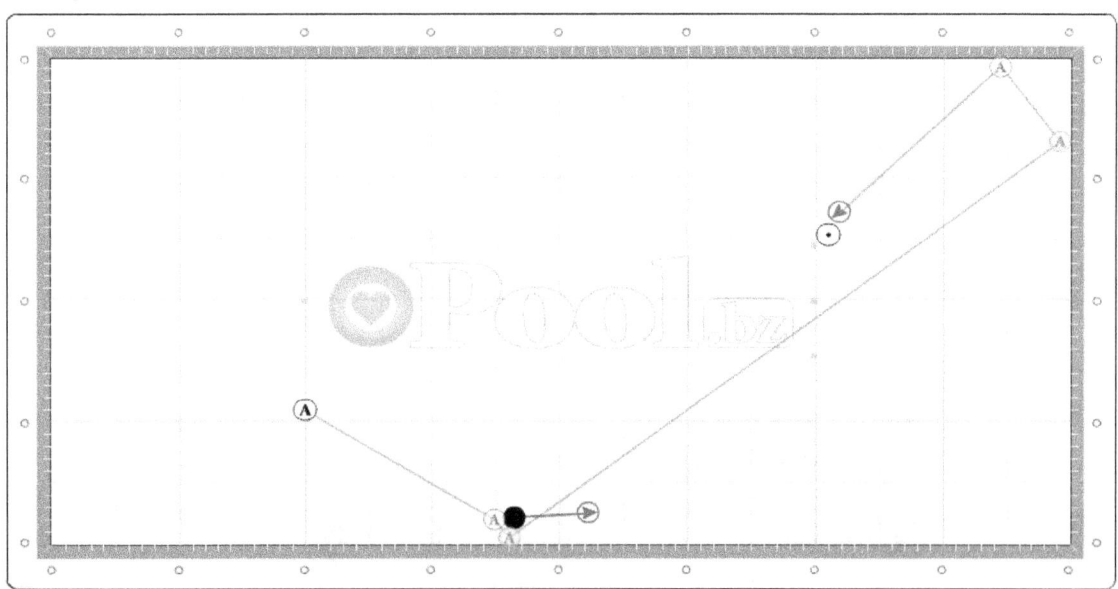

A:1d – Opstelling

NOTAS VIR JOU IDEES:

Tabelpatroon

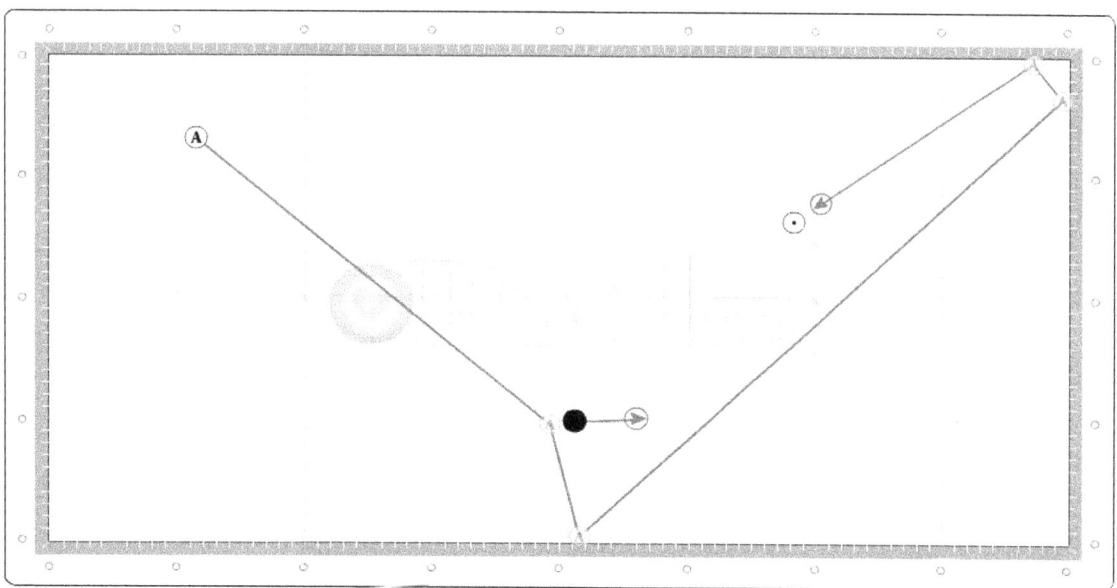

A: Groep 2

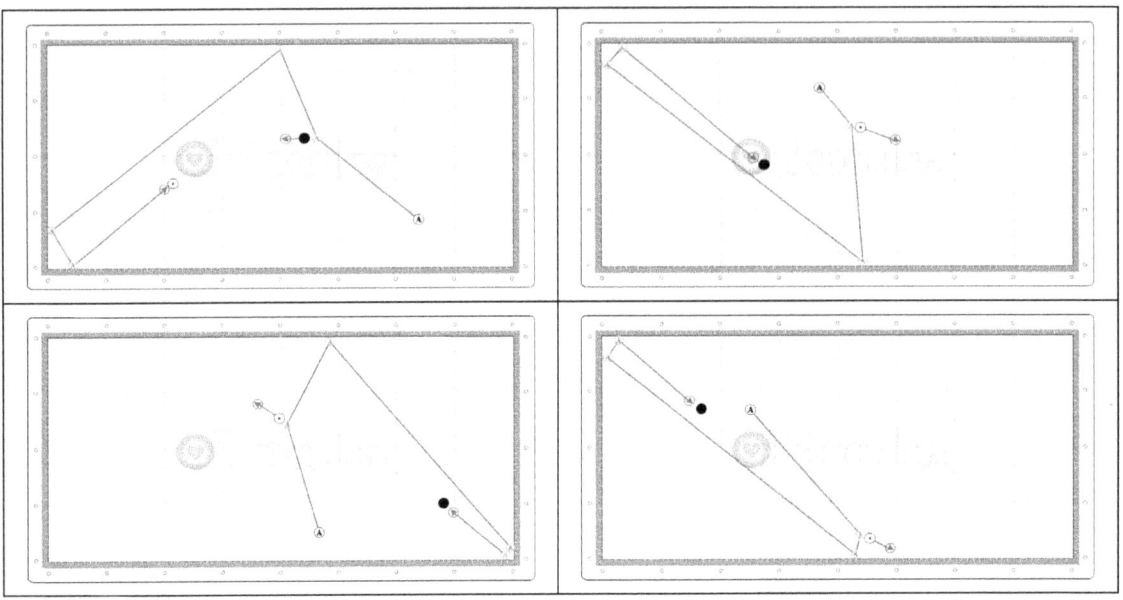

Analise:

A:2a. _____

A:2b. _____

A:2c. _____

A:2d. _____

A:2a – Opstelling

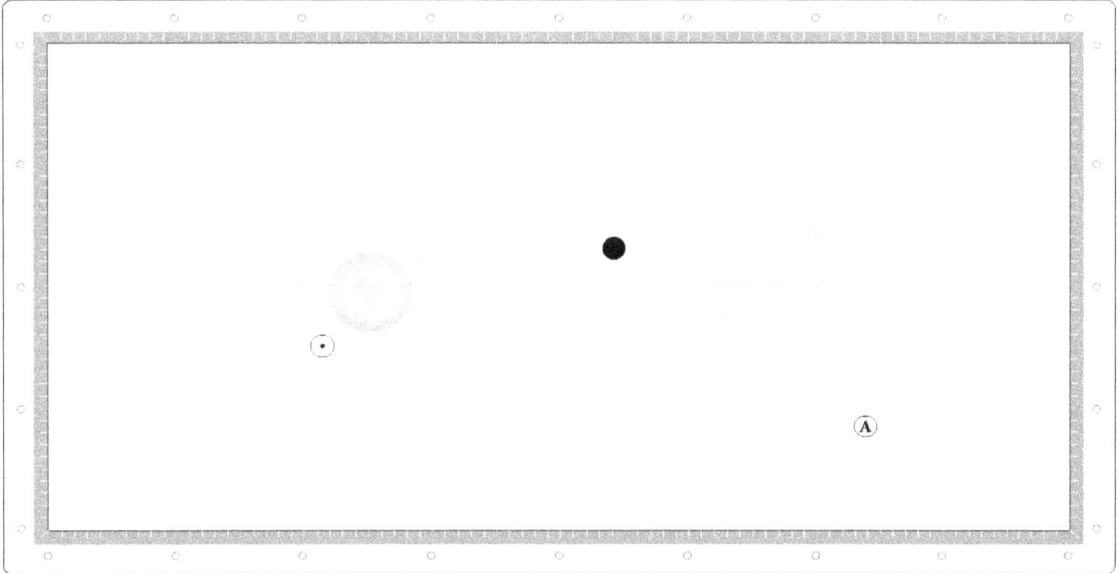

NOTAS VIR JOU IDEES:

Tabelpatroon

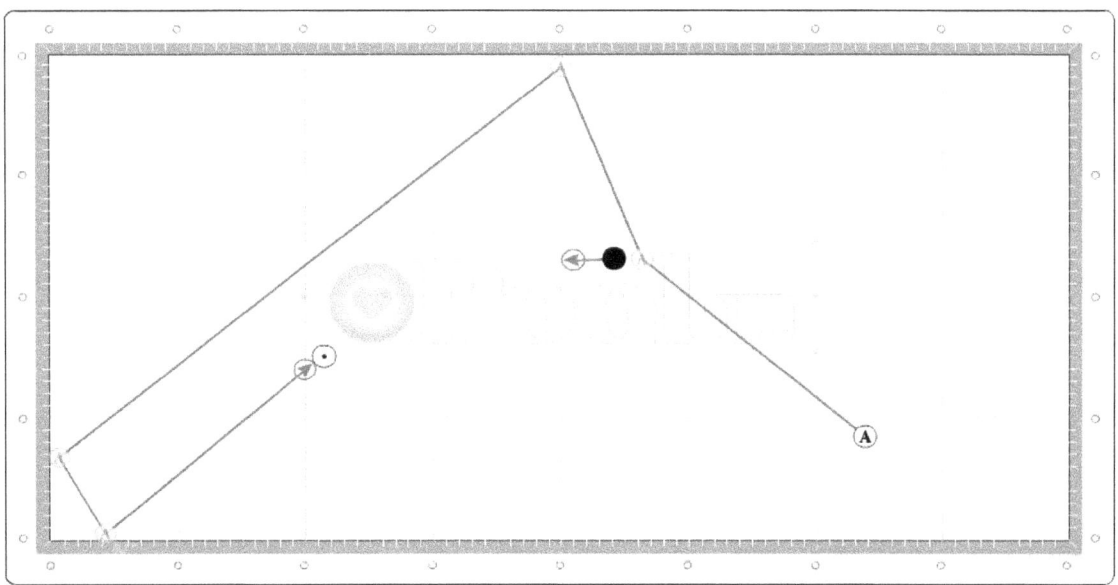

A:2b – Opstelling

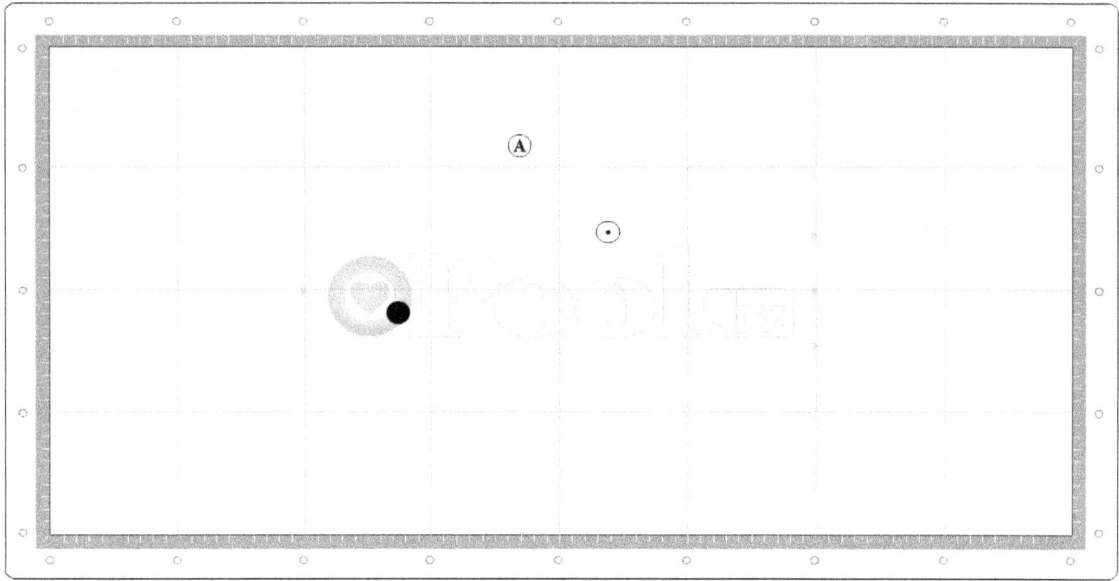

NOTAS VIR JOU IDEES:

Tabelpatroon

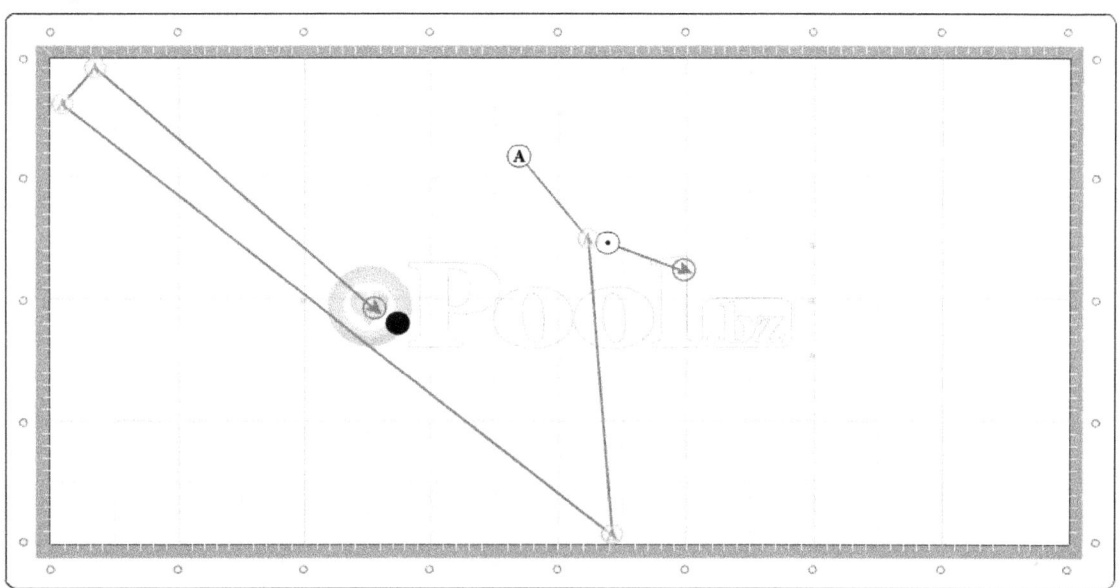

A:2c – Opstelling

NOTAS VIR JOU IDEES:

Tabelpatroon

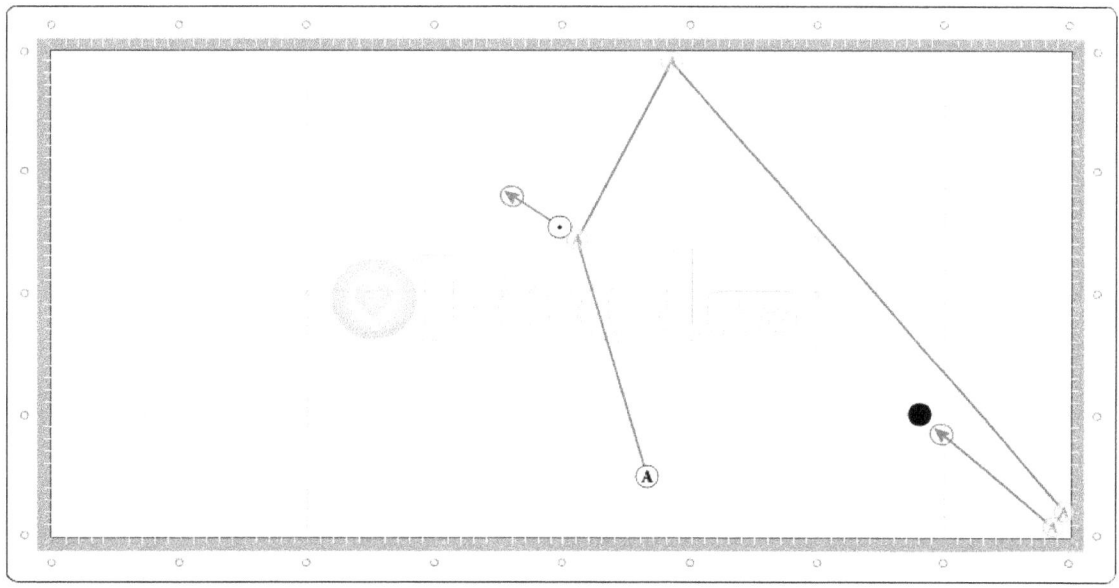

A:2d – Opstelling

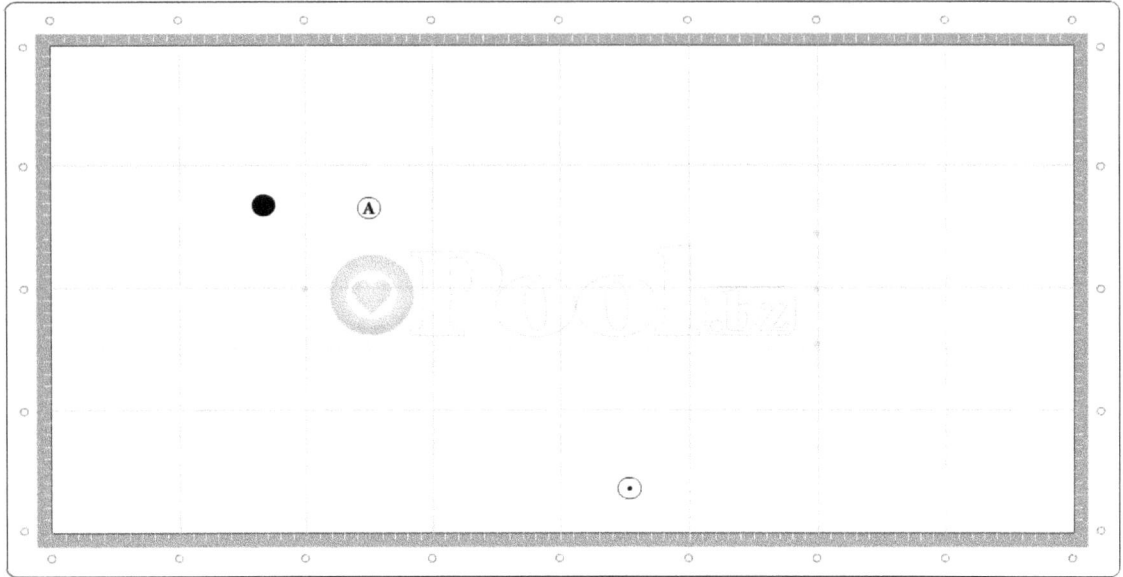

NOTAS VIR JOU IDEES:

Tabelpatroon

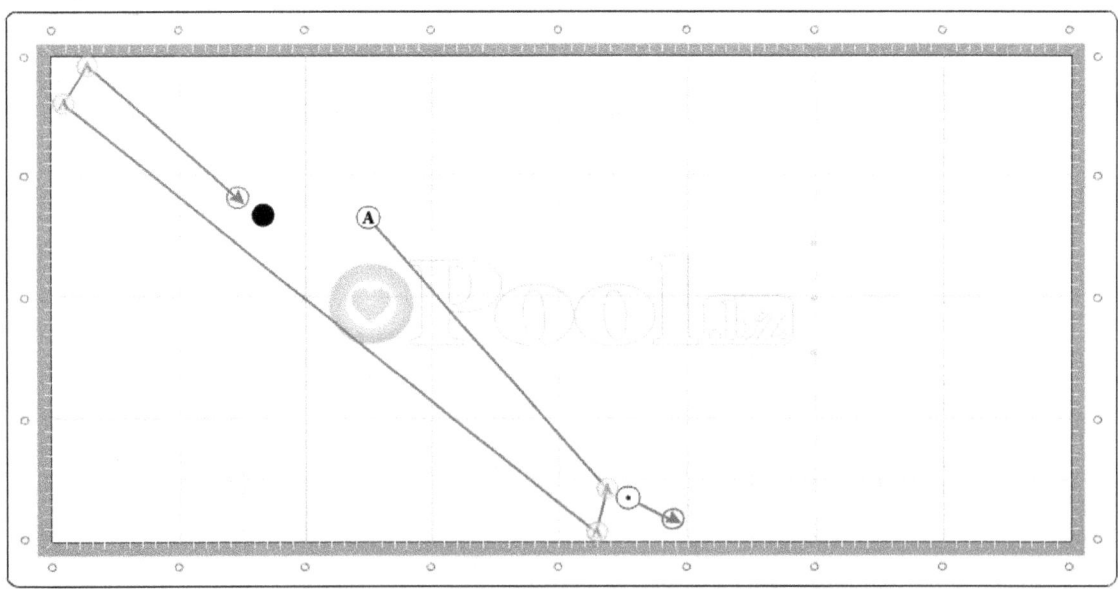

A: Groep 3

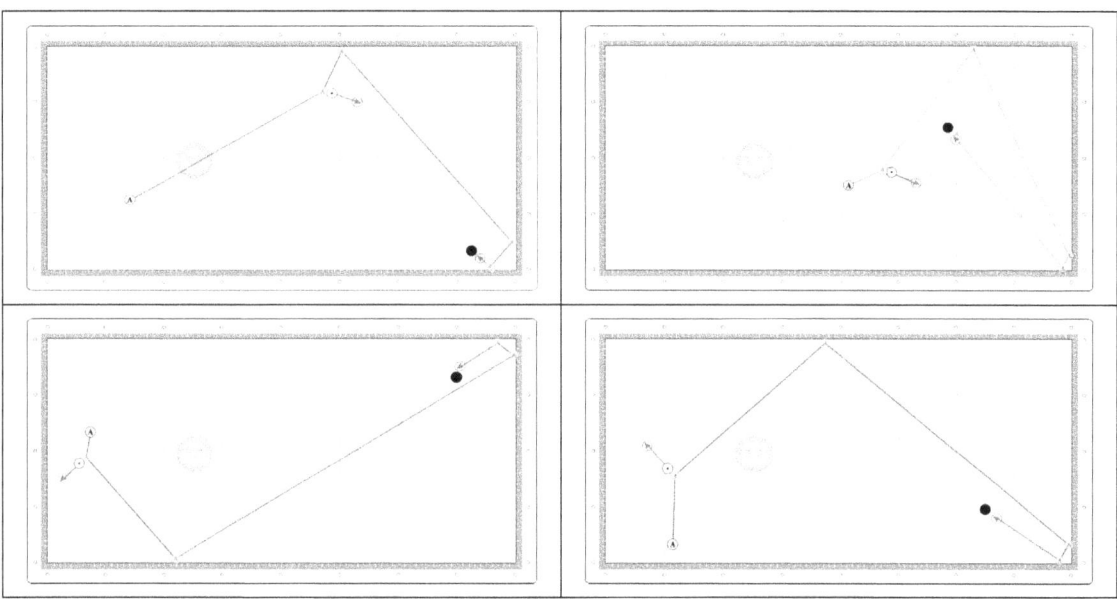

Analise:

A:3a. _____

A:3b. _____

A:3c. _____

A:3d. _____

A:3a – Opstelling

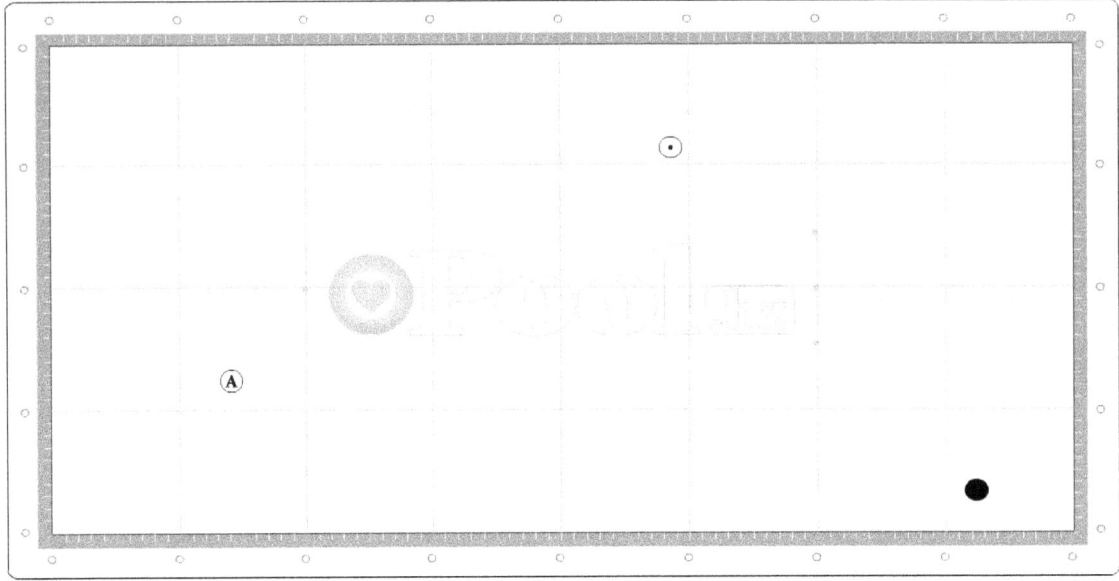

NOTAS VIR JOU IDEES:

Tabelpatroon

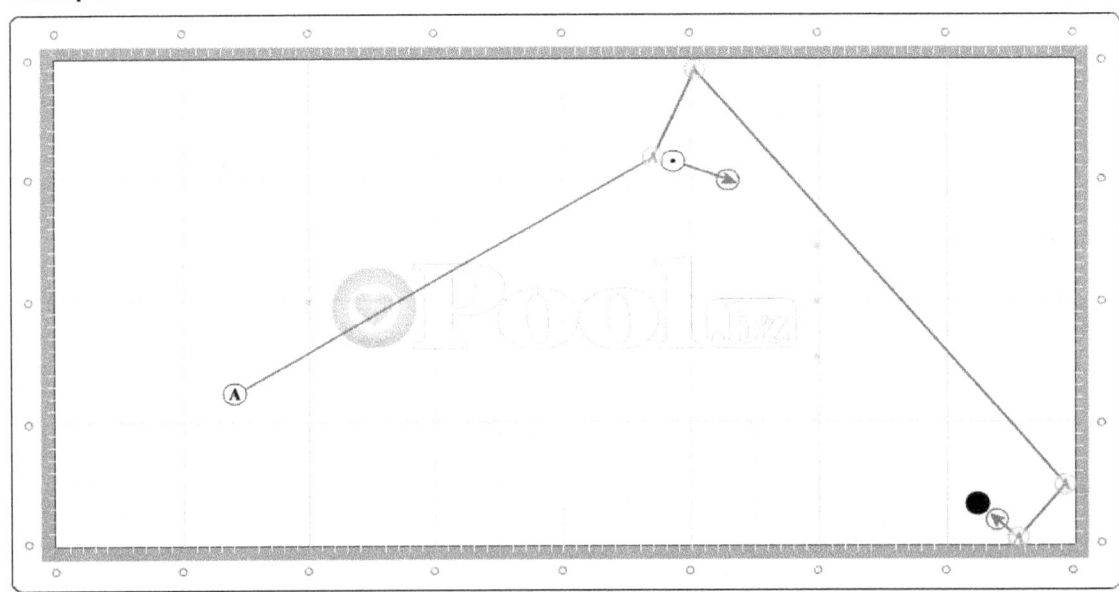

A:3b – Opstelling

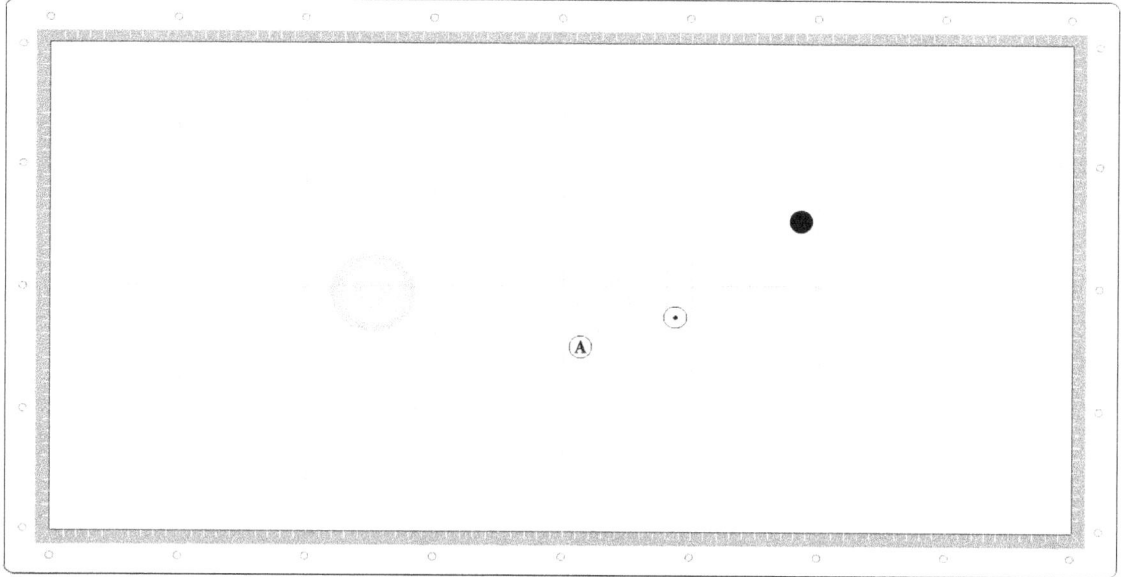

NOTAS VIR JOU IDEES:

Tabelpatroon

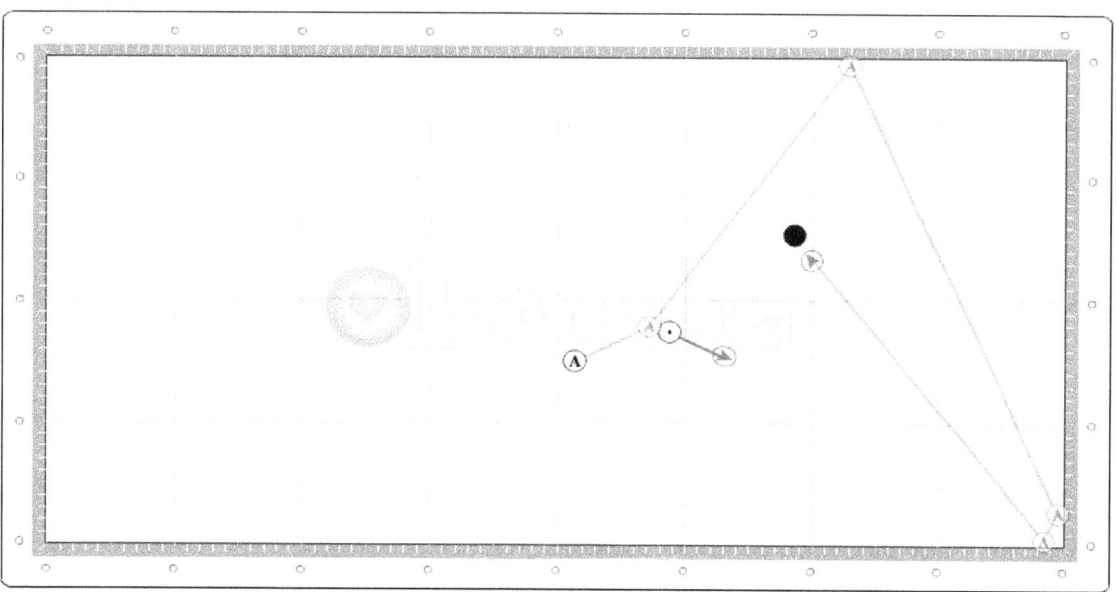

A:3c – Opstelling

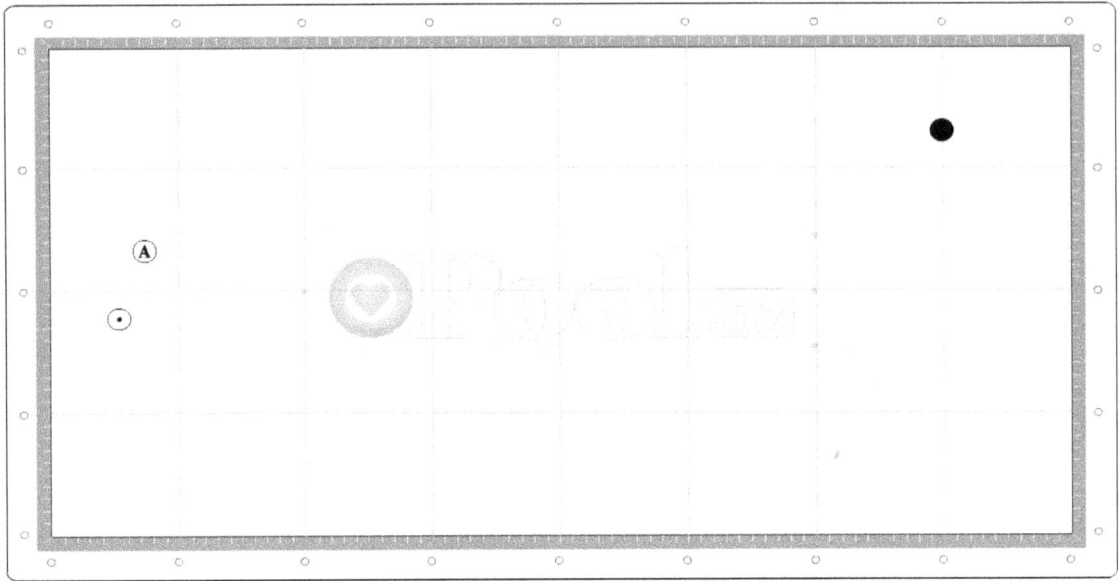

NOTAS VIR JOU IDEES:

Tabelpatroon

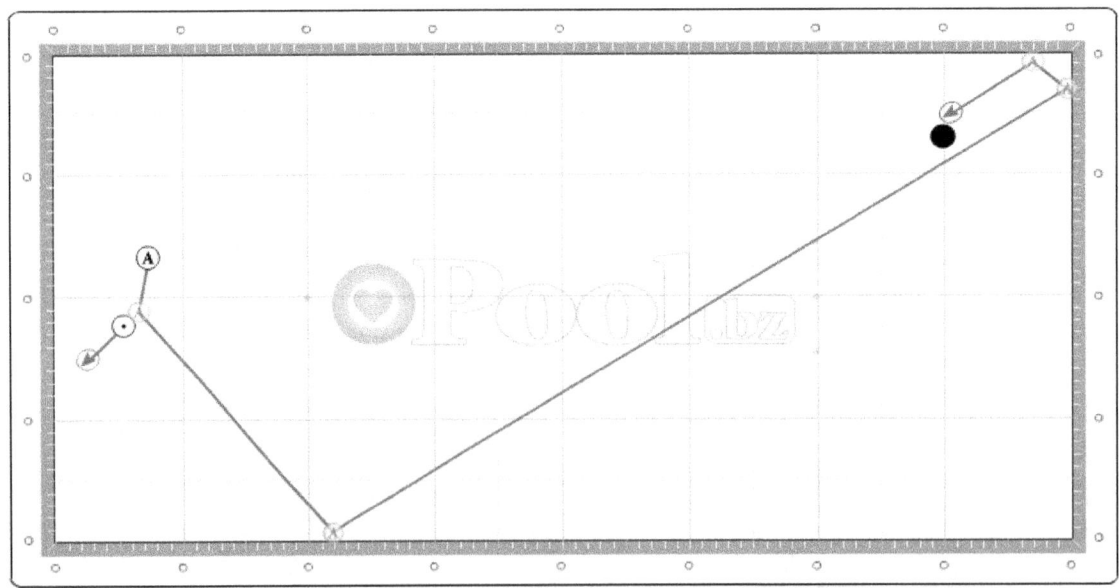

A:3d– Opstelling

NOTAS VIR JOU IDEES:

Tabelpatroon

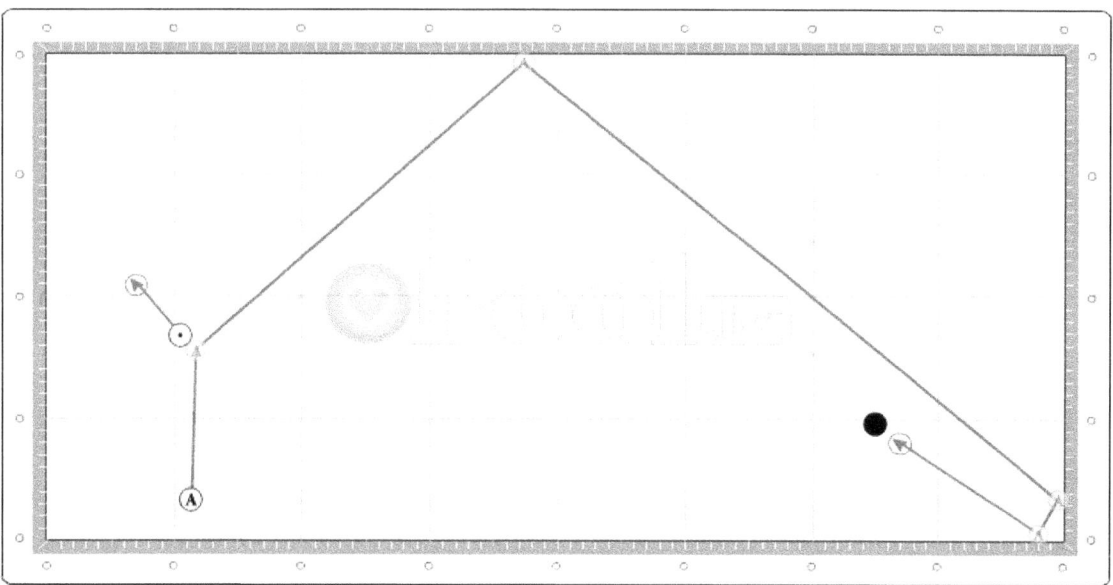

A: Groep 4

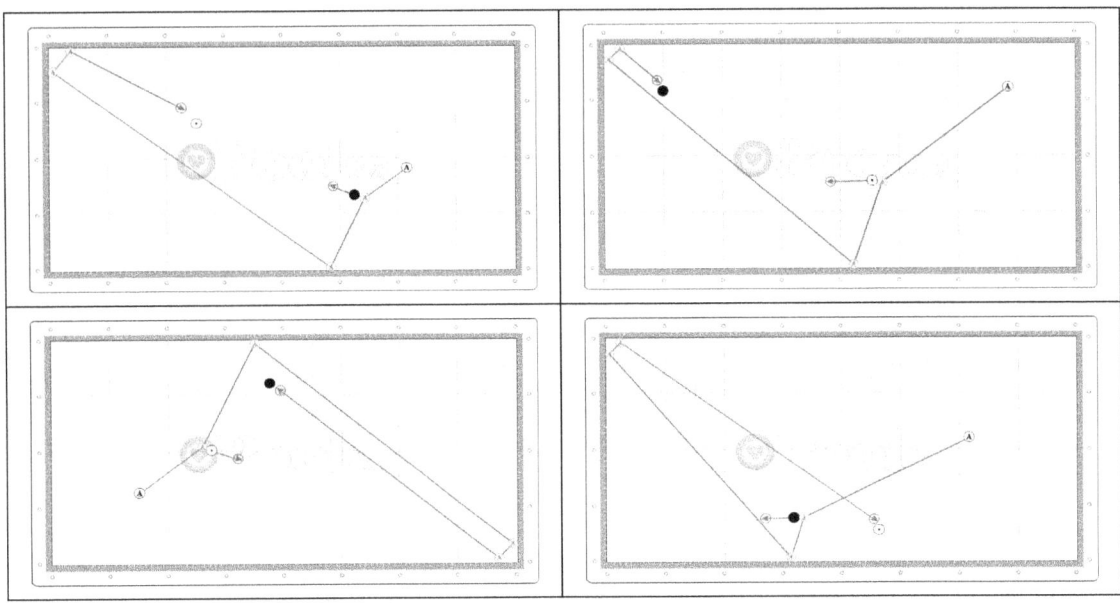

Analise:

A:4a. _____

A:4b. _____

A:4c. _____

A:4d. _____

A:4a – Opstelling

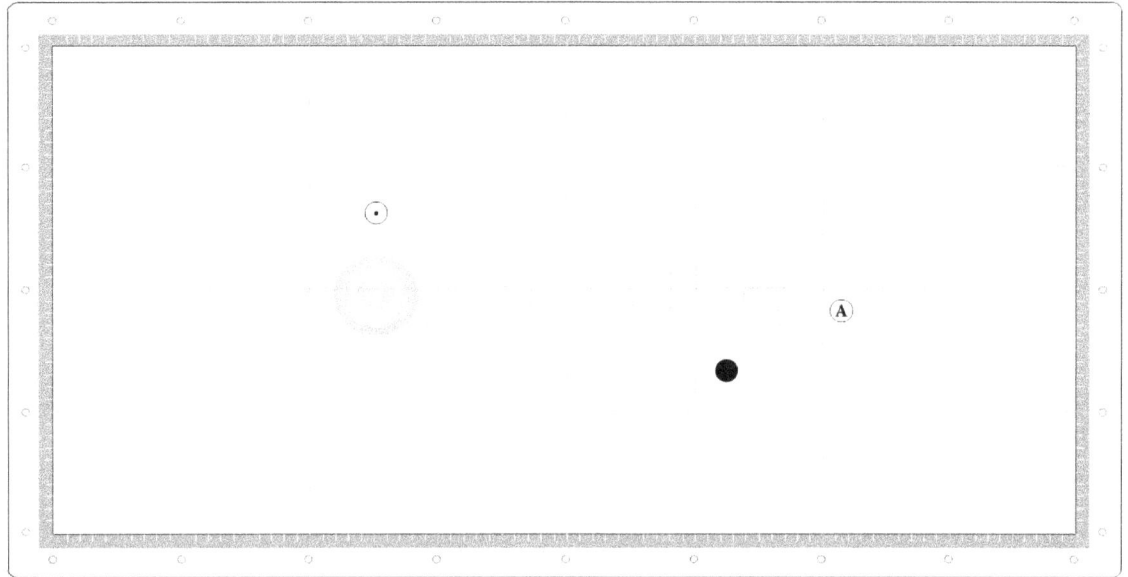

NOTAS VIR JOU IDEES:

Tabelpatroon

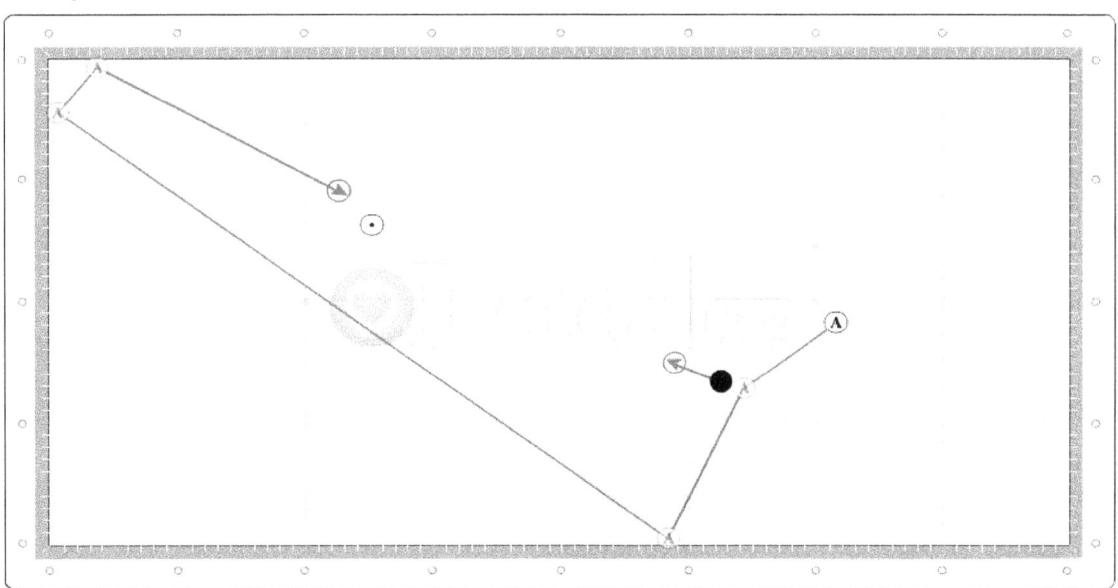

A:4b – Opstelling

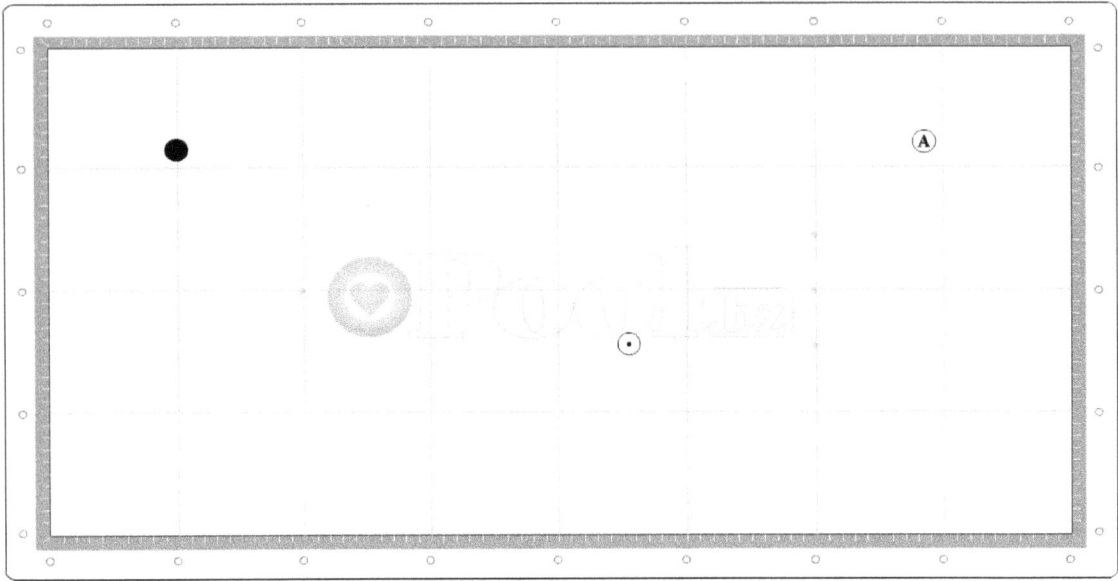

NOTAS VIR JOU IDEES:

Tabelpatroon

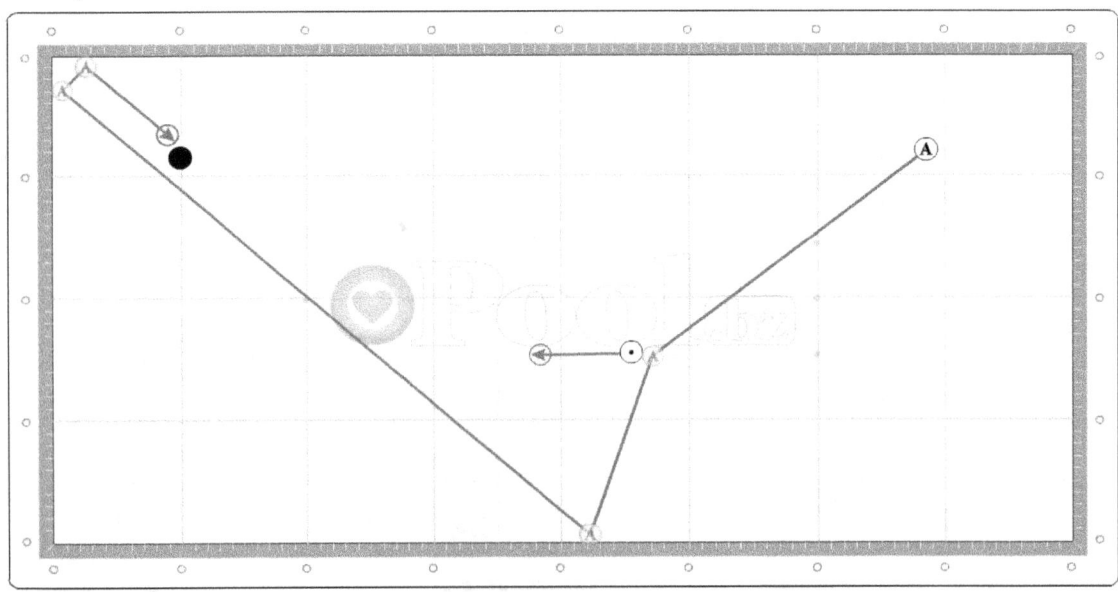

A:4c – Opstelling

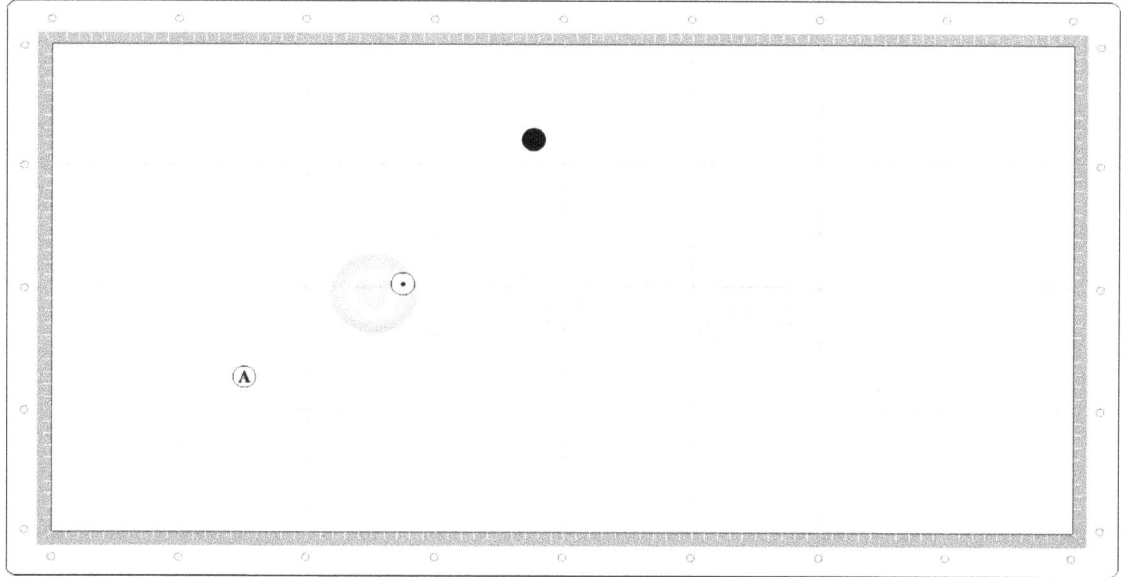

NOTAS VIR JOU IDEES:

Tabelpatroon

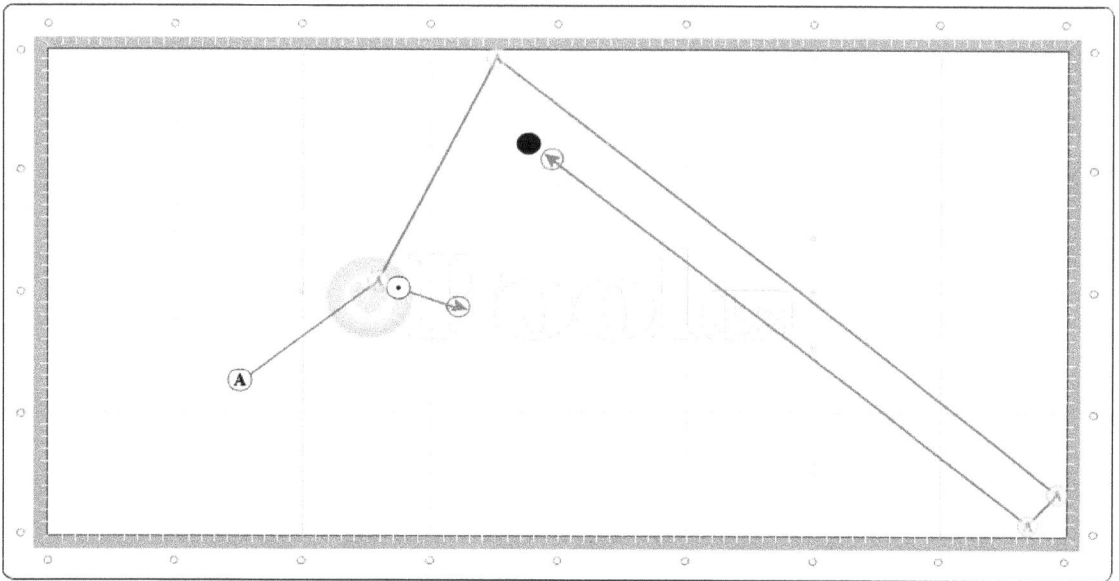

A:4d – Opstelling

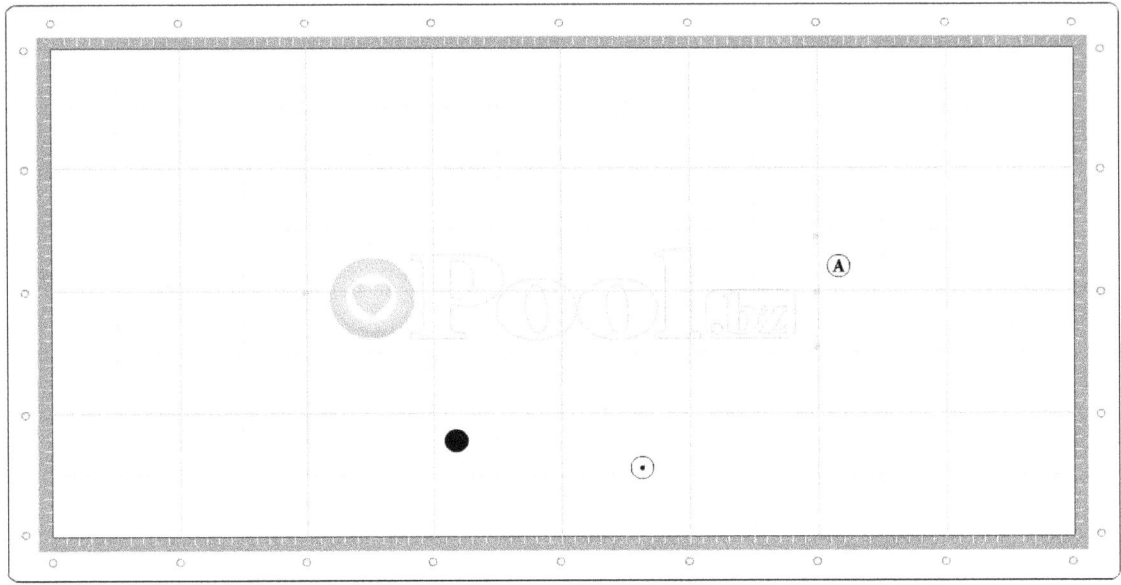

NOTAS VIR JOU IDEES:

Tabelpatroon

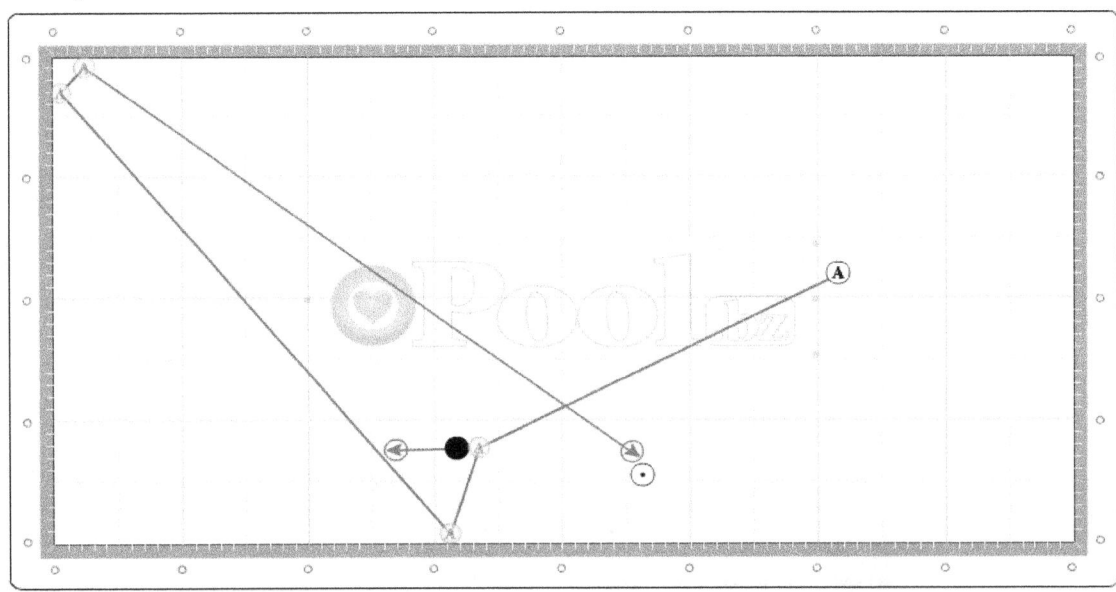

B: Onder die heuwel, groot hoekhake

Die (CB) kom van die eerste (OB) en gaan kruiskant na die middel van die lang biljartbanden. Dan gaan dit in die ander hoek. Hier kom dit in verbinding met die kort biljartbanden en die lang biljartbanden, en kontak dan die tweede (OB).

(A) **(CB)** (jou biljartbal) – ⊙ **(OB)** (teenstander biljartbal) – ● **(OB)** (rooi bal)

B: Groep 1

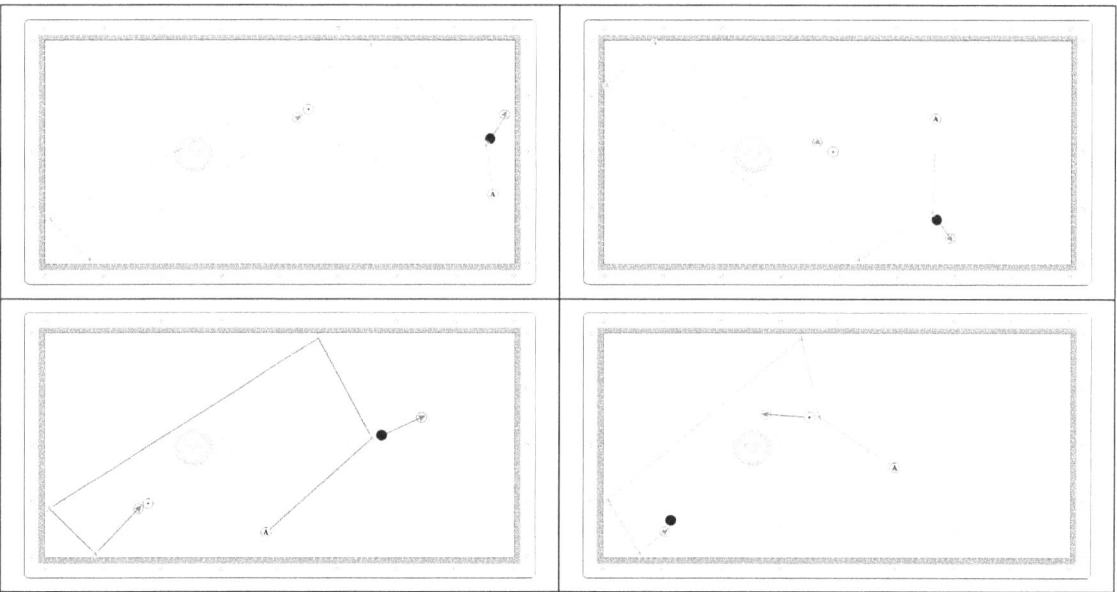

Analise:

B:1a. _____

B:1b. _____

B:1c. _____

B:1d. _____

B:1a – Opstelling

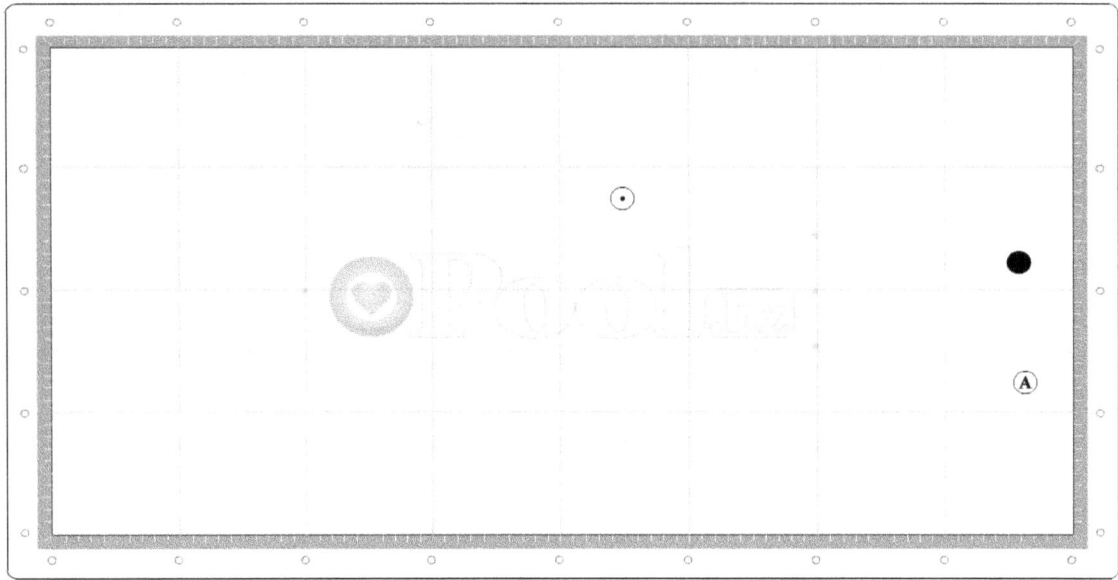

NOTAS VIR JOU IDEES:

Tabelpatroon

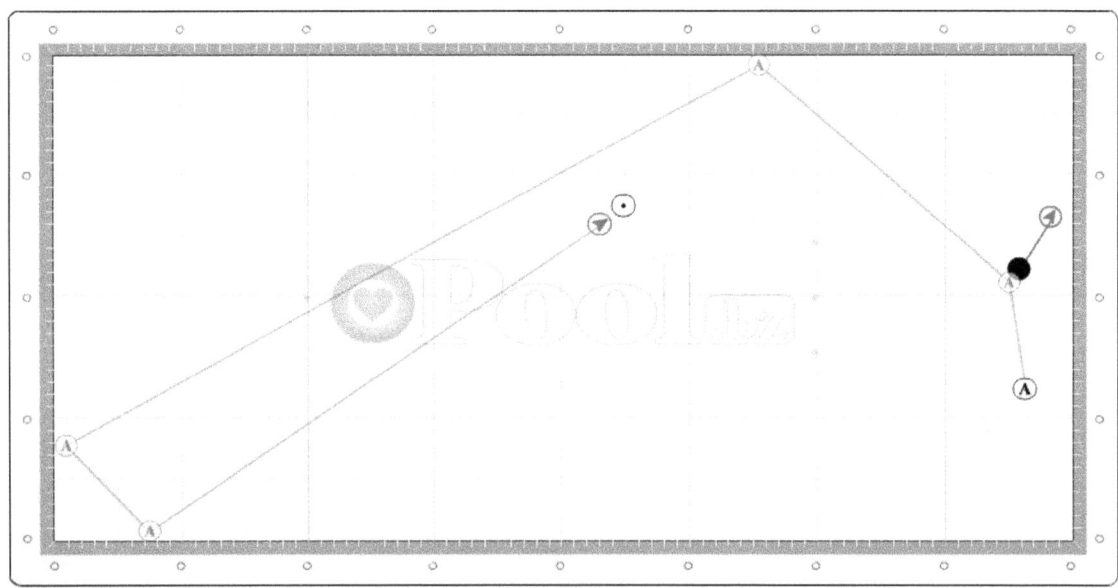

B:1b – Opstelling

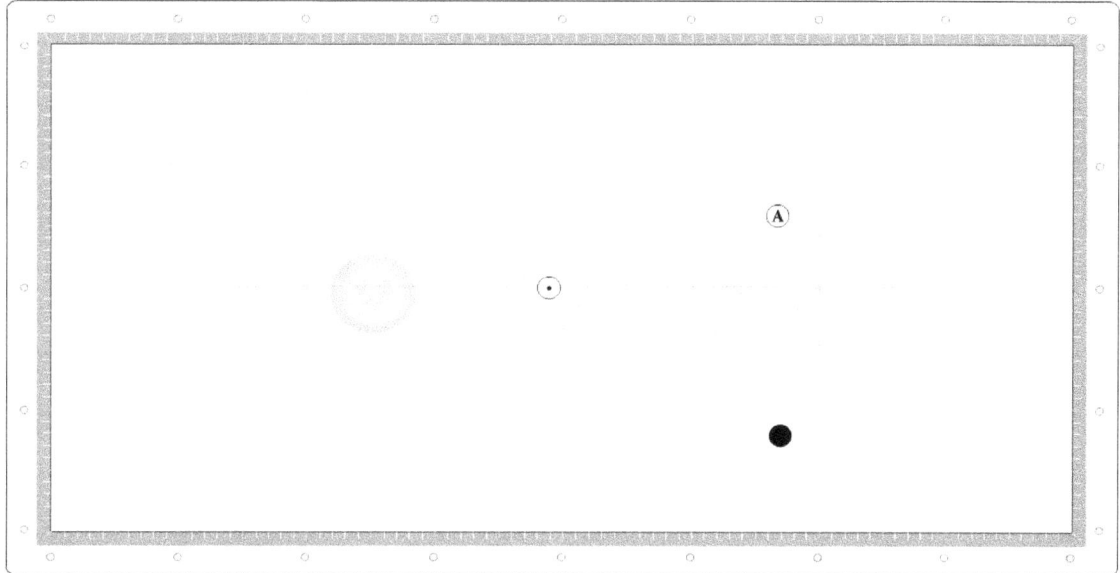

NOTAS VIR JOU IDEES:

Tabelpatroon

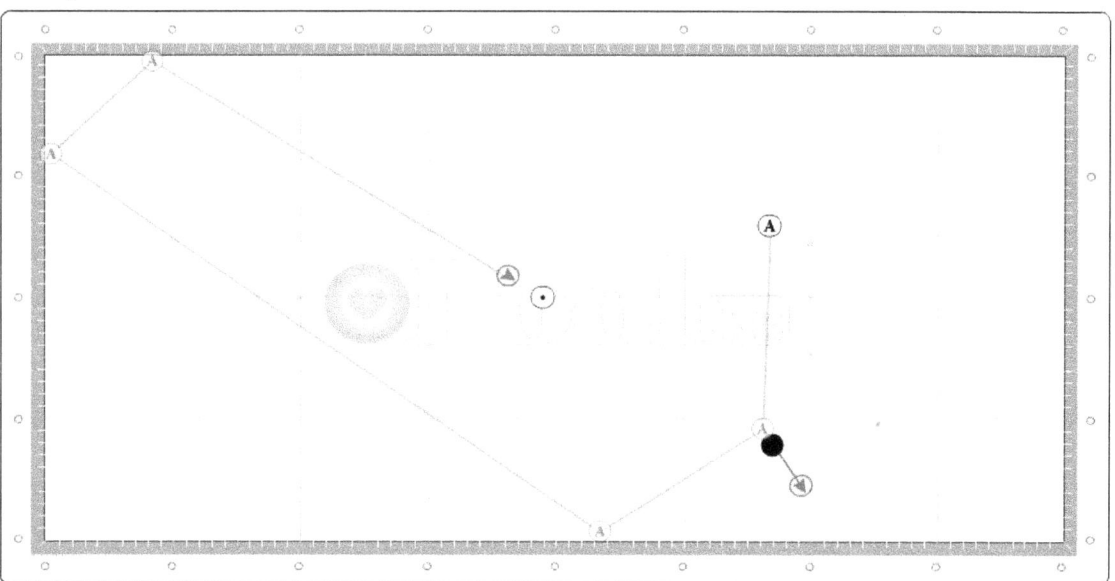

B:1c – Opstelling

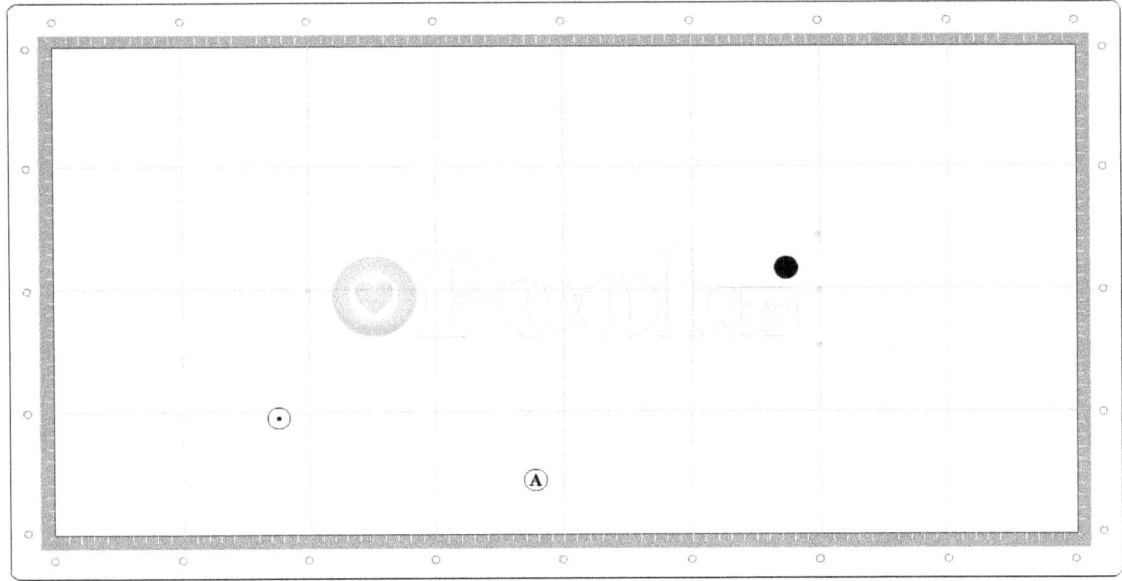

NOTAS VIR JOU IDEES:

Tabelpatroon

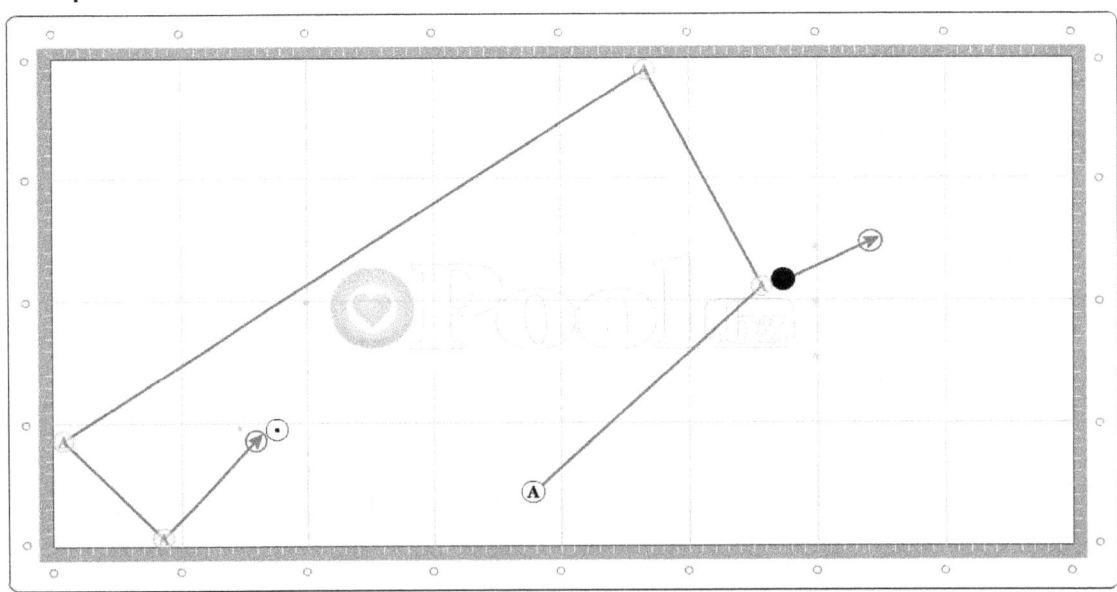

B:1d – Opstelling

NOTAS VIR JOU IDEES:

Tabelpatroon

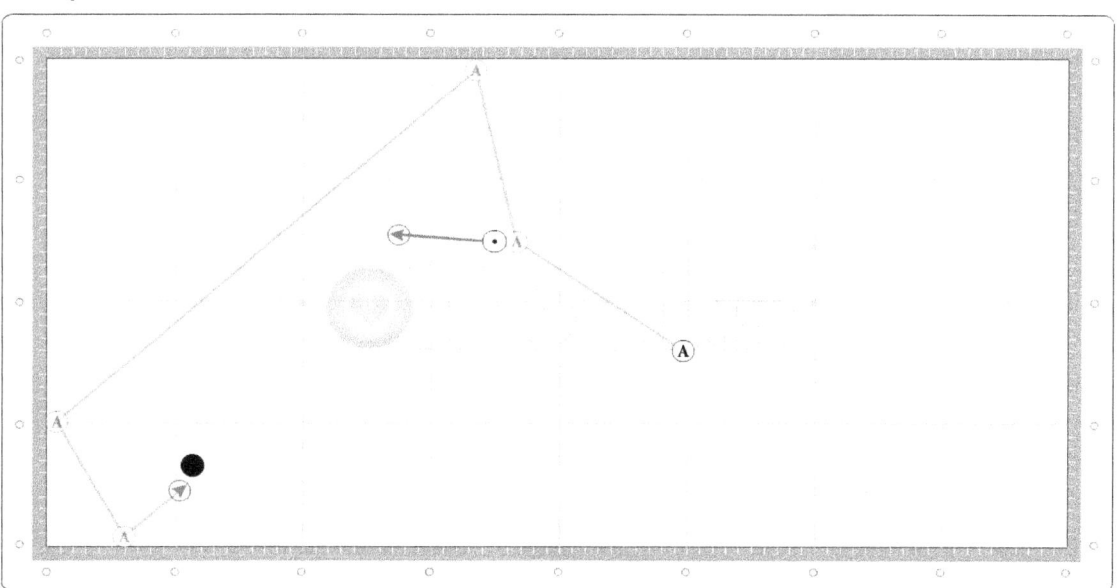

B: Groep 2

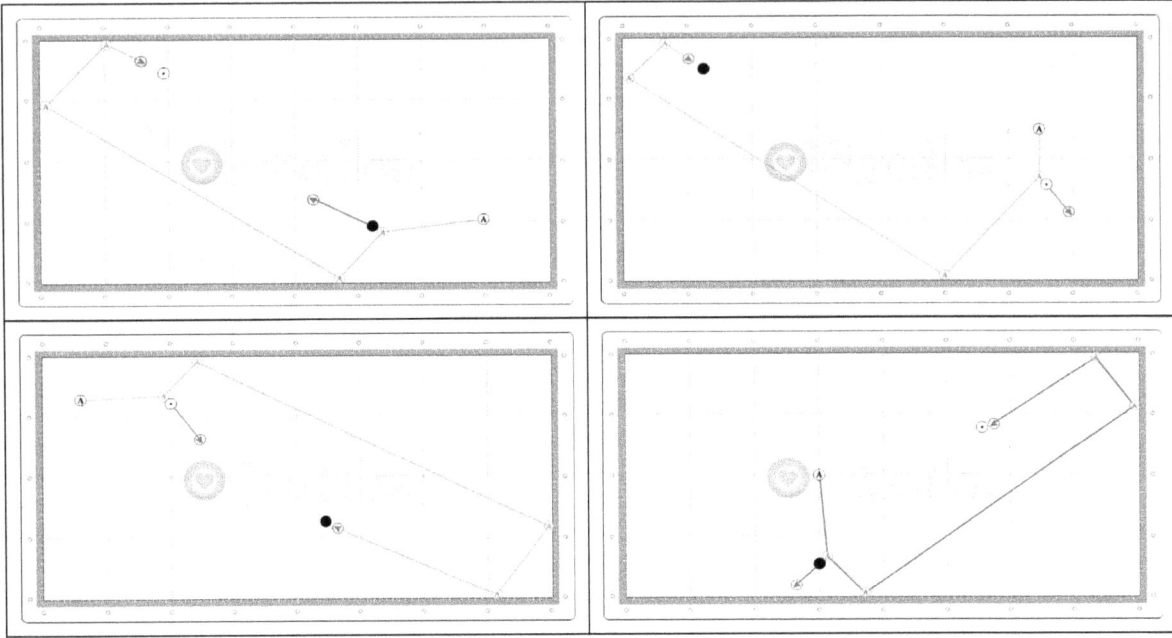

Analise:

B:2a. _____

B:2b. _____

B:2c. _____

B:2d. _____

B:2a – Opstelling

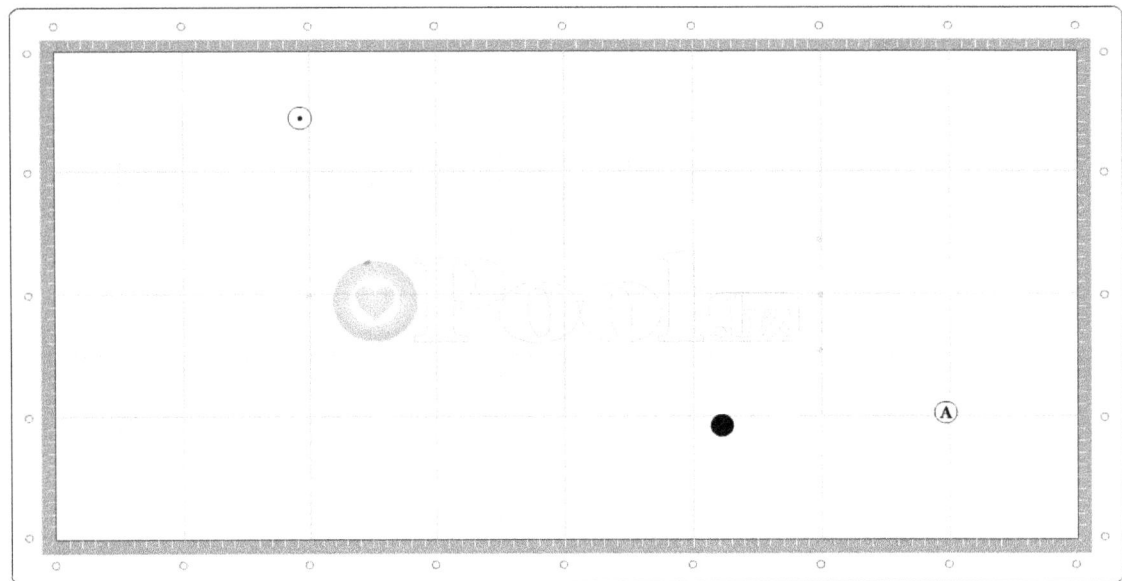

NOTAS VIR JOU IDEES:

Tabelpatroon

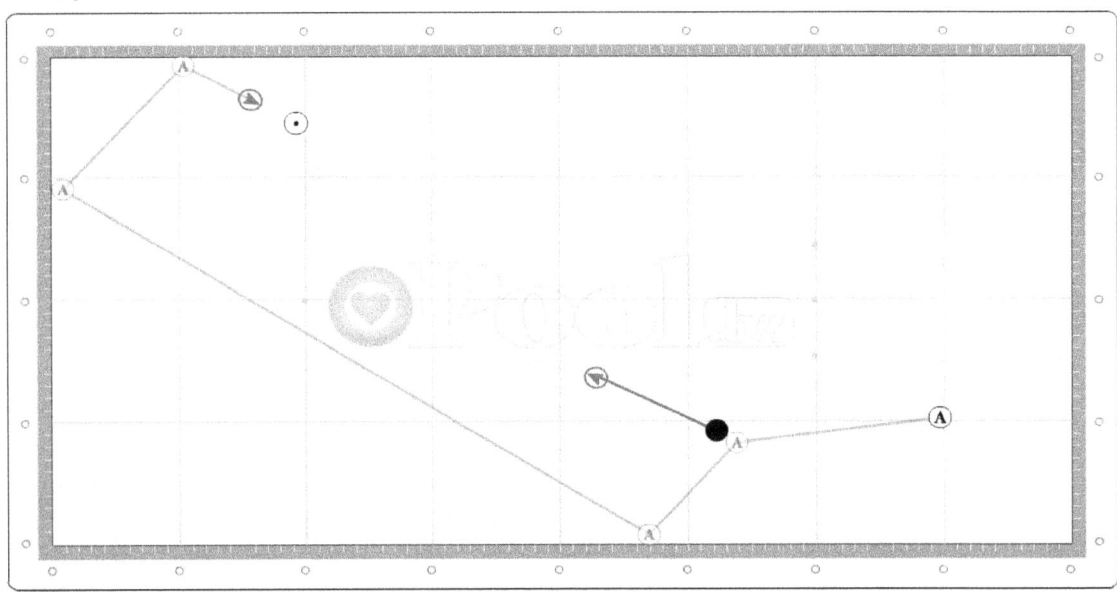

B:2b – Opstelling

NOTAS VIR JOU IDEES:

Tabelpatroon

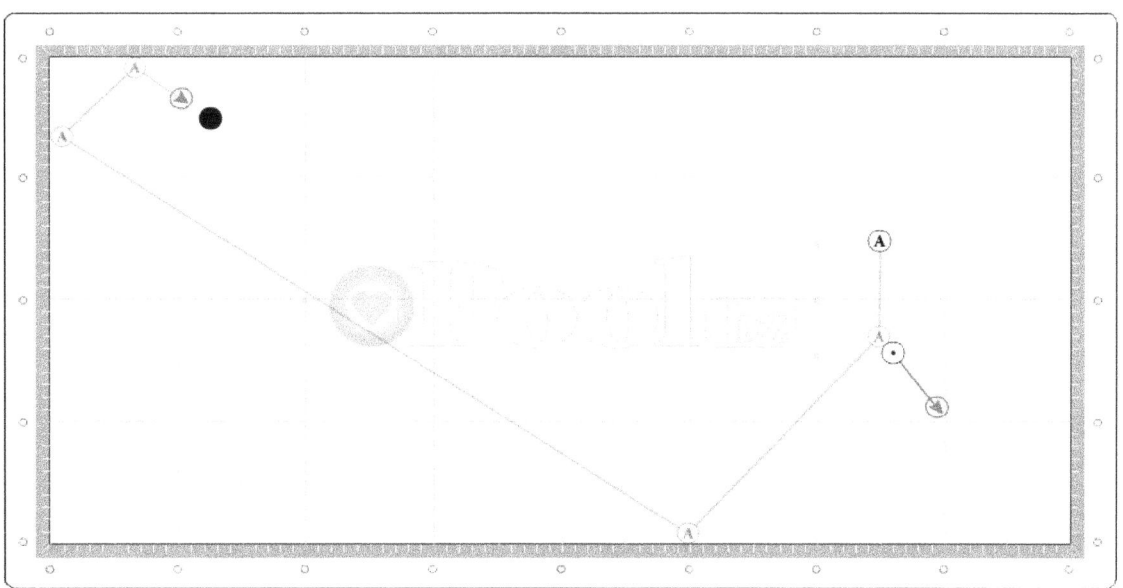

B:2c – Opstelling

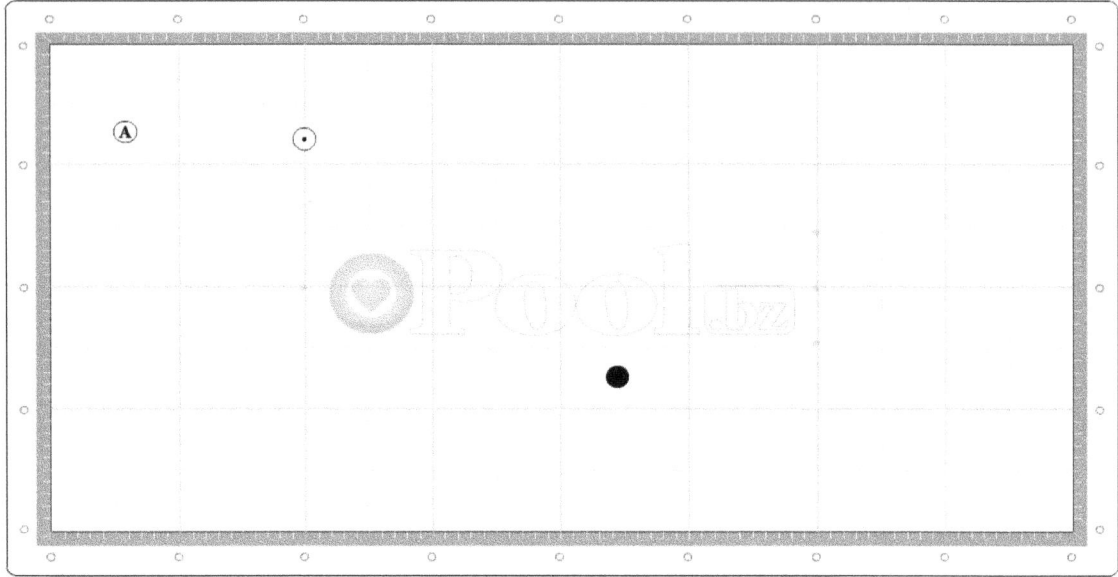

NOTAS VIR JOU IDEES:

Tabelpatroon

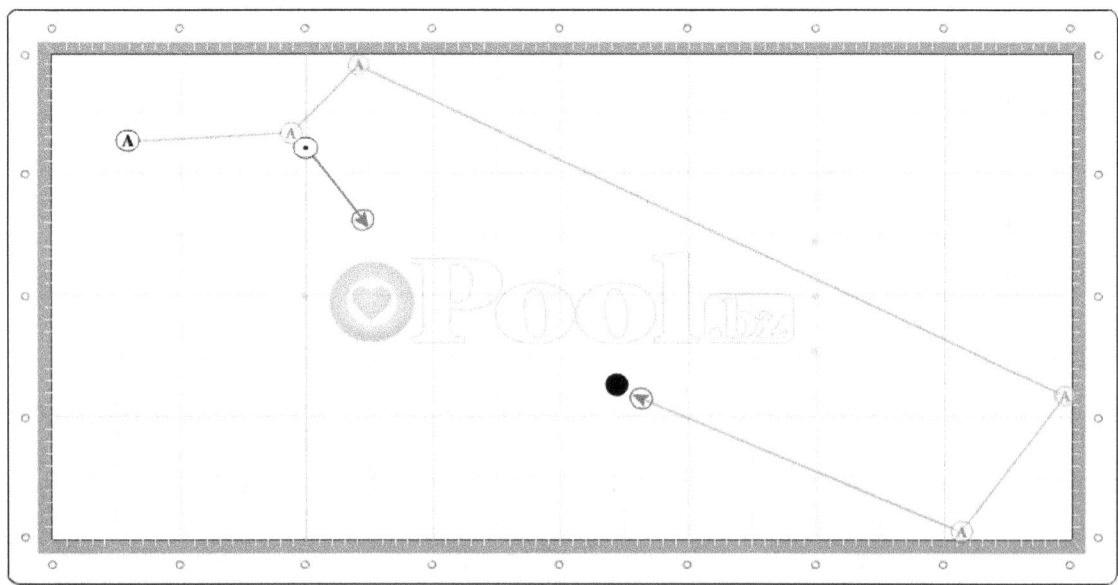

B:2d – Opstelling

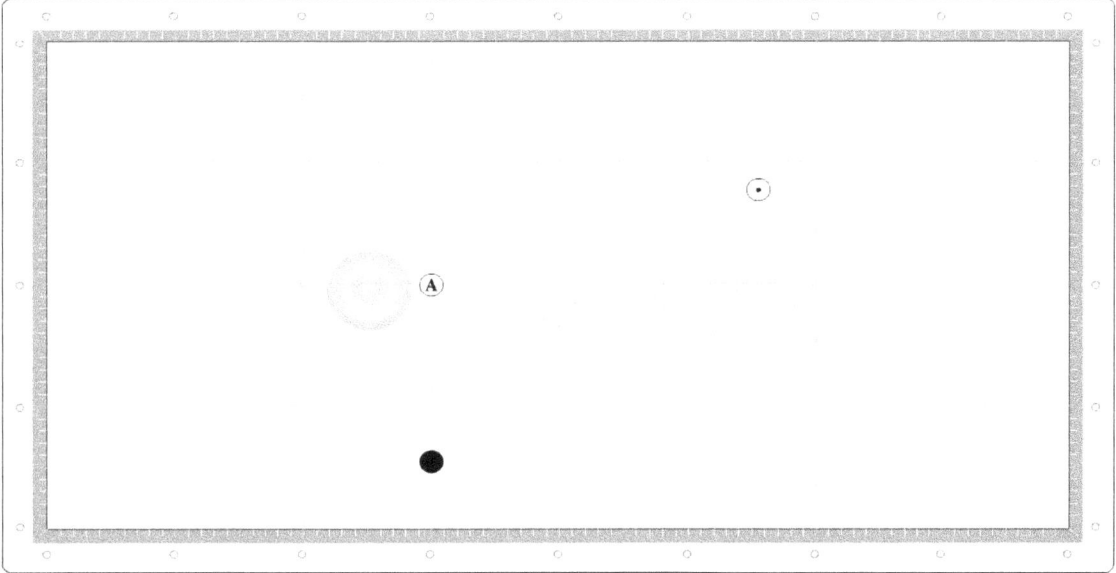

NOTAS VIR JOU IDEES:

Tabelpatroon

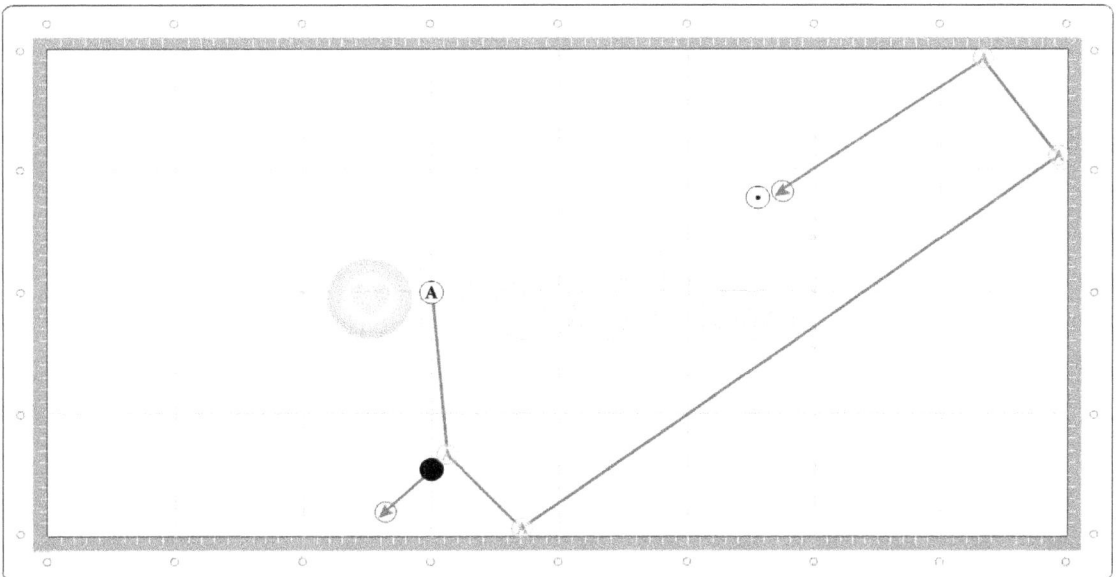

B: Groep 3

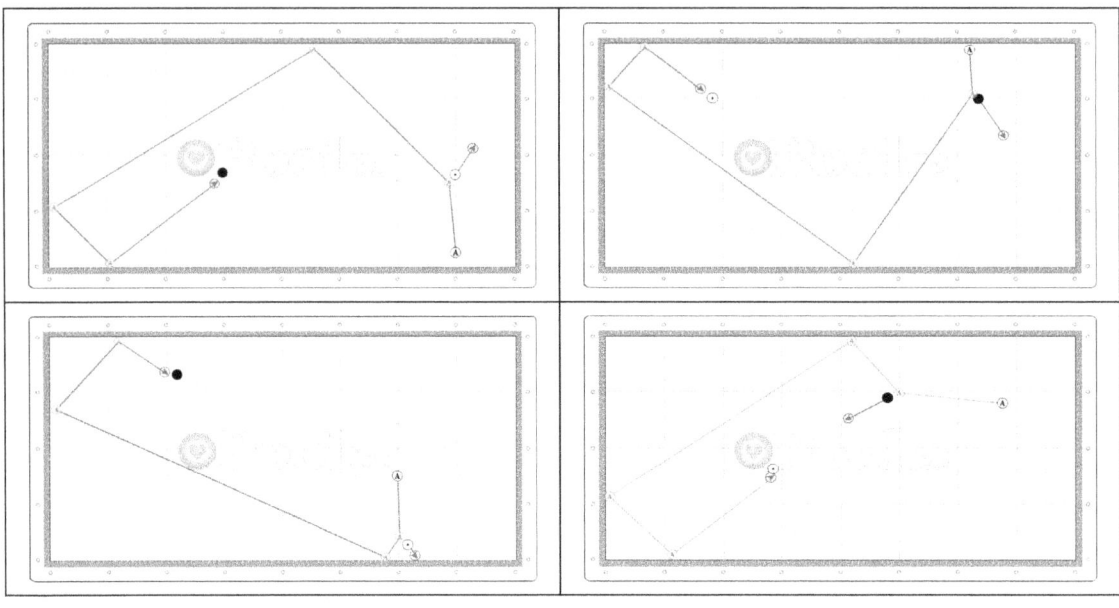

Analise:

B:3a. _____

B:3b. _____

B:3c. _____

B:3d. _____

B:3a – Opstelling

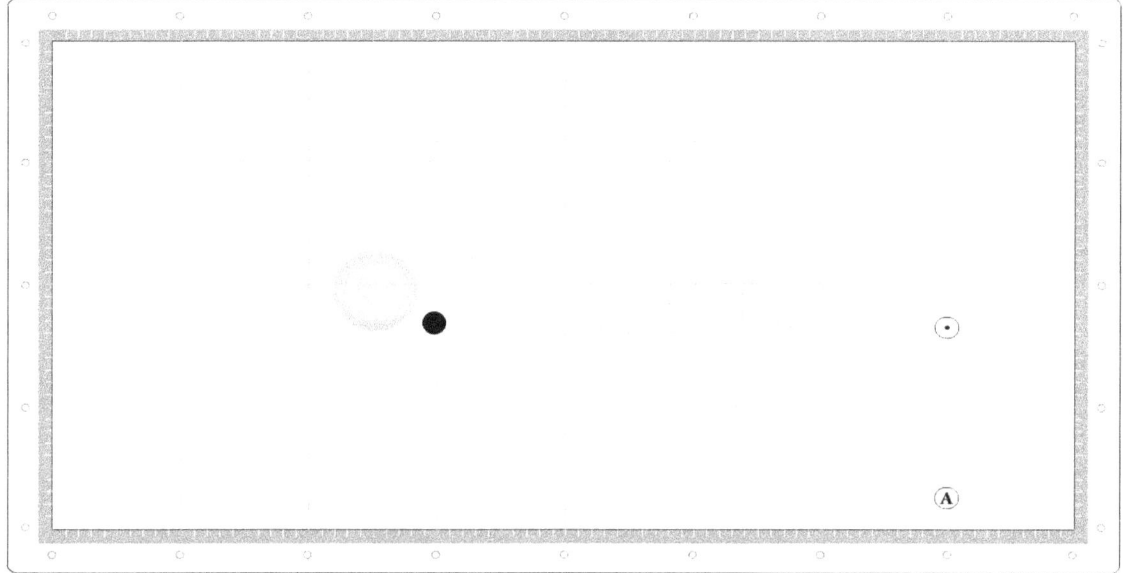

NOTAS VIR JOU IDEES:

Tabelpatroon

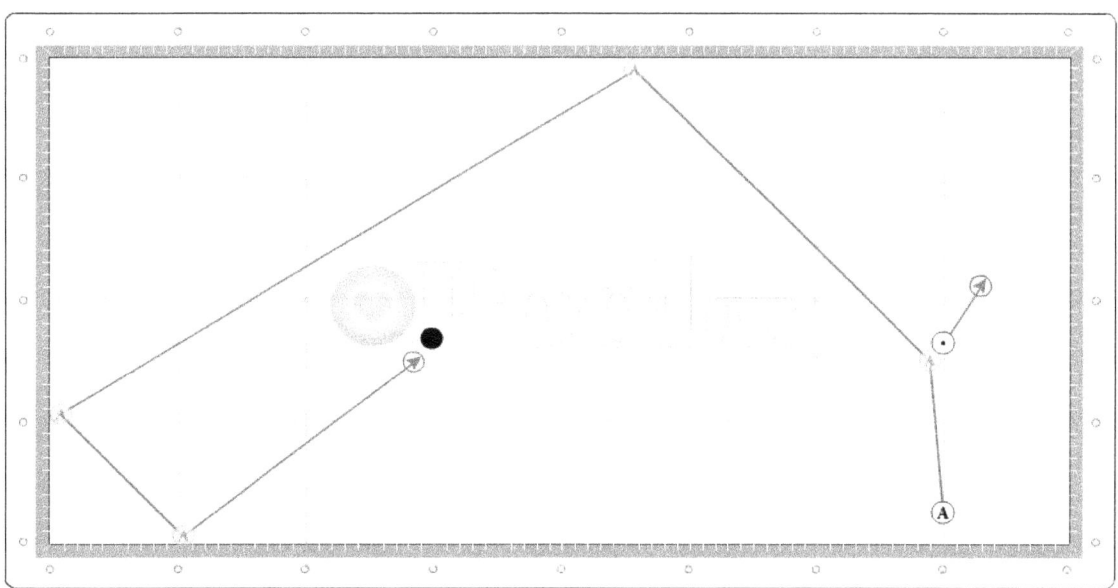

B:3b – Opstelling

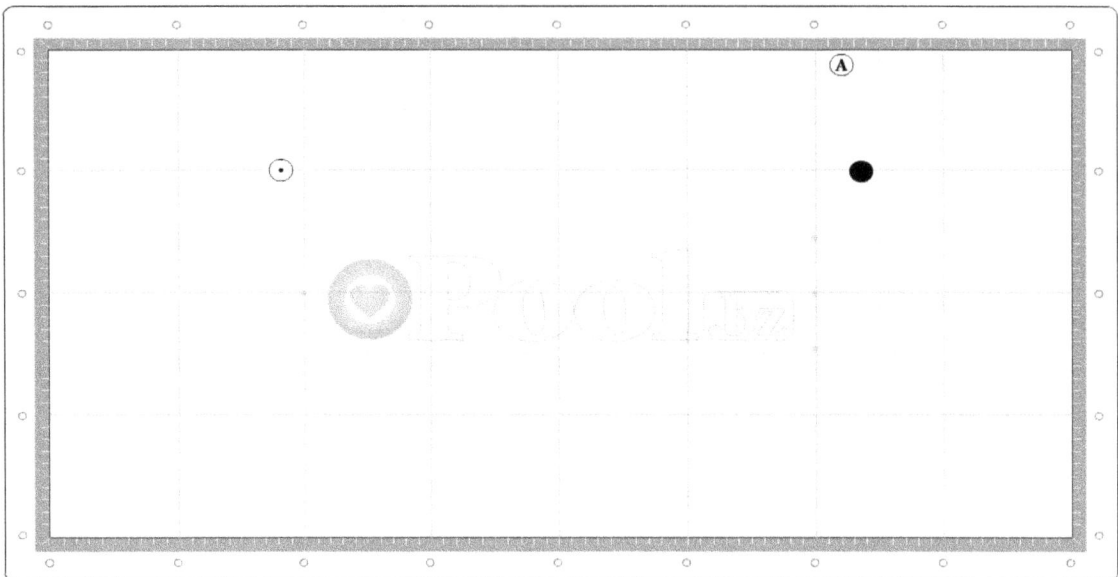

NOTAS VIR JOU IDEES:

Tabelpatroon

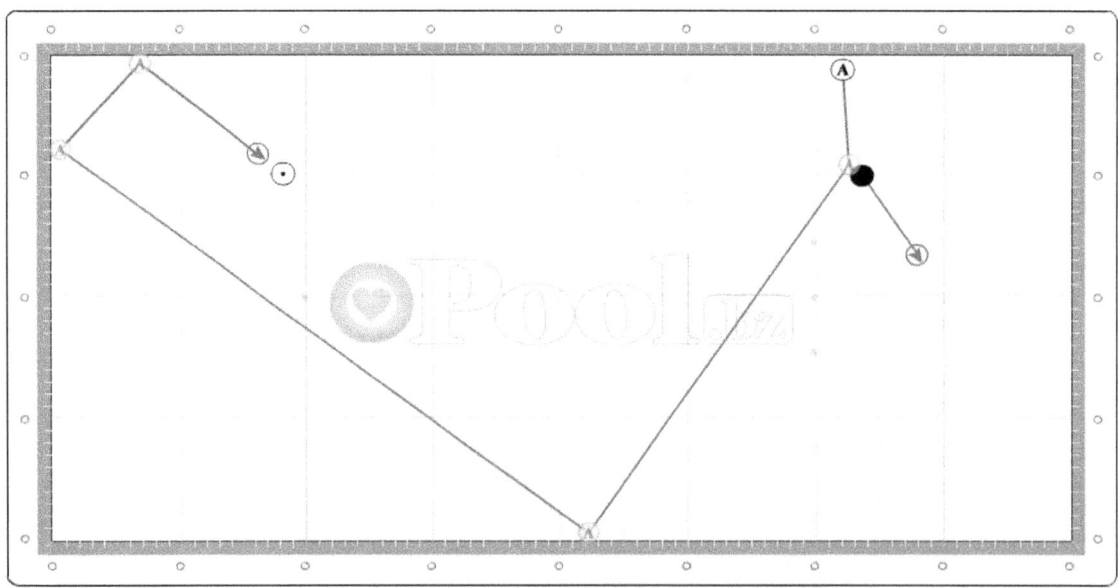

B:3c – Opstelling

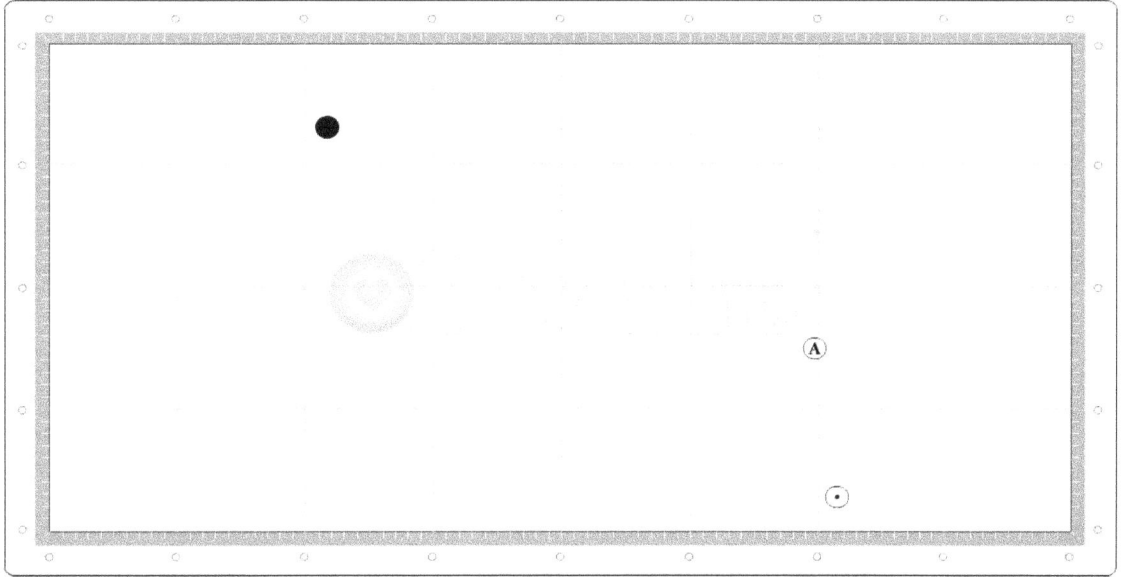

NOTAS VIR JOU IDEES:

Tabelpatroon

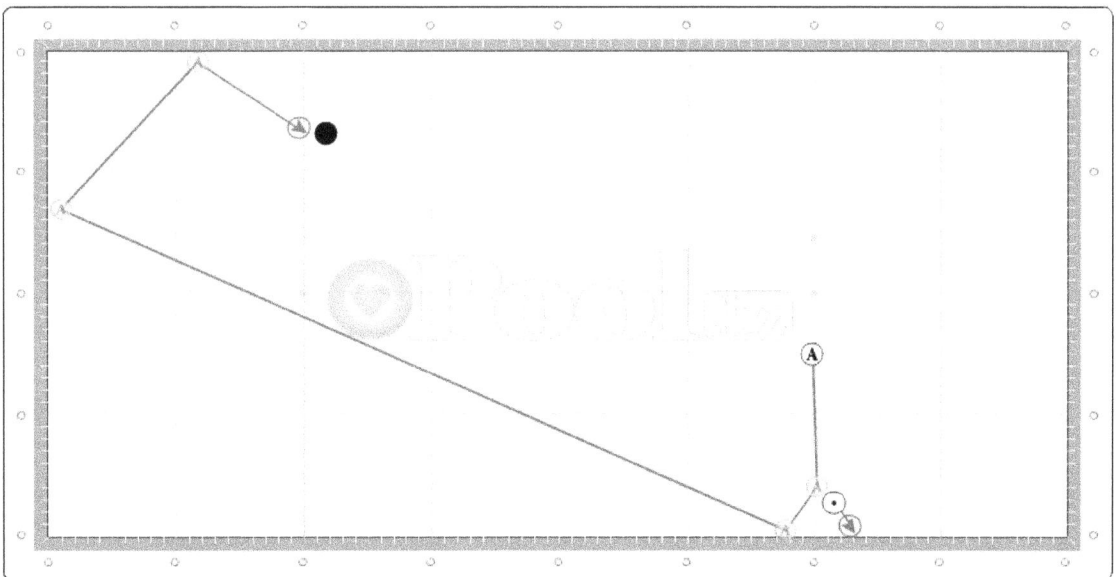

B:3d – Opstelling

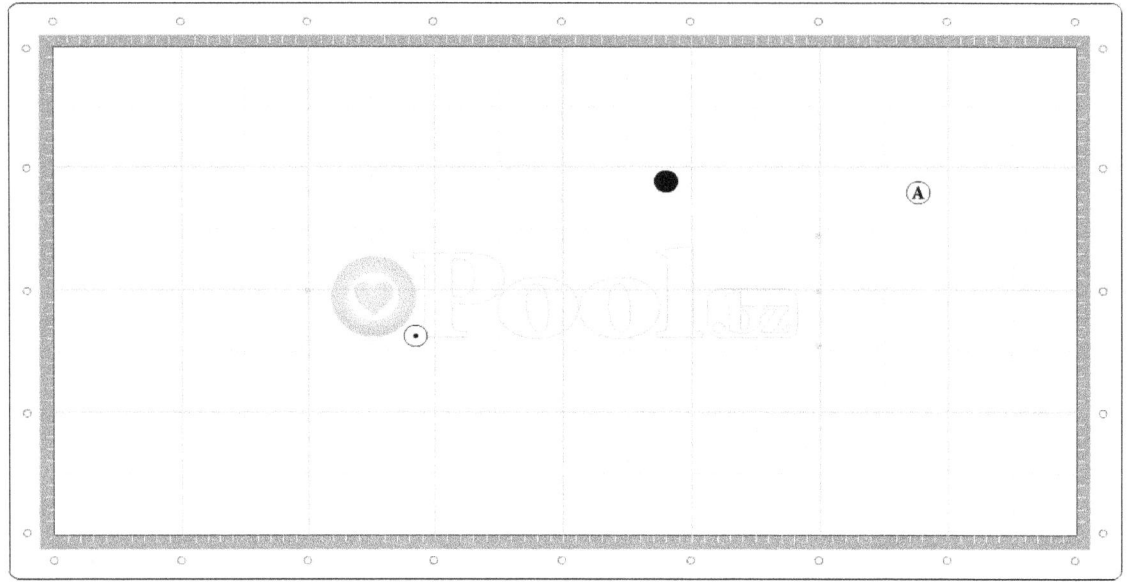

NOTAS VIR JOU IDEES:

Tabelpatroon

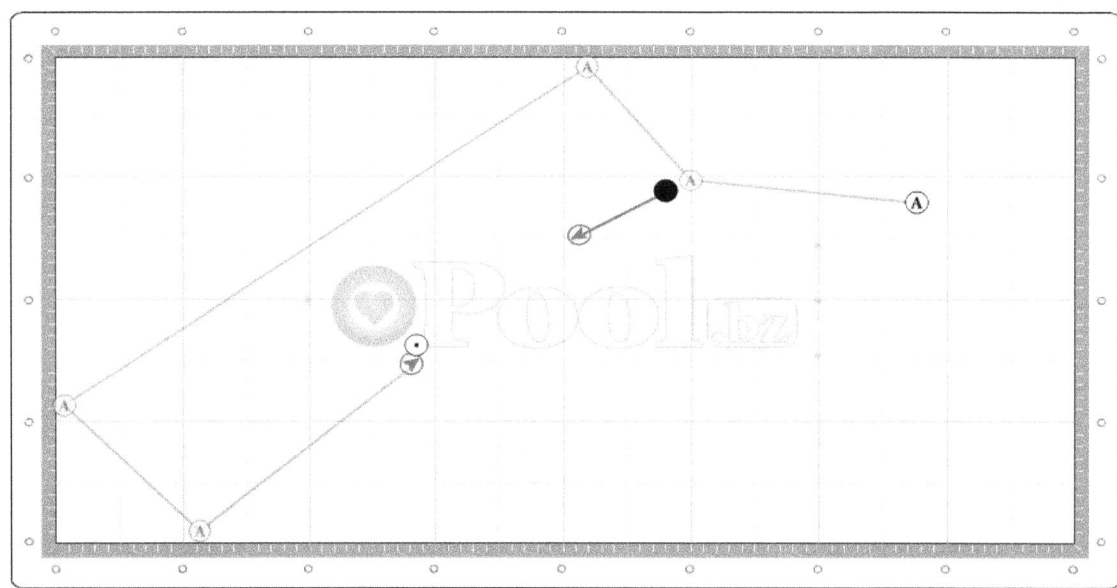

B: Groep 4

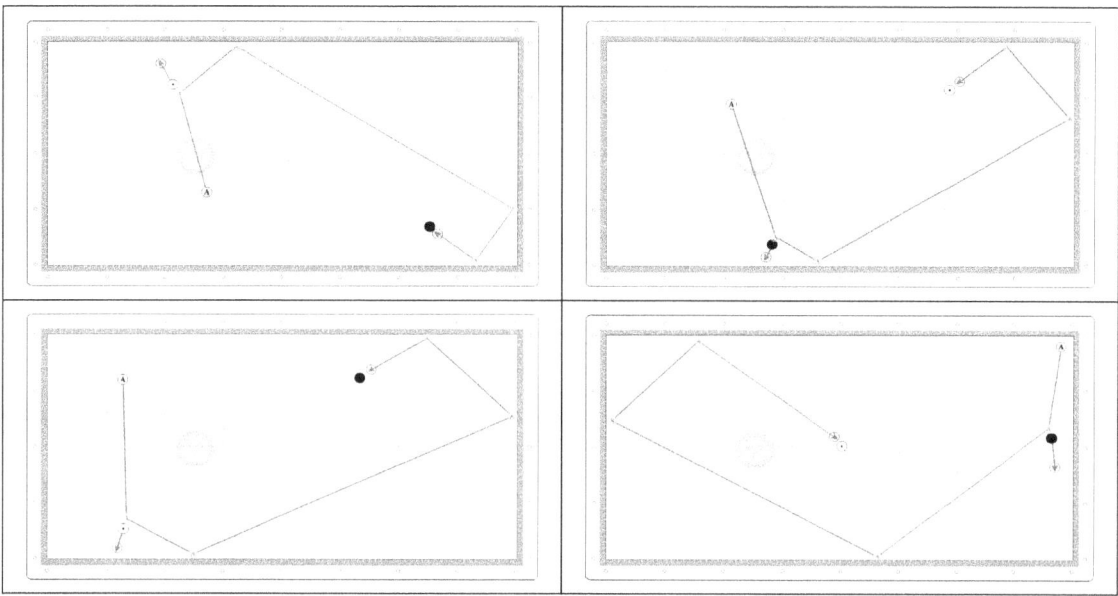

Analise:

B:4a. _____

B:4b. _____

B:4c. _____

B:4d. _____

B:4a – Opstelling

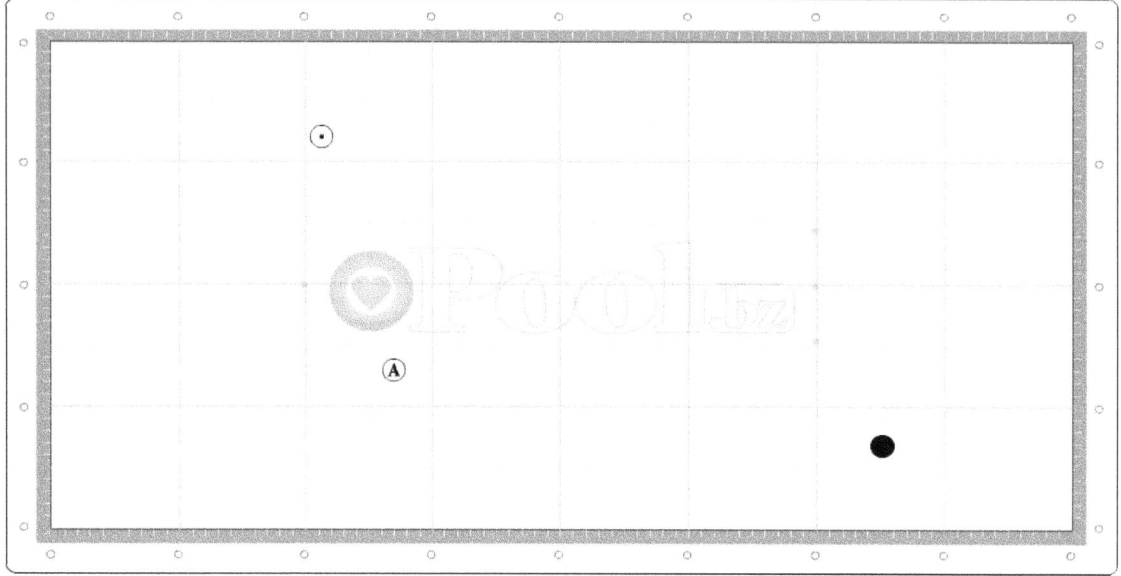

NOTAS VIR JOU IDEES:

Tabelpatroon

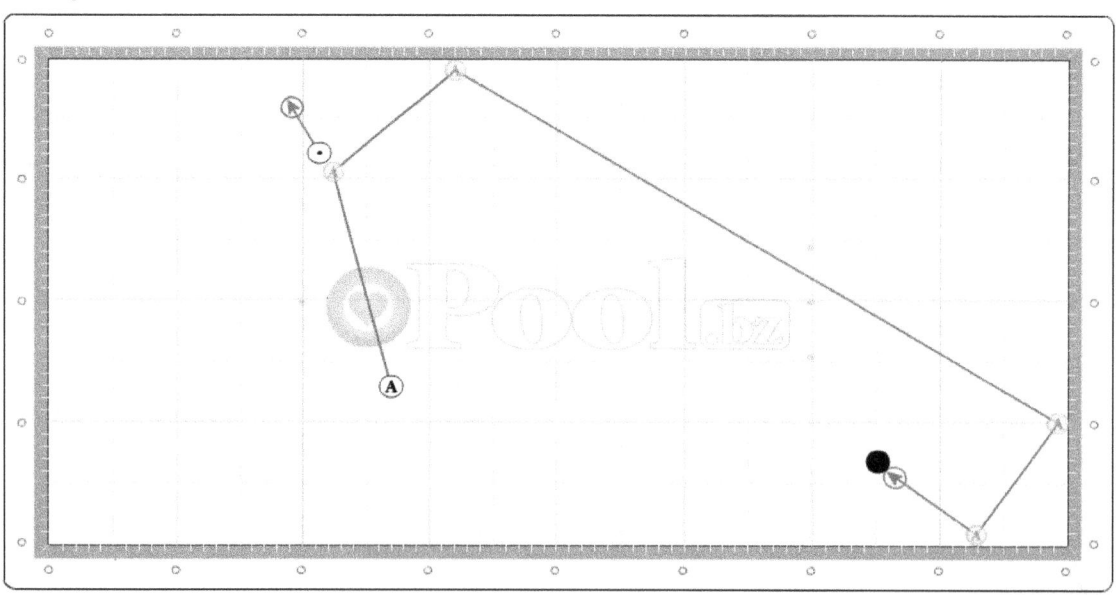

B:4b – Opstelling

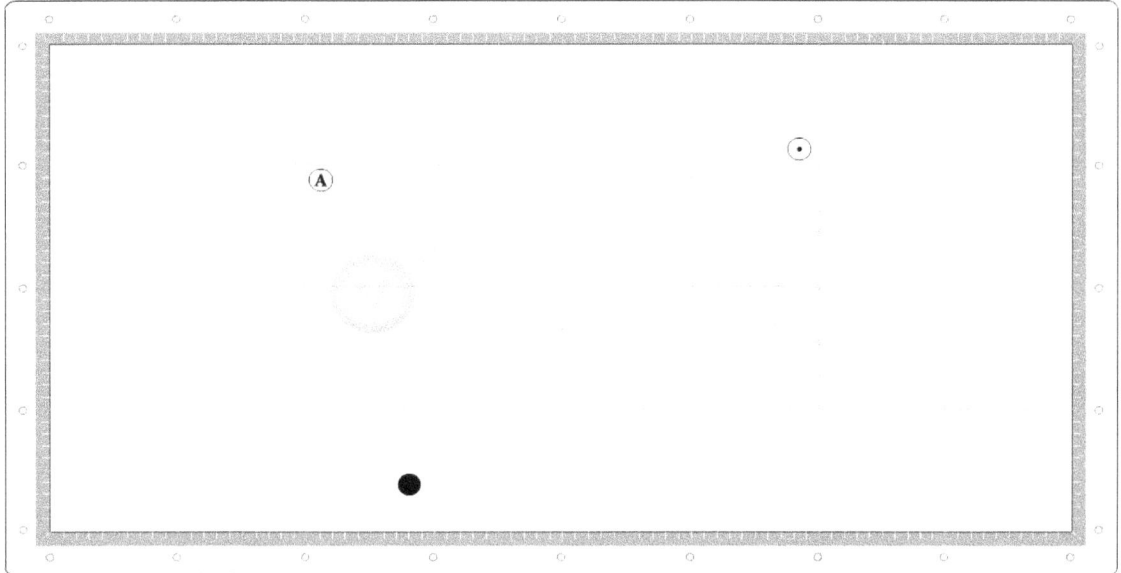

NOTAS VIR JOU IDEES:

Tabelpatroon

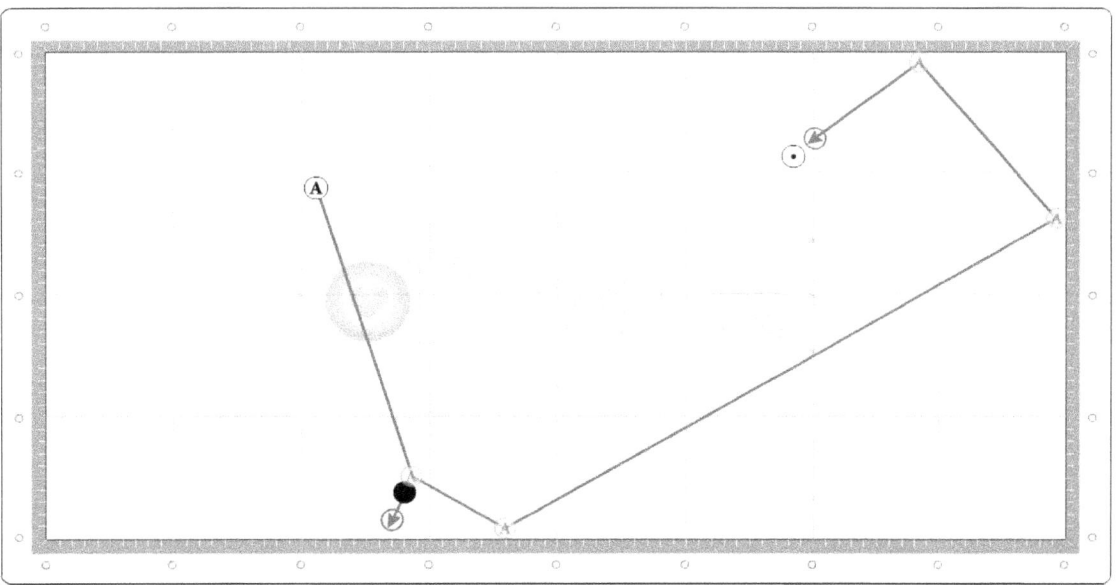

B:4c – Opstelling

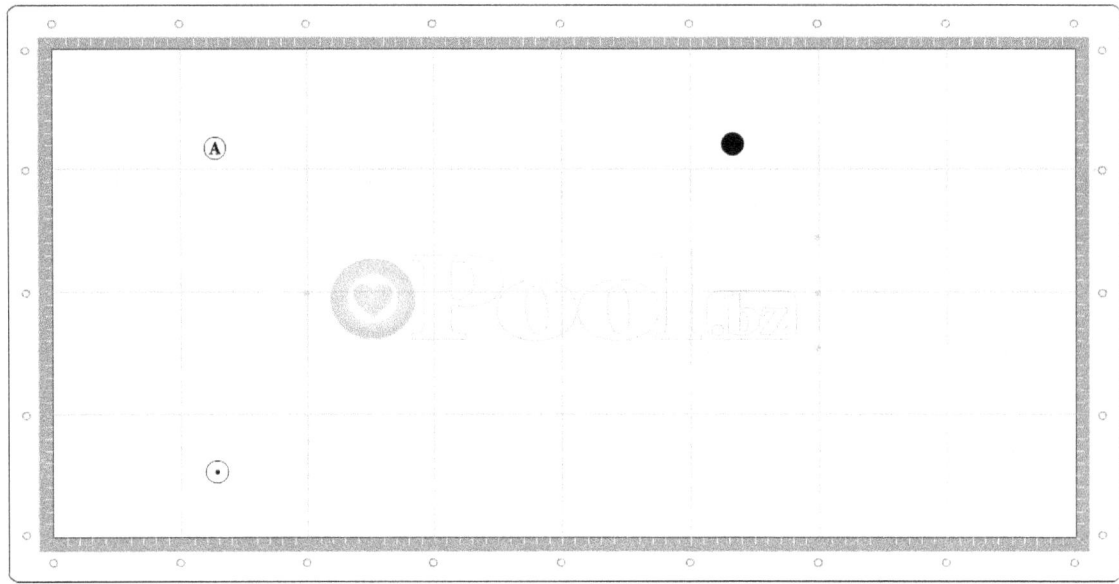

NOTAS VIR JOU IDEES:

Tabelpatroon

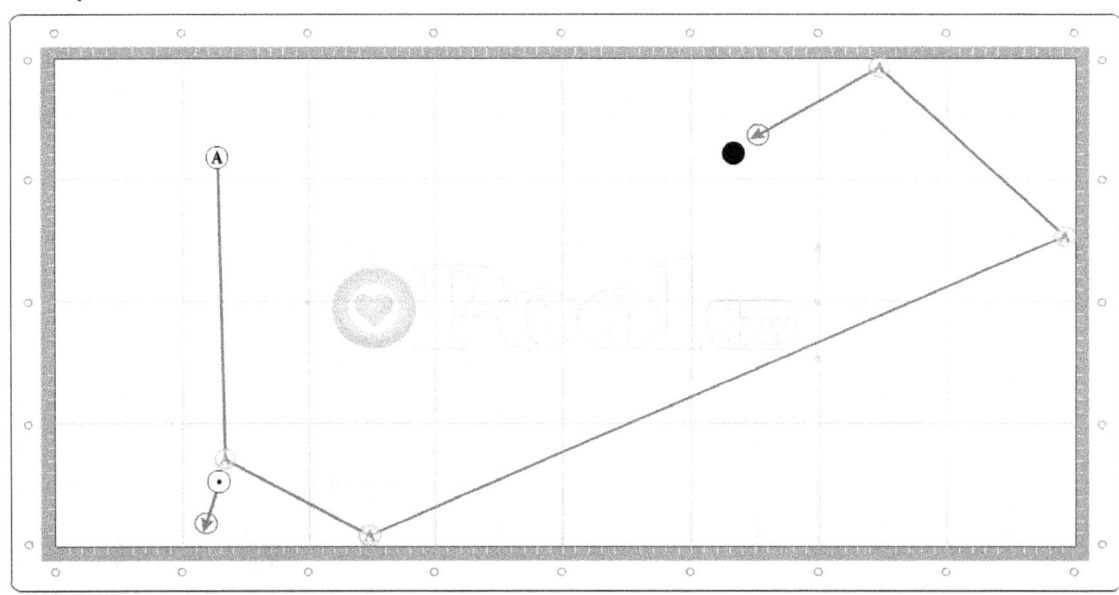

B:4d – Opstelling

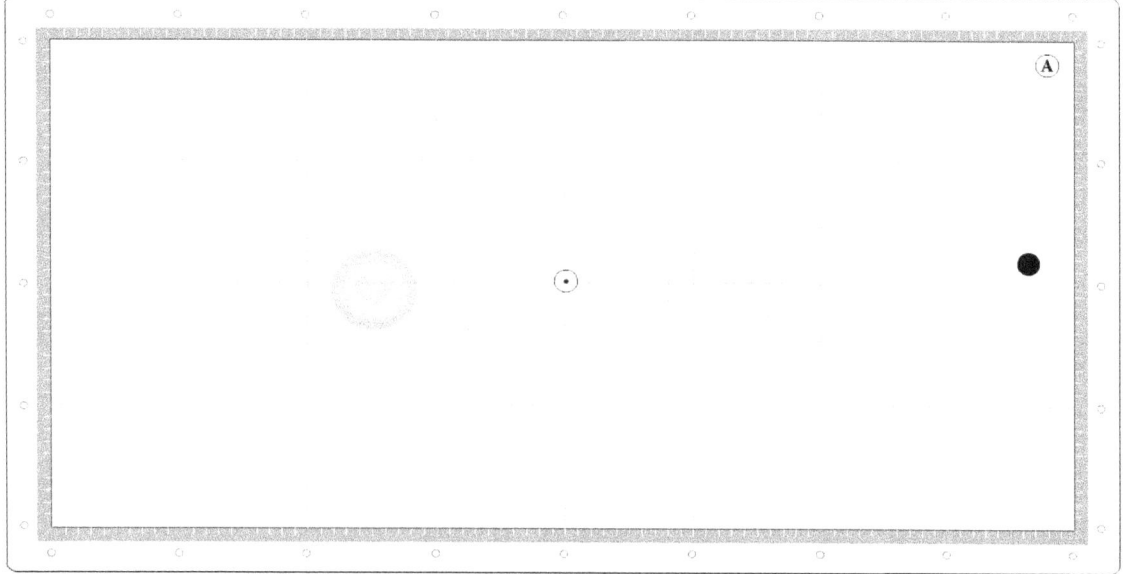

NOTAS VIR JOU IDEES:

Tabelpatroon

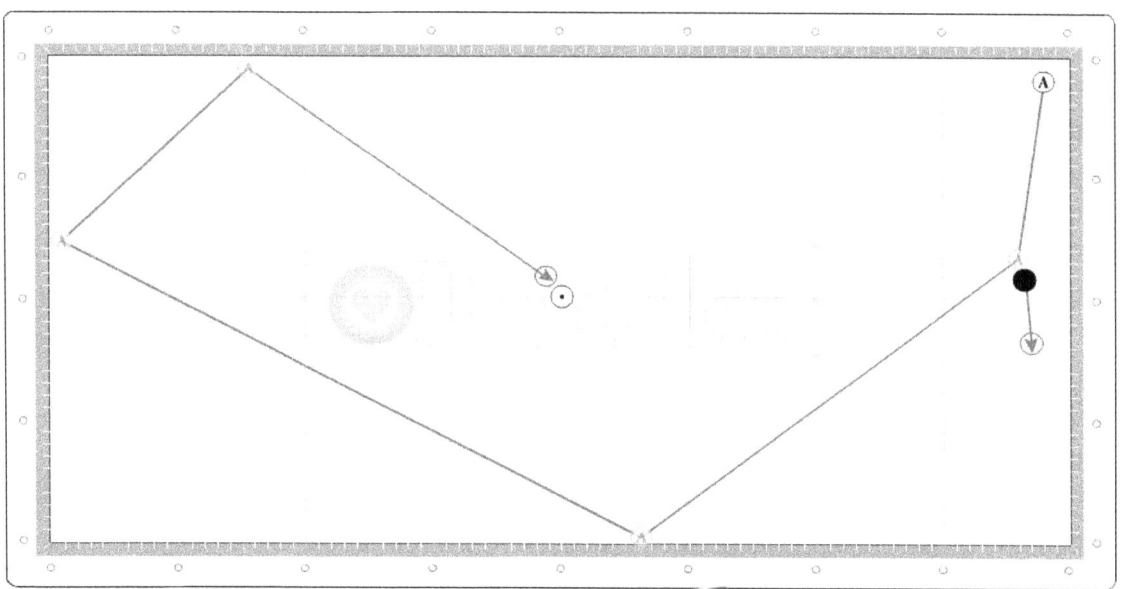

C: Kort biljartbanden, vol tafelpatroon

Die (CB) kom uit die eerste (OB) en in die kort biljartbanden. Van daar af gaan die (CB) na die middelarea van die teenoorgestelde lang biljartbanden. Die (CB) reis na die ander hoek, kort biljartbanden eerste. Op die uitweg tref die (CB) die tweede (OB).

Ⓐ **(CB)** (jou biljartbal) – ⊙ **(OB)** (teenstander biljartbal) – ● **(OB)** (rooi bal)

C: Groep 1

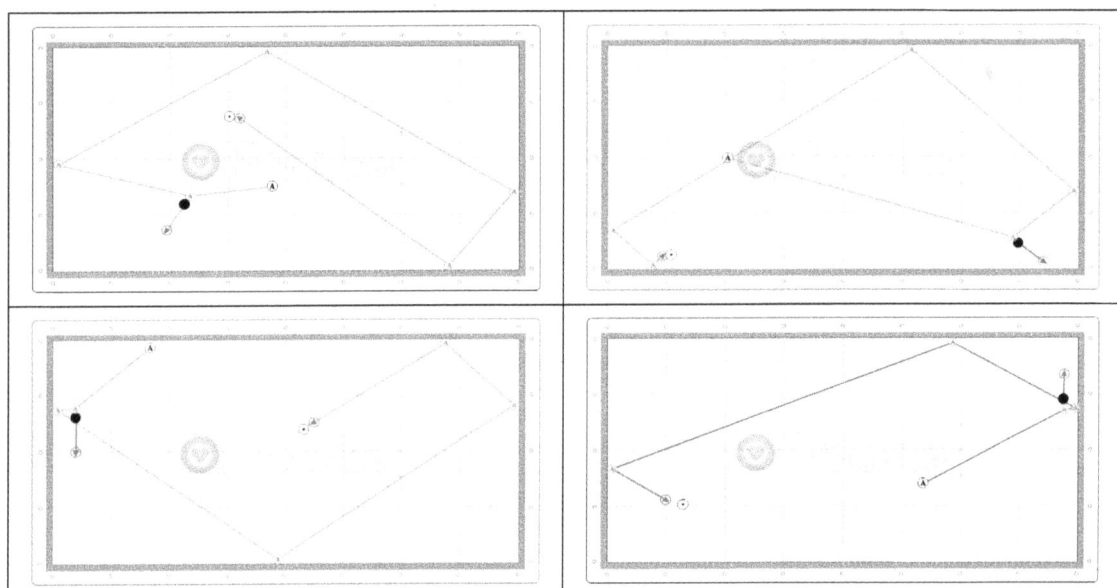

Analise:

C:1a. _____

C:1b. _____

C:1c. _____

C:1d. _____

C:1a – Opstelling

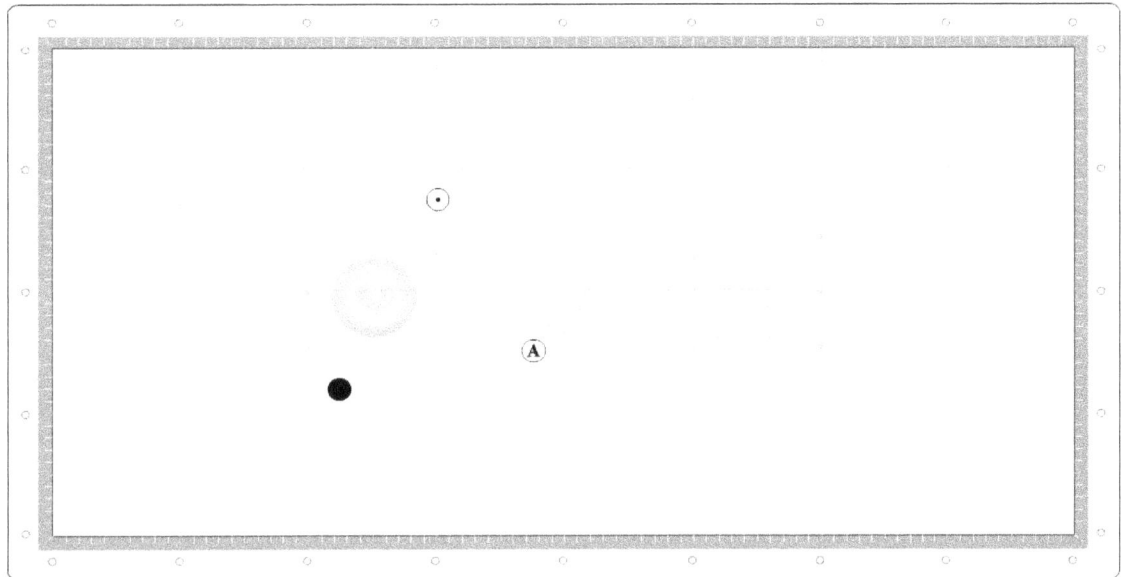

NOTAS VIR JOU IDEES:

Tabelpatroon

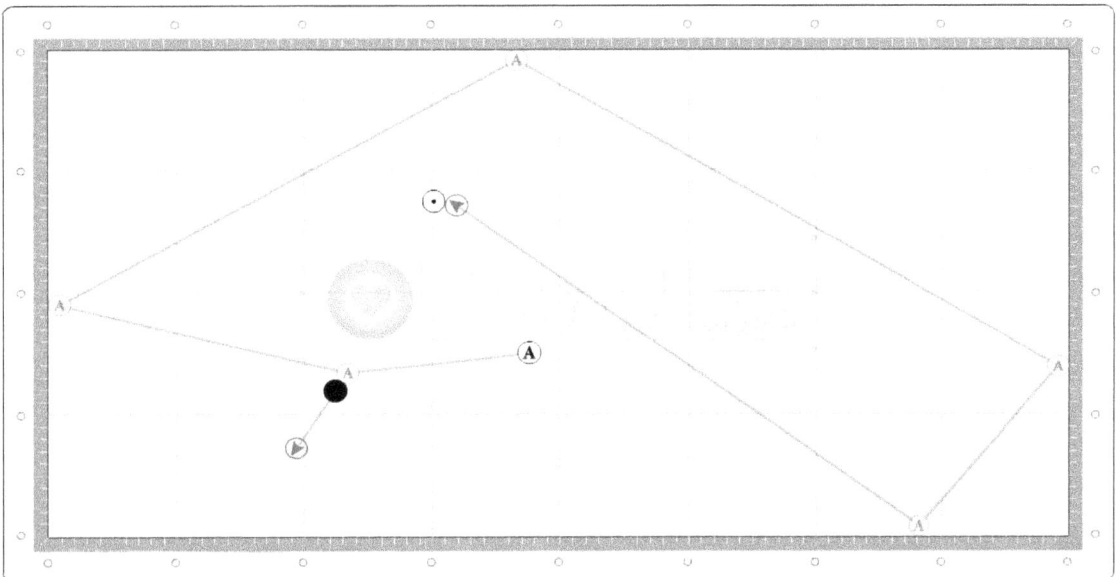

C:1b – Opstelling

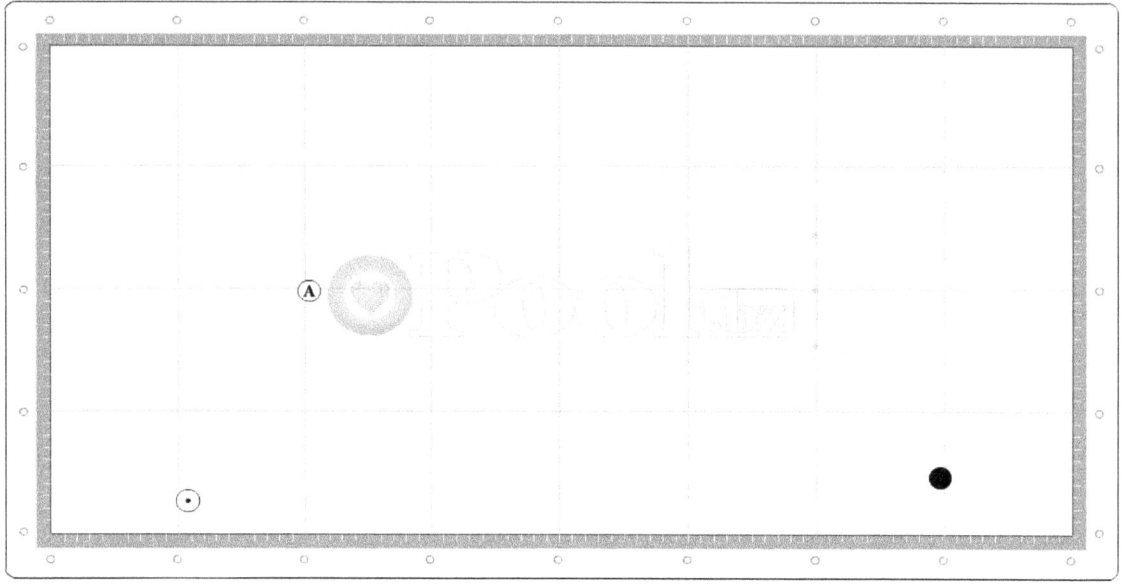

NOTAS VIR JOU IDEES:

Tabelpatroon

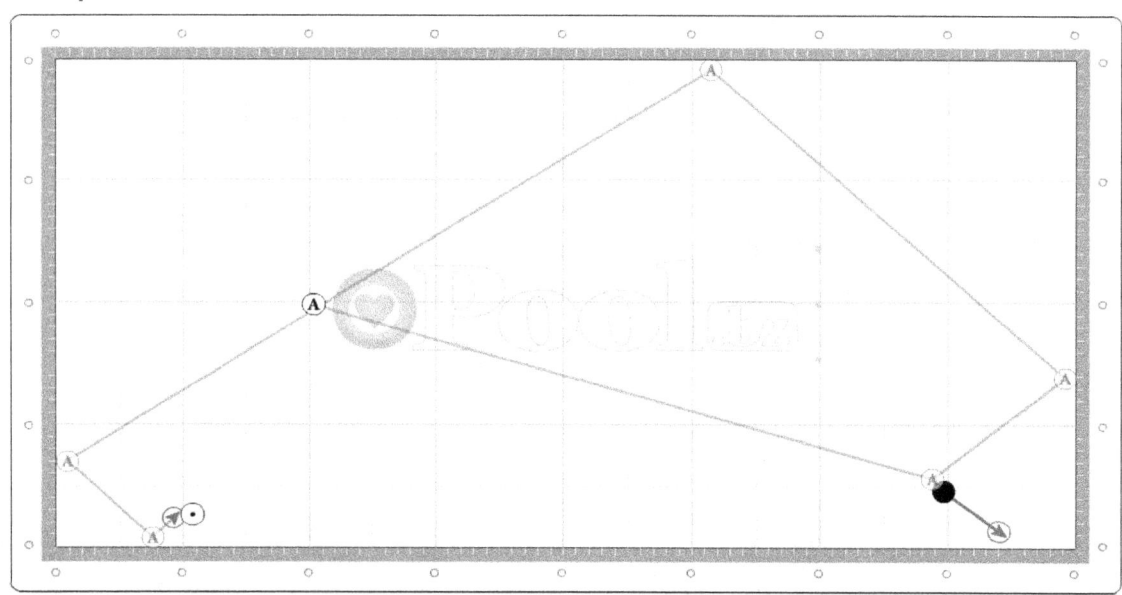

C:1c – Opstelling

NOTAS VIR JOU IDEES:

Tabelpatroon

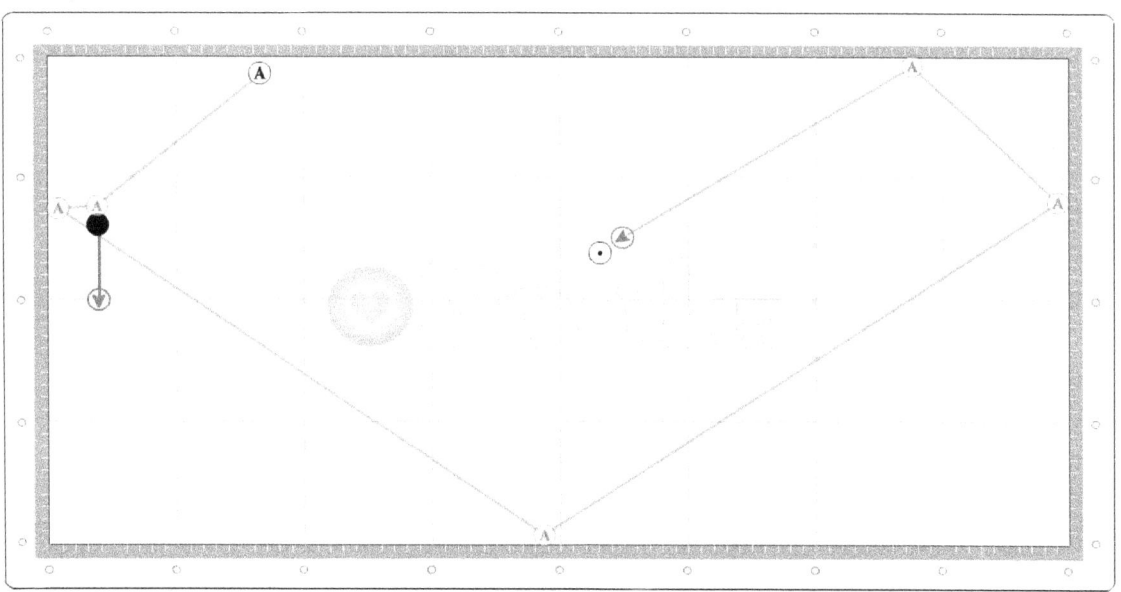

C:1d – Opstelling

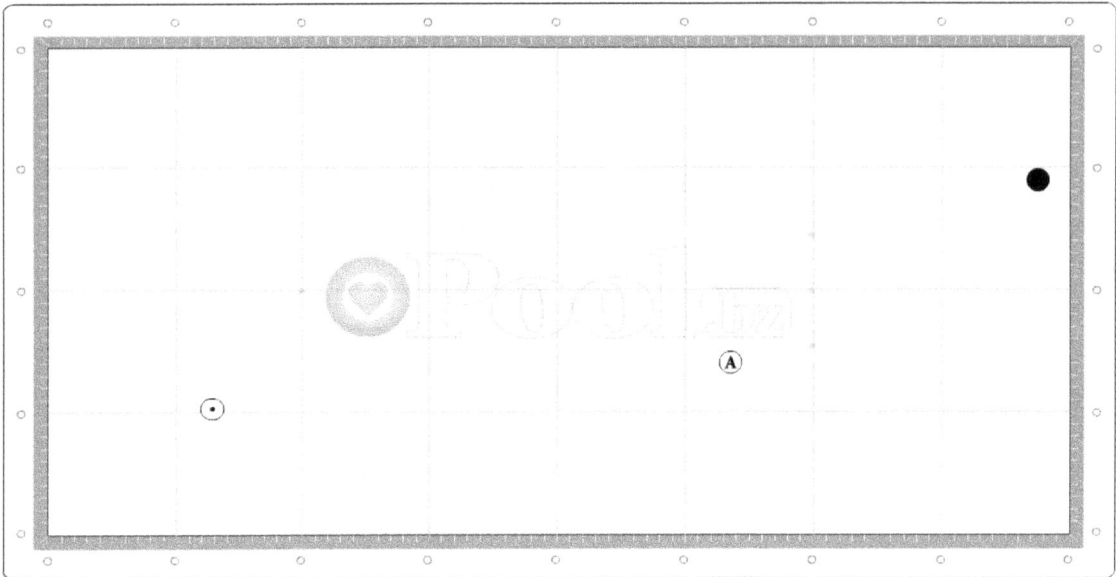

NOTAS VIR JOU IDEES:

Tabelpatroon

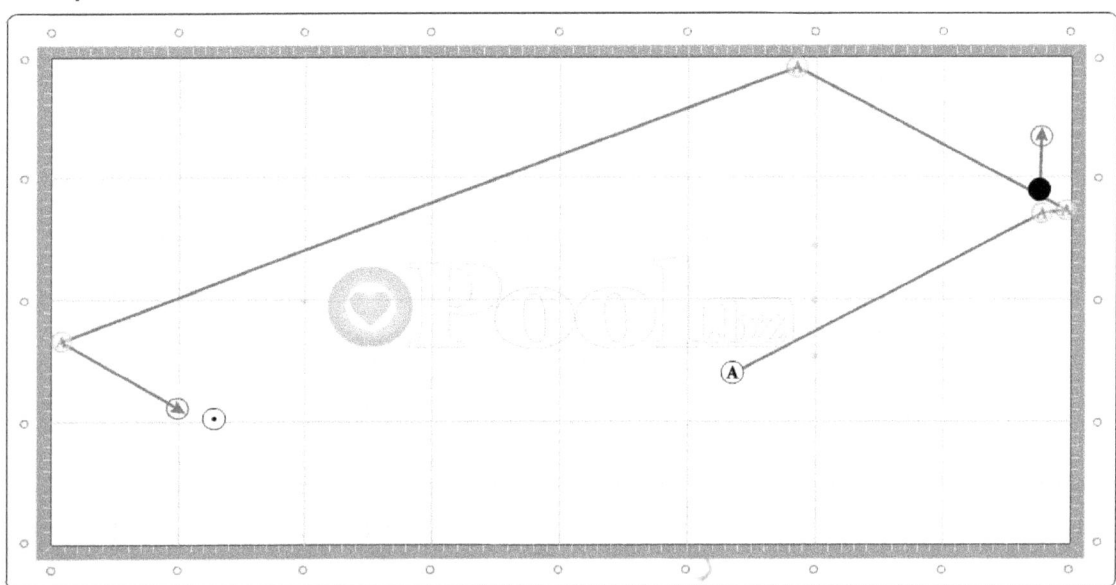

C: Groep 2

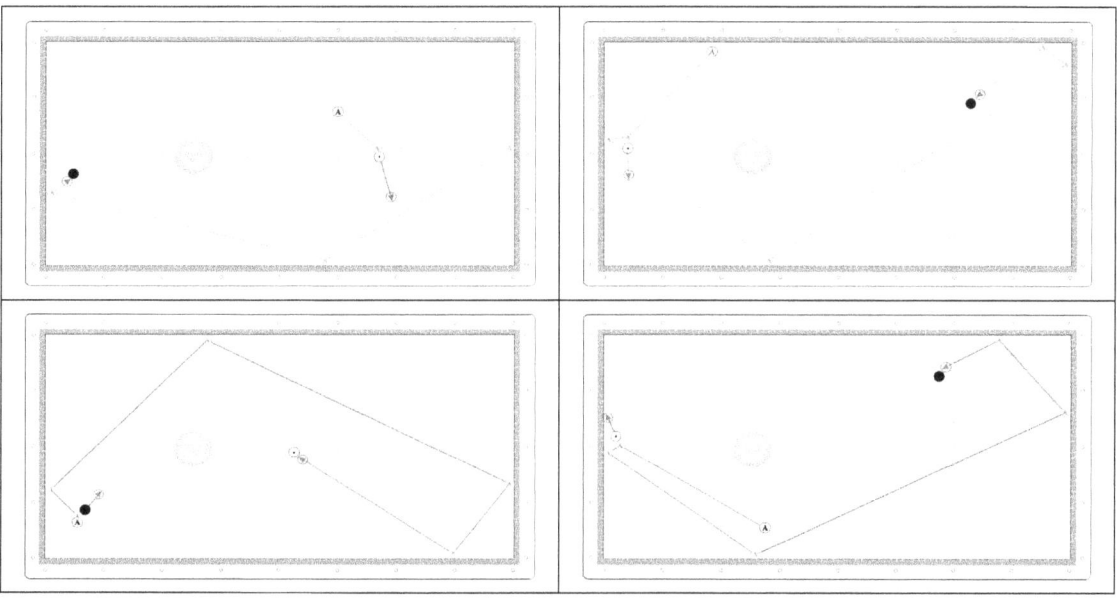

Analise:

C:2a. _____

C:2b. _____

C:2c. _____

C:2d. _____

C:2a – Opstelling

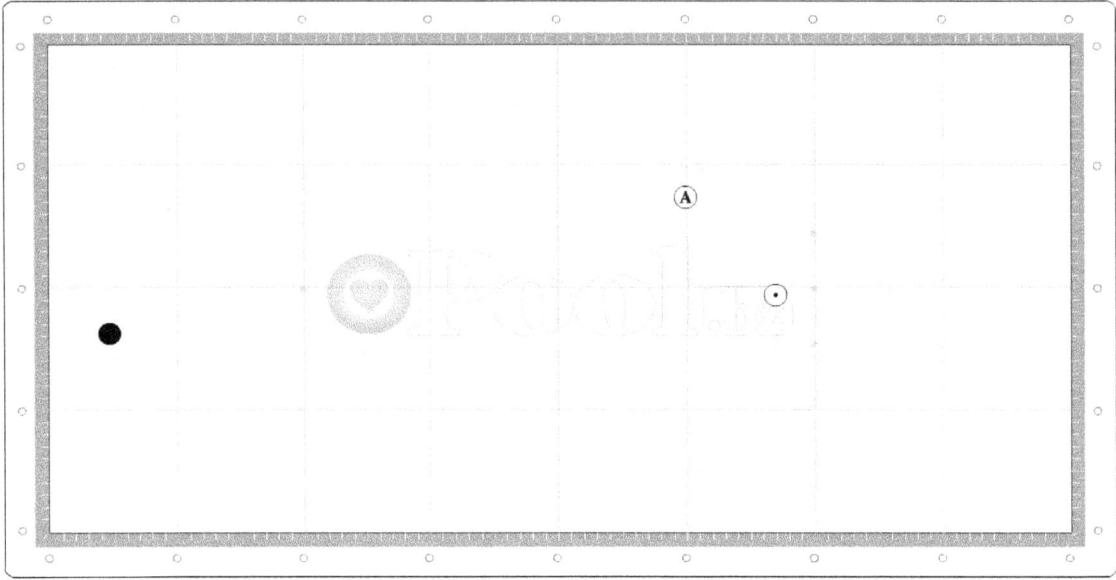

NOTAS VIR JOU IDEES:

Tabelpatroon

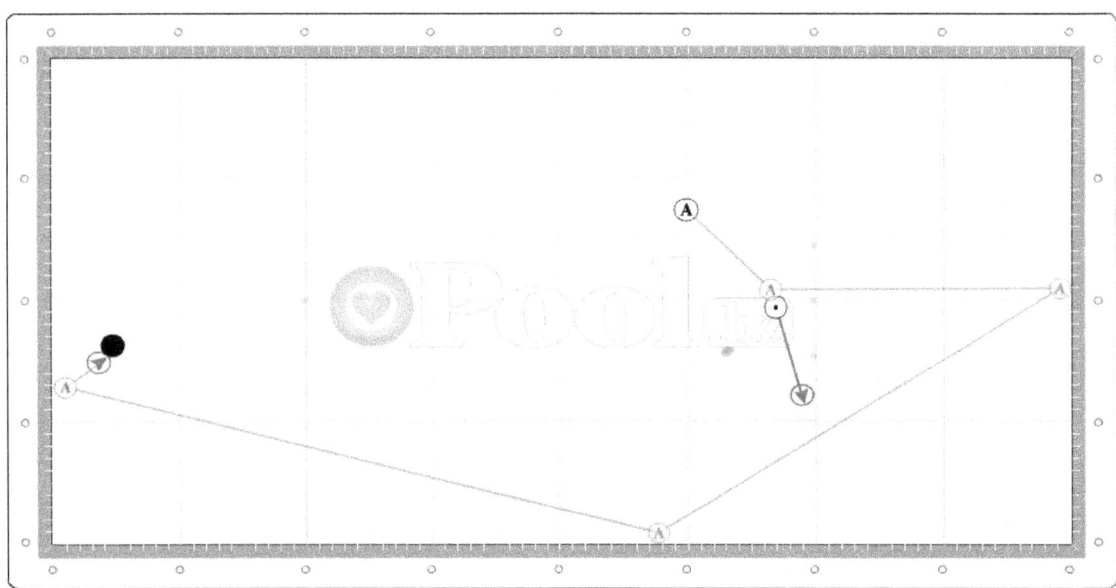

C:2b – Opstelling

NOTAS VIR JOU IDEES:

Tabelpatroon

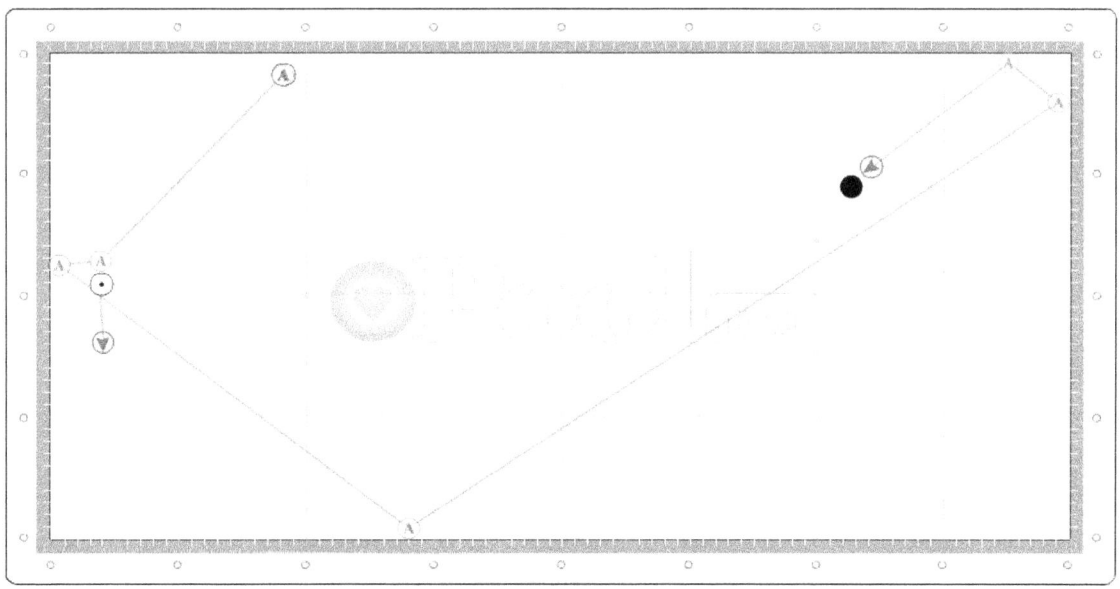

C:2c – Opstelling

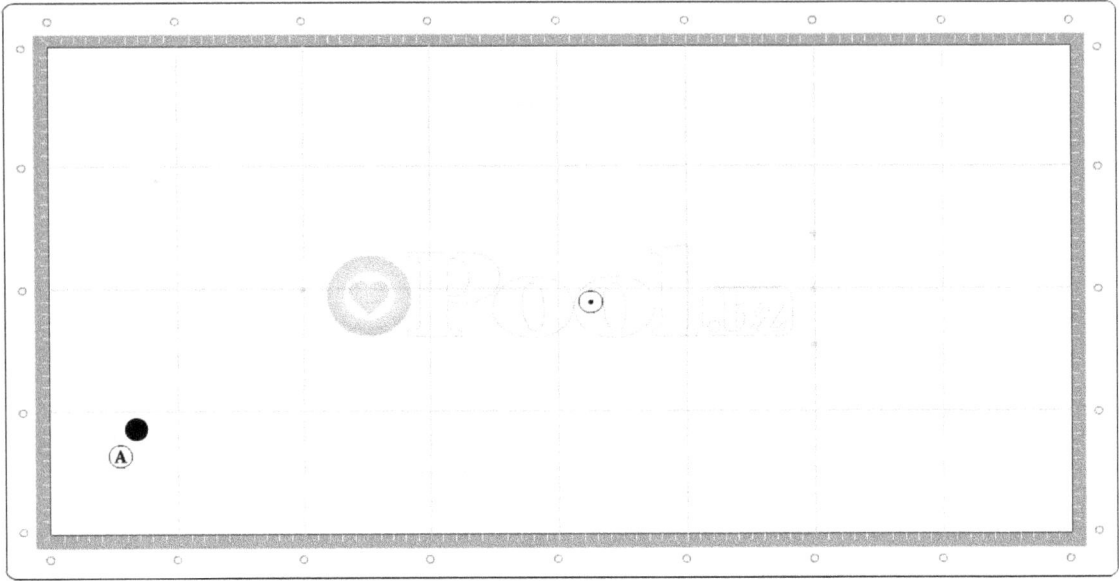

NOTAS VIR JOU IDEES:

Tabelpatroon

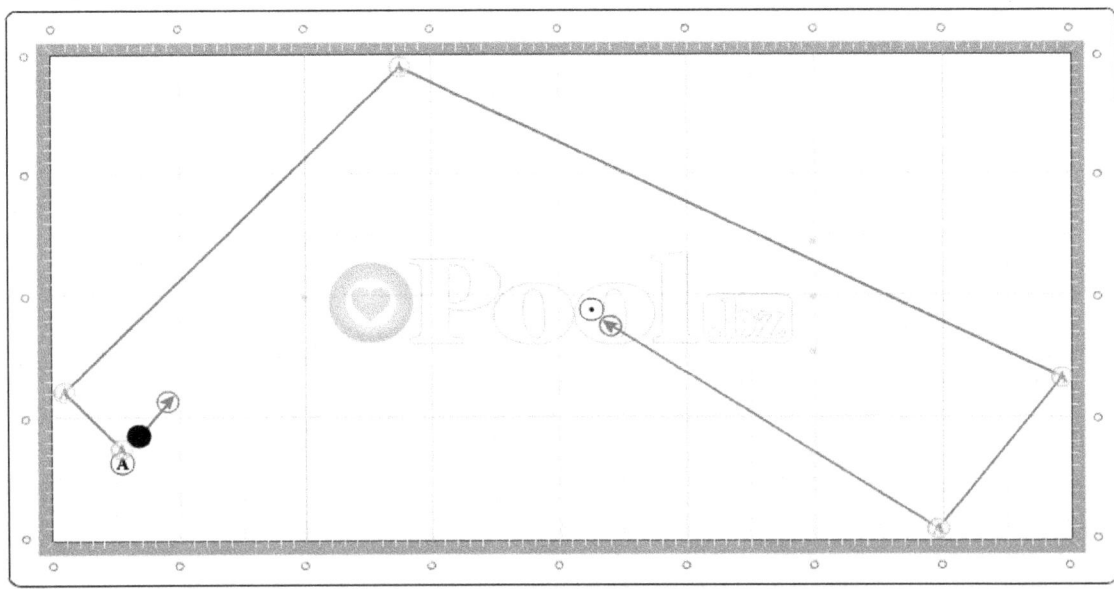

C:2d – Opstelling

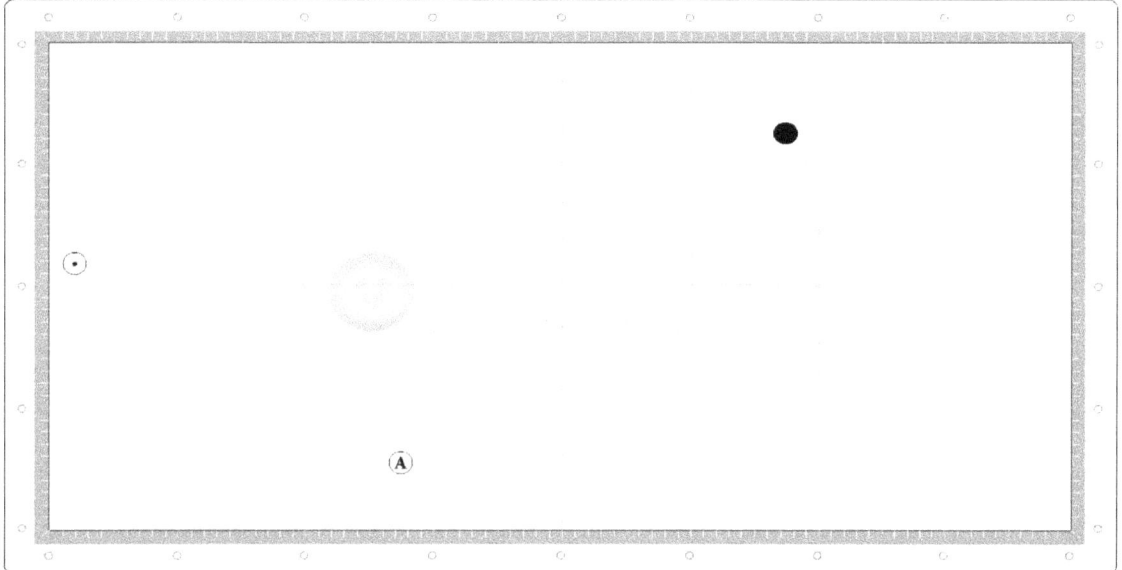

NOTAS VIR JOU IDEES:

Tabelpatroon

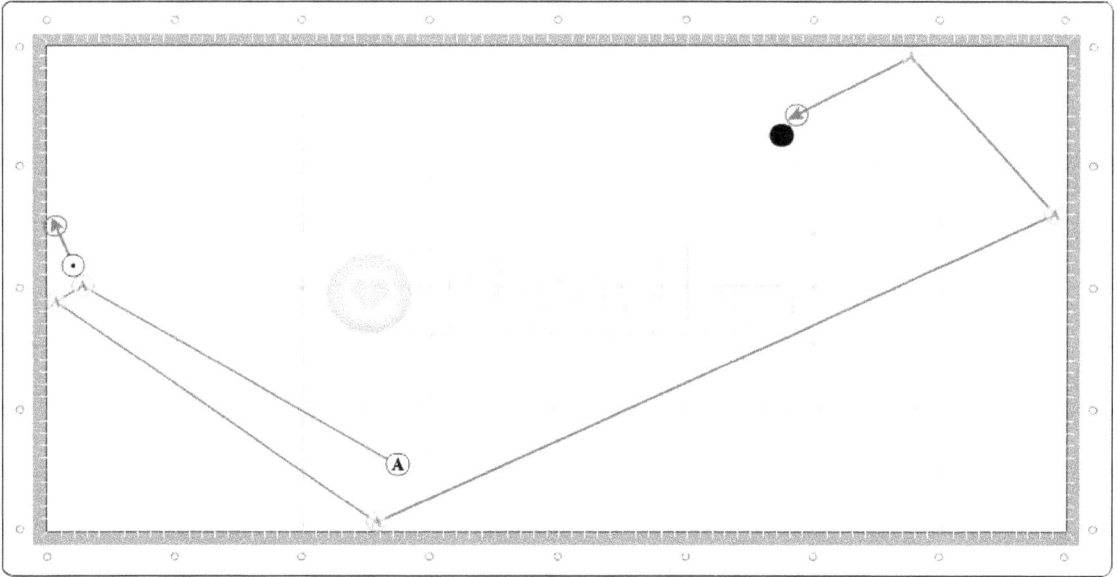

C: Groep 3

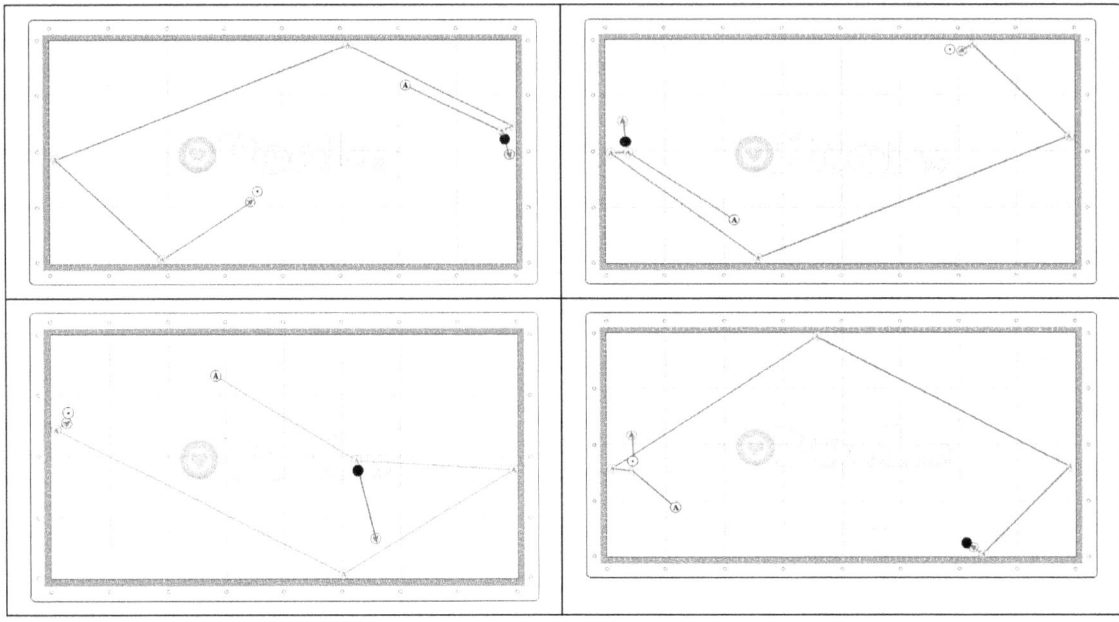

Analise:

C:3a. _____

C:3b. _____

C:3c. _____

C:3d. _____

C:3a – Opstelling

NOTAS VIR JOU IDEES:

Tabelpatroon

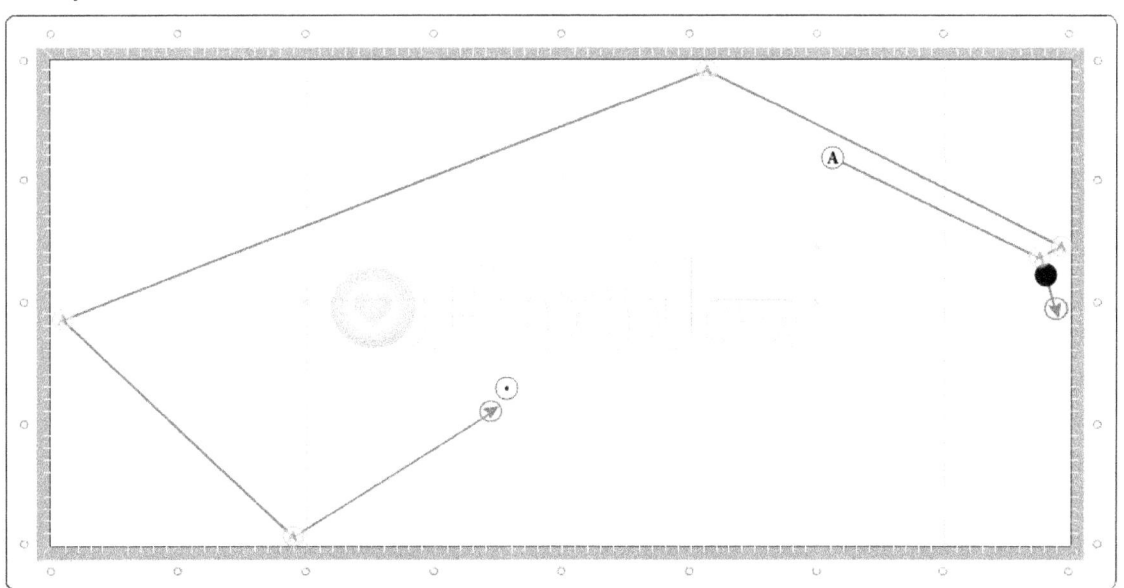

C:3b – Opstelling

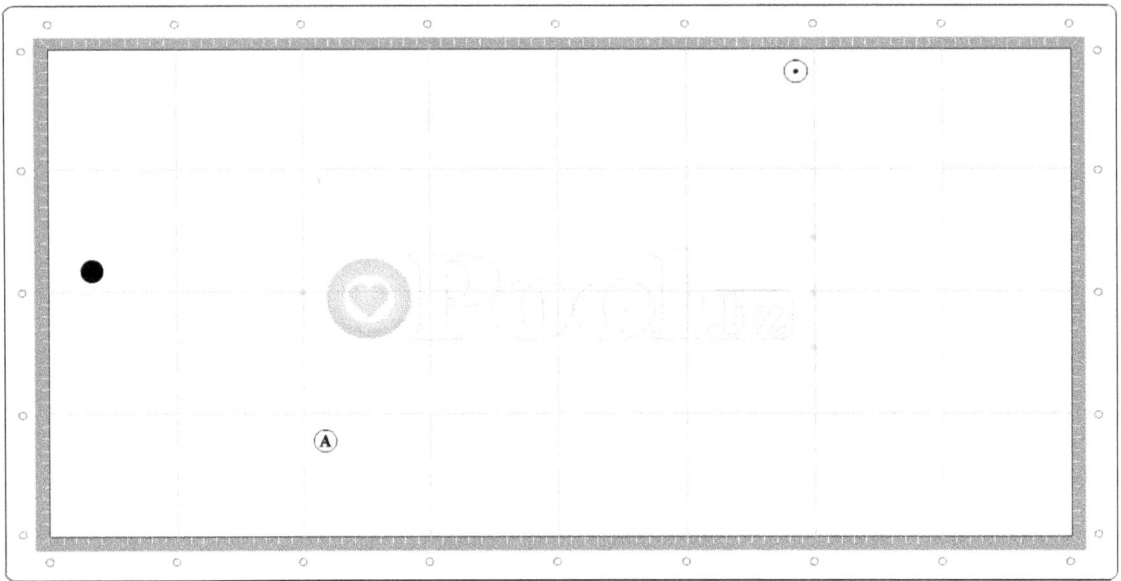

NOTAS VIR JOU IDEES:

Tabelpatroon

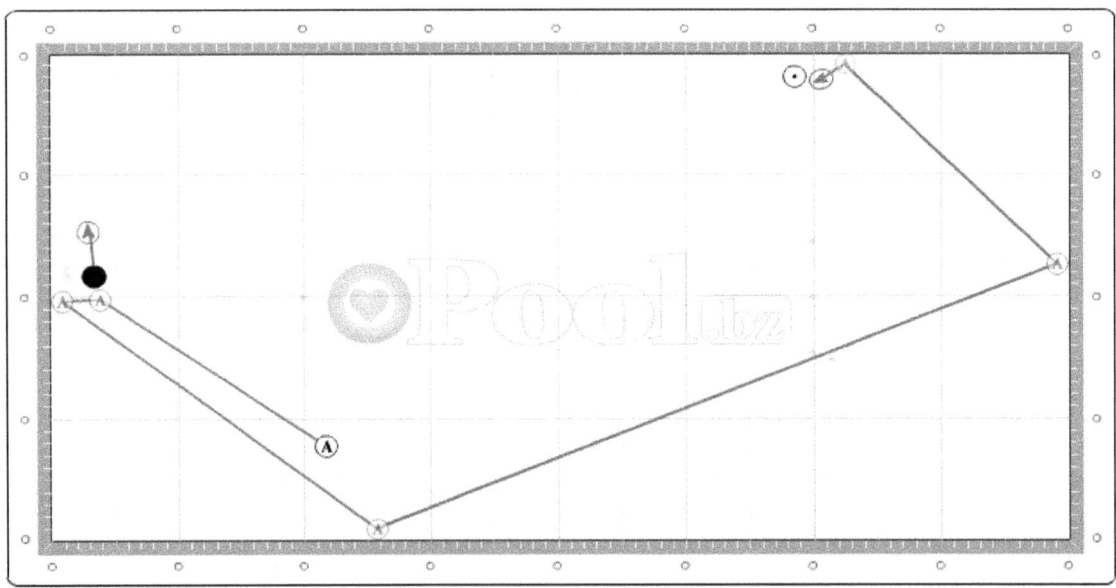

C:3c – Opstelling

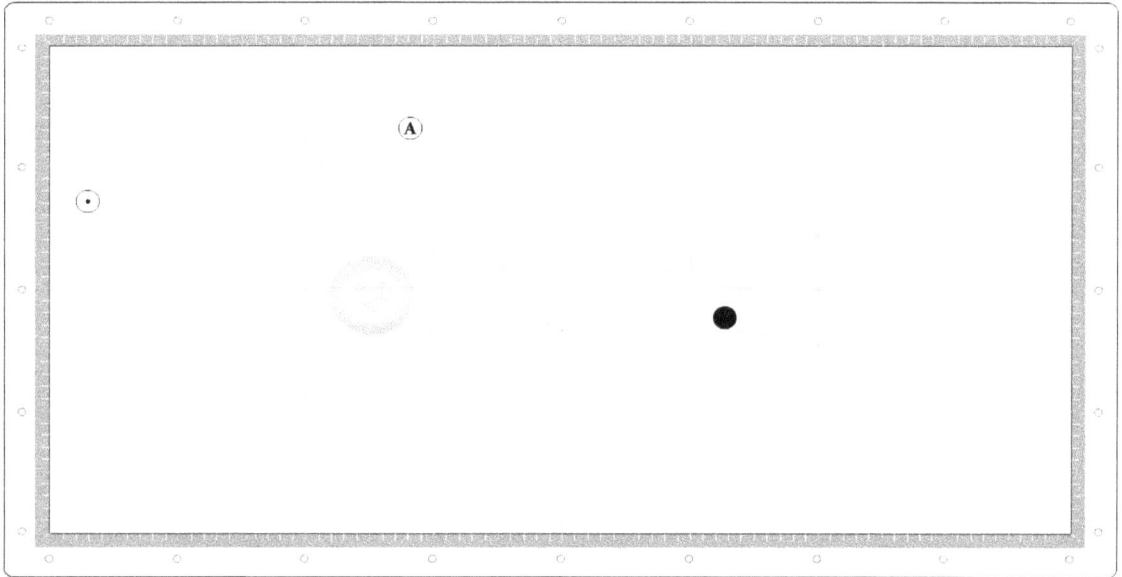

NOTAS VIR JOU IDEES:

Tabelpatroon

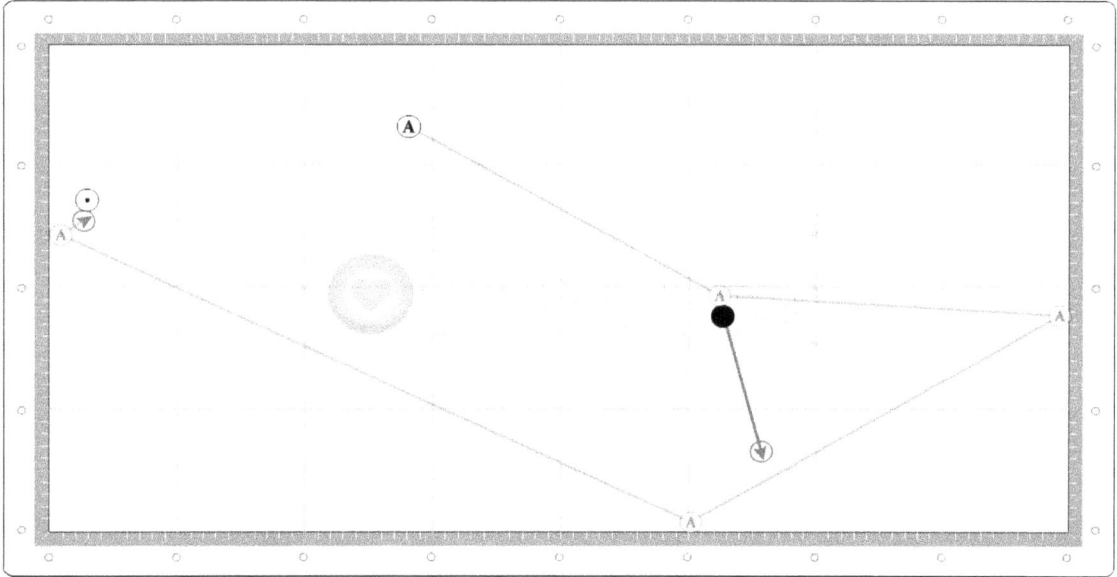

C:3d – Opstelling

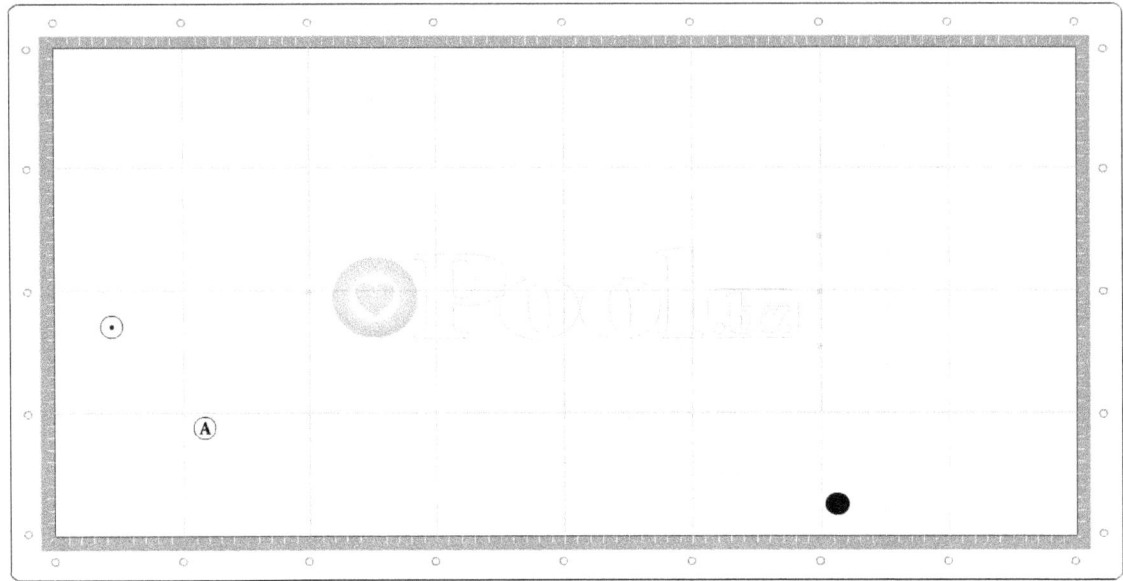

NOTAS VIR JOU IDEES:

Tabelpatroon

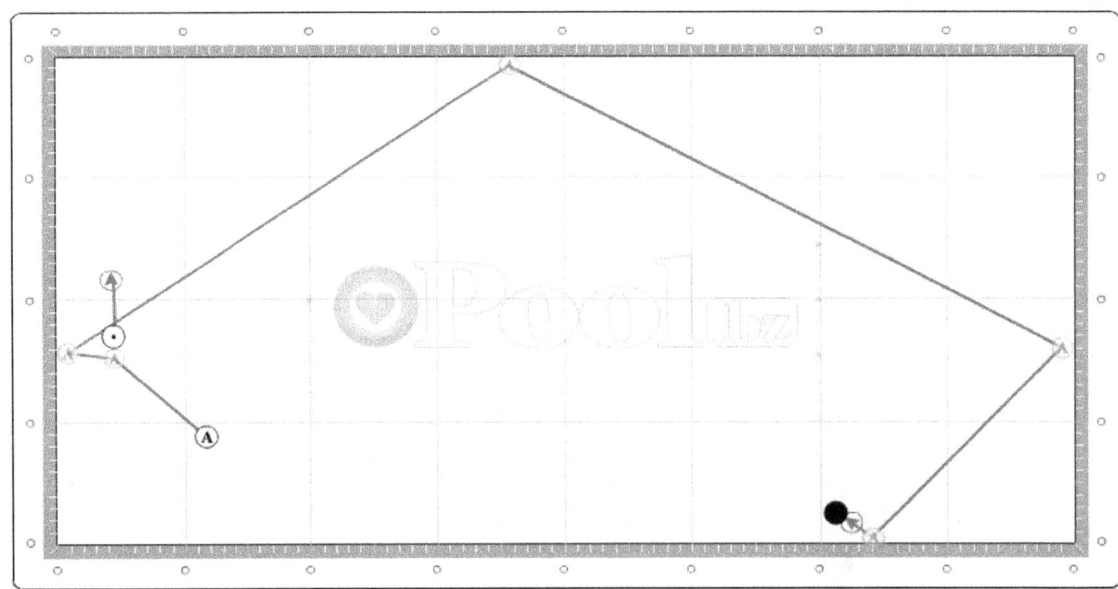

D: Basiese hoekopname (lang biljartbanden)

Die (CB) kom van die eerste (OB) en gaan in die hoek. Dit kom uit die hoek van die kort biljartbanden. Die (CB) gaan dan in die middelarea van die teenoorgestelde lang biljartbanden. Van daar af kontak die (CB) die tweede (OB).

Ⓐ **(CB)** (jou biljartbal) – ⊙ **(OB)** (teenstander biljartbal) – ⬤ **(OB)** (rooi bal)

D: Groep 1

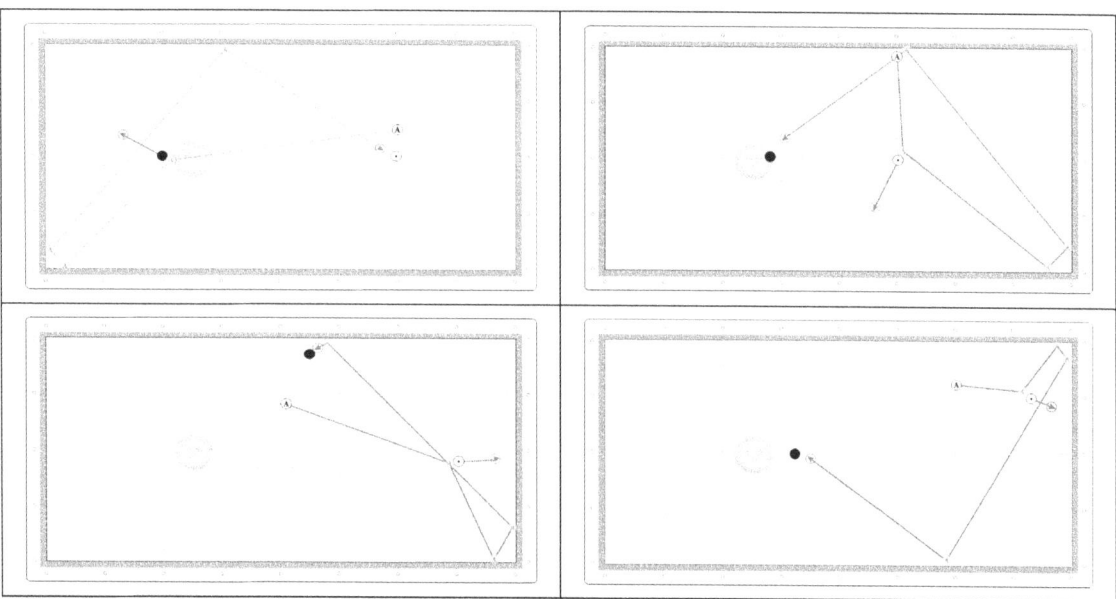

Analise:

D:1a. _____

D:1b. _____

D:1c. _____

D:1d. _____

D:1a – Opstelling

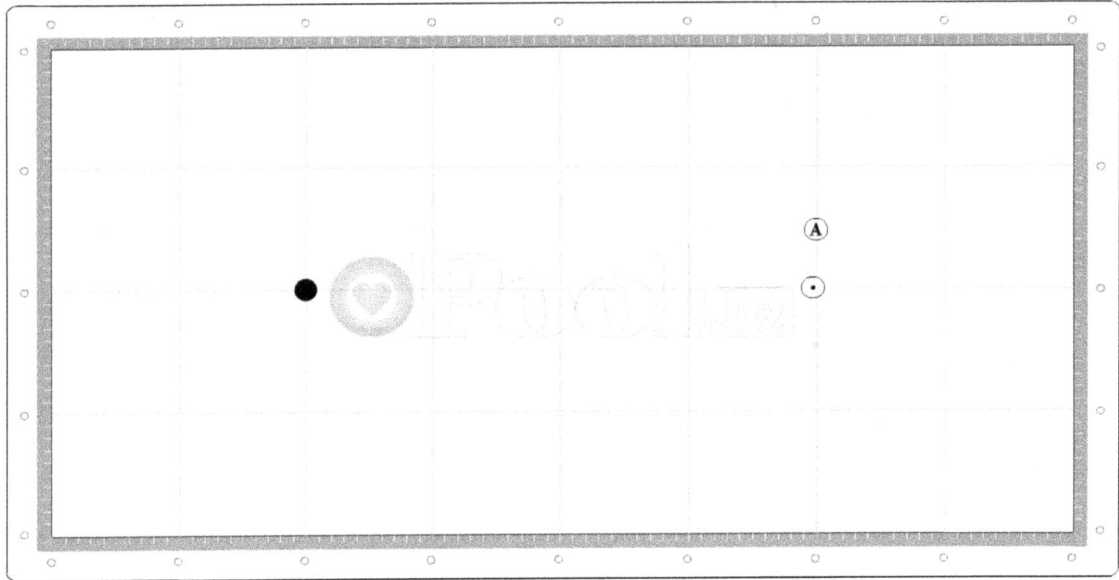

NOTAS VIR JOU IDEES:

Tabelpatroon

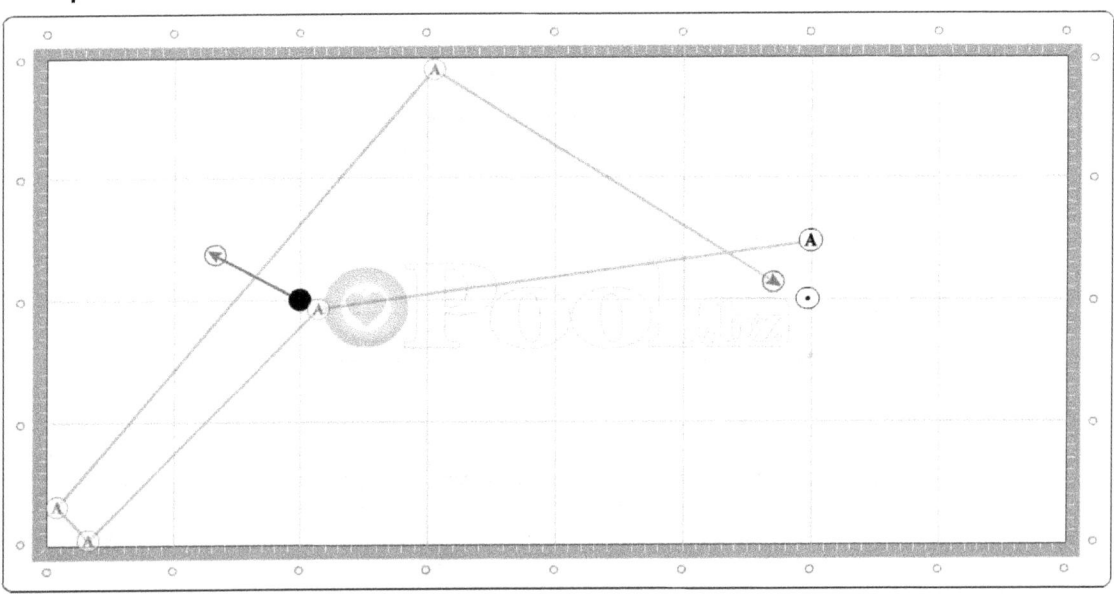

D:1b – Opstelling

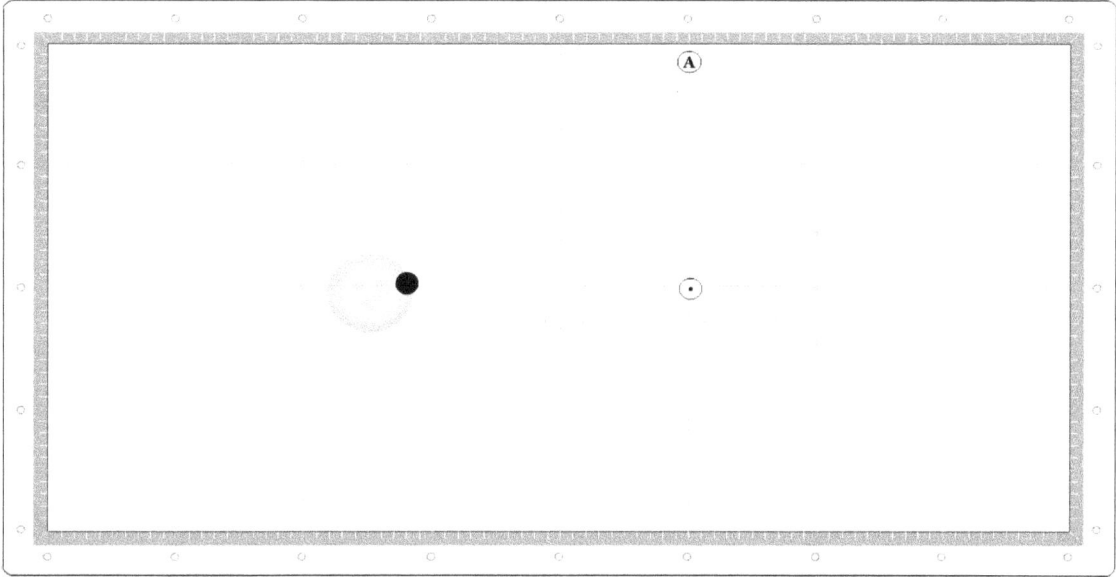

NOTAS VIR JOU IDEES:

Tabelpatroon

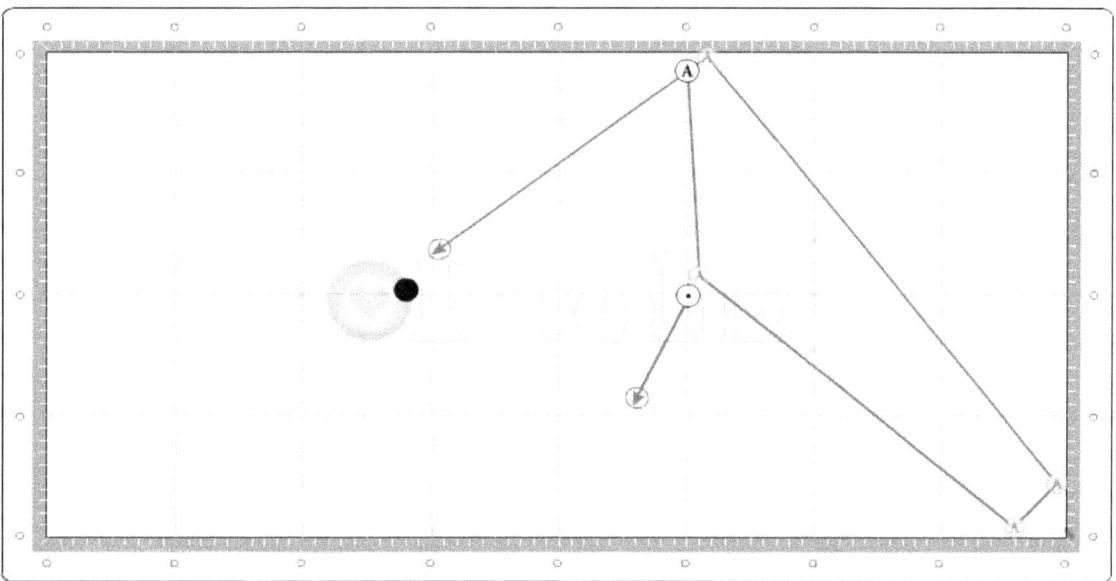

D:1c – Opstelling

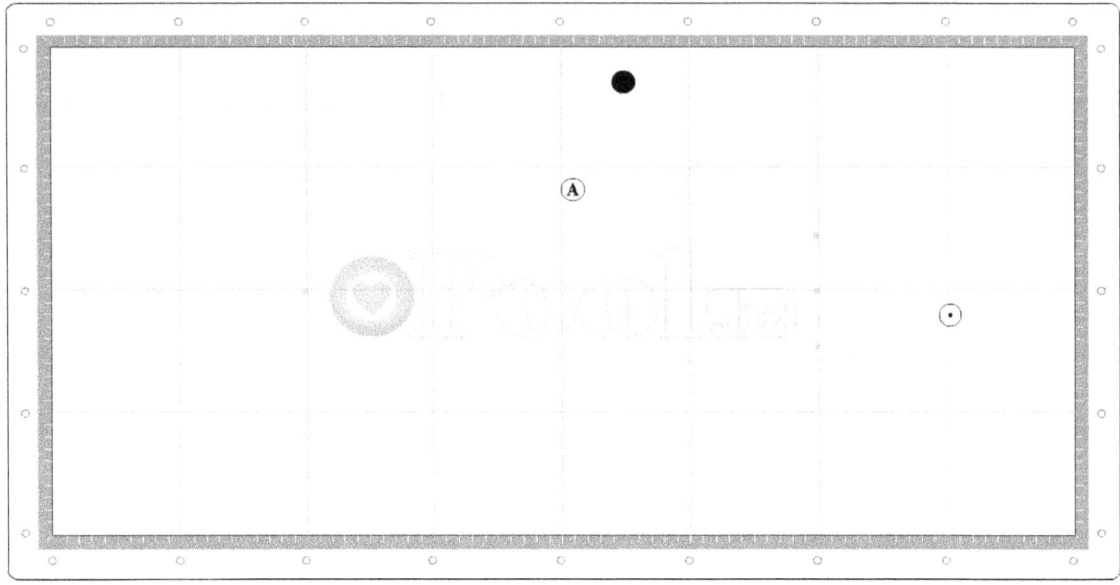

NOTAS VIR JOU IDEES:

Tabelpatroon

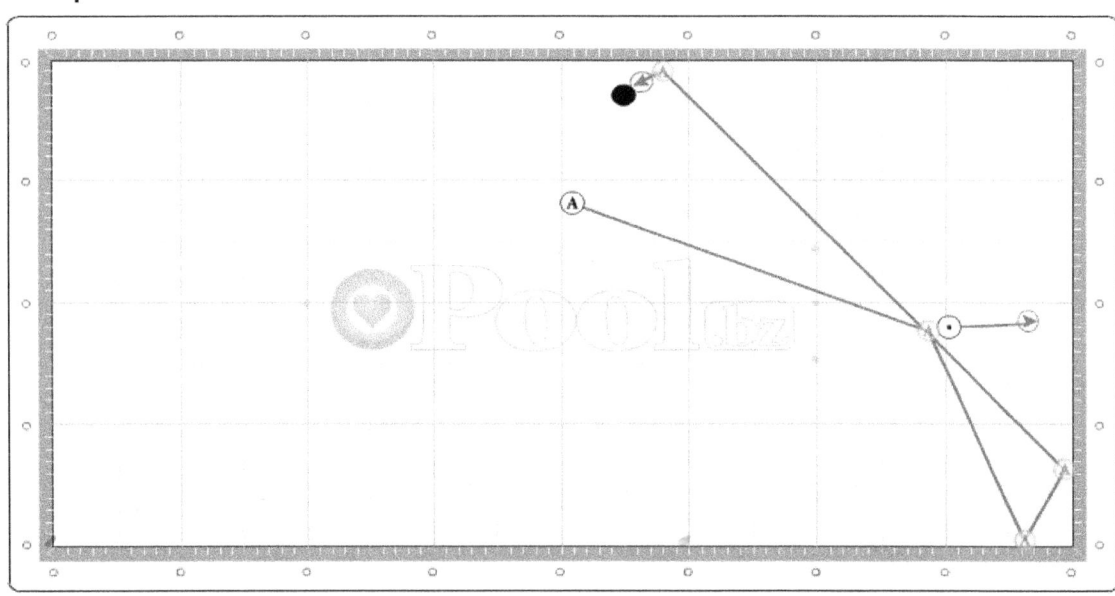

D:1d – Opstelling

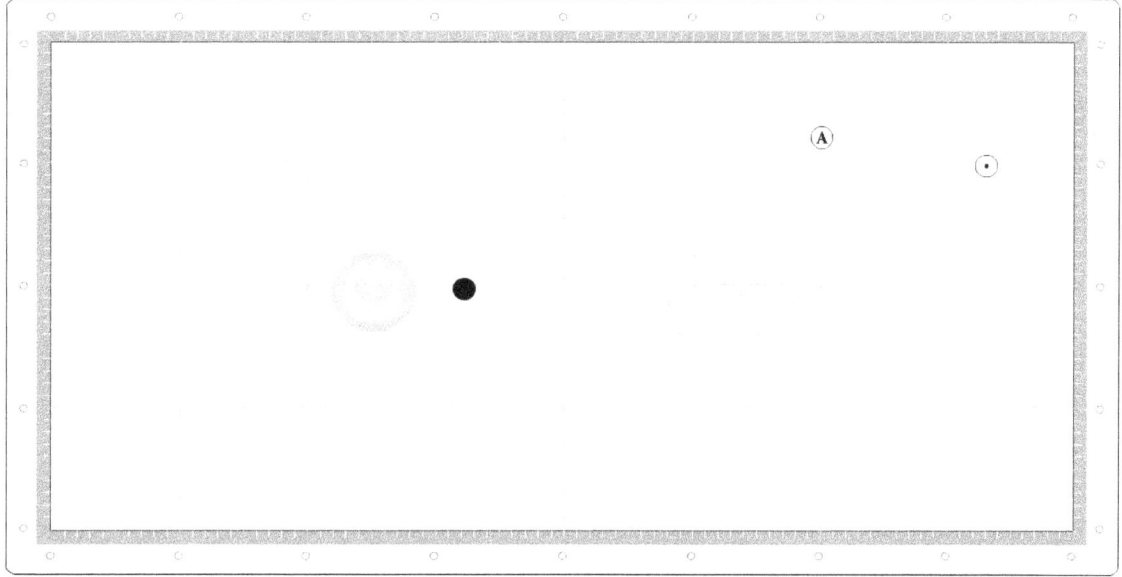

NOTAS VIR JOU IDEES:

Tabelpatroon

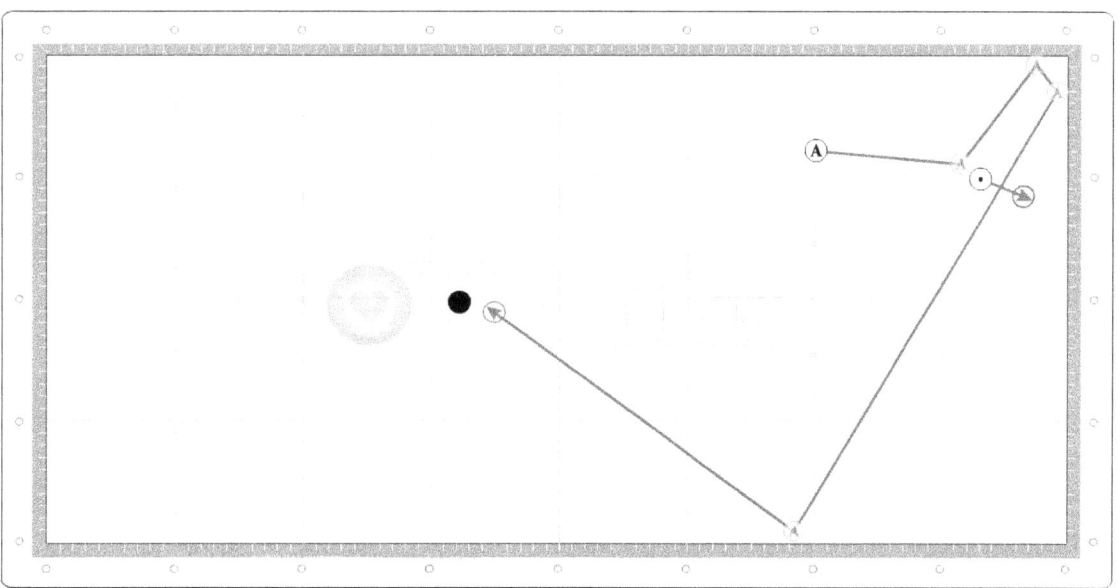

D: Groep 2

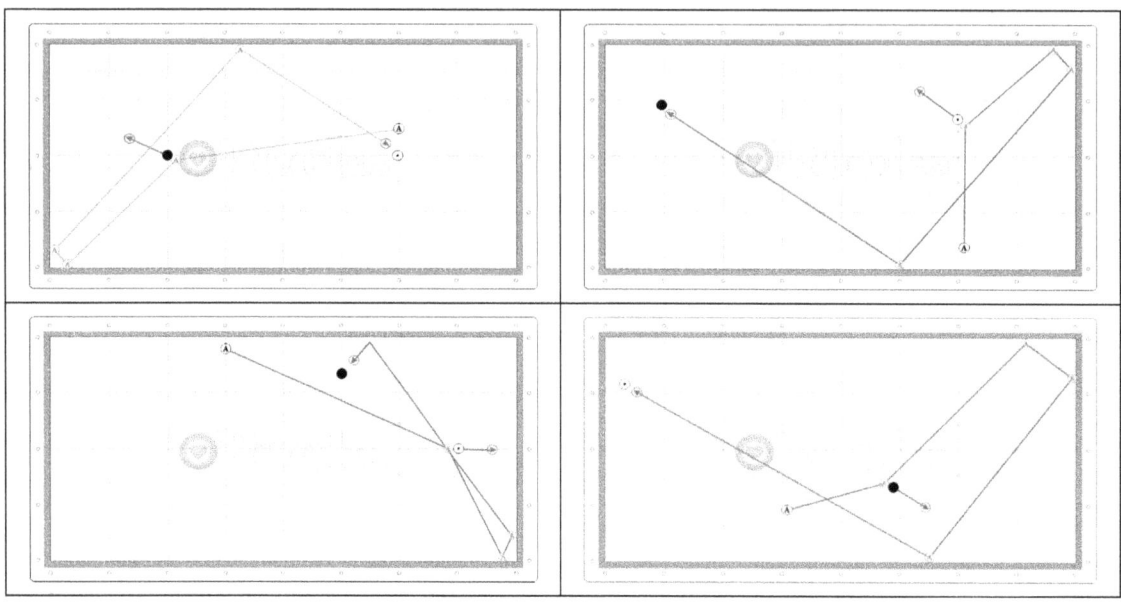

Analise:

D:2a. _____

D:2b. _____

D:2c. _____

D:2d. _____

D:2a – Opstelling

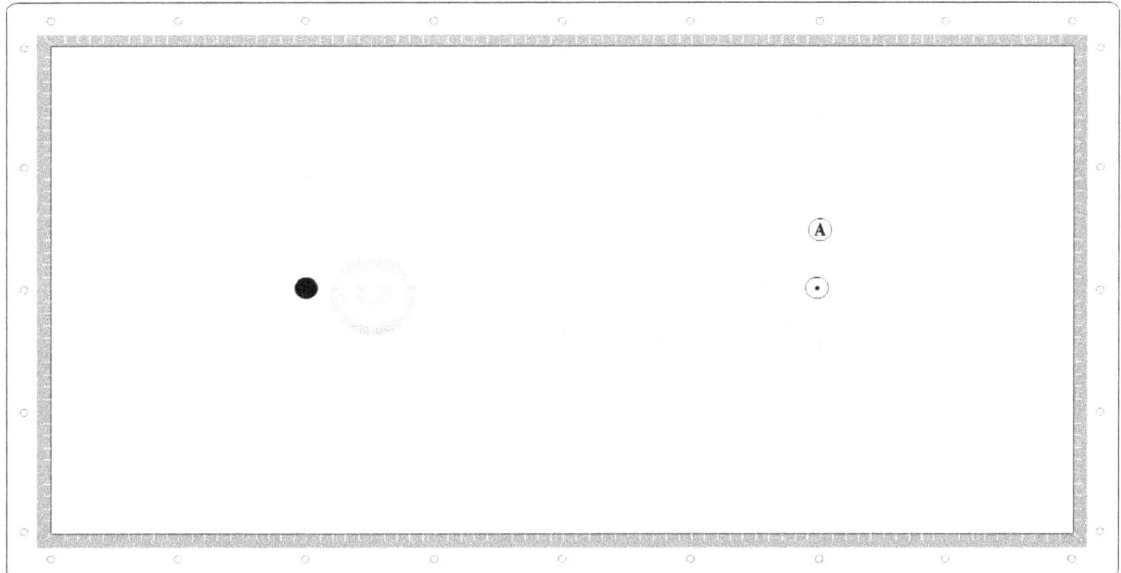

NOTAS VIR JOU IDEES:

Tabelpatroon

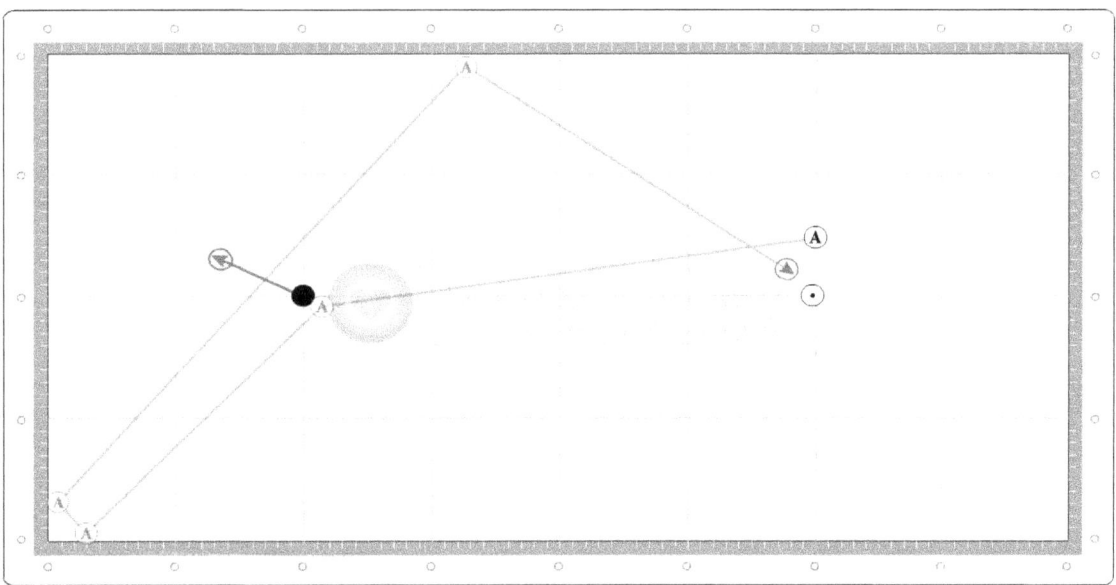

D:2b – Opstelling

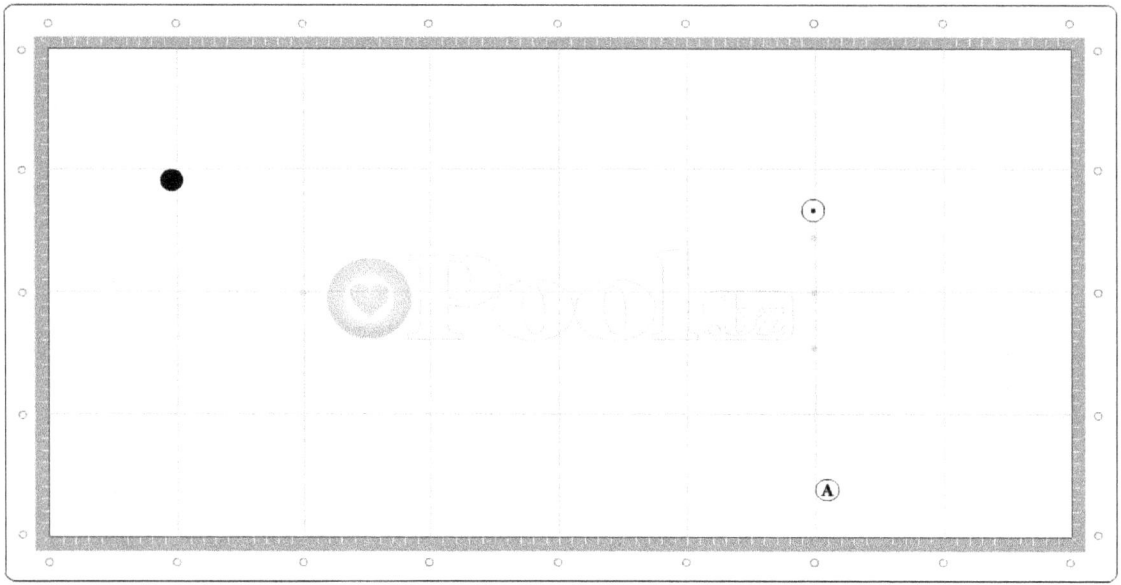

NOTAS VIR JOU IDEES:

Tabelpatroon

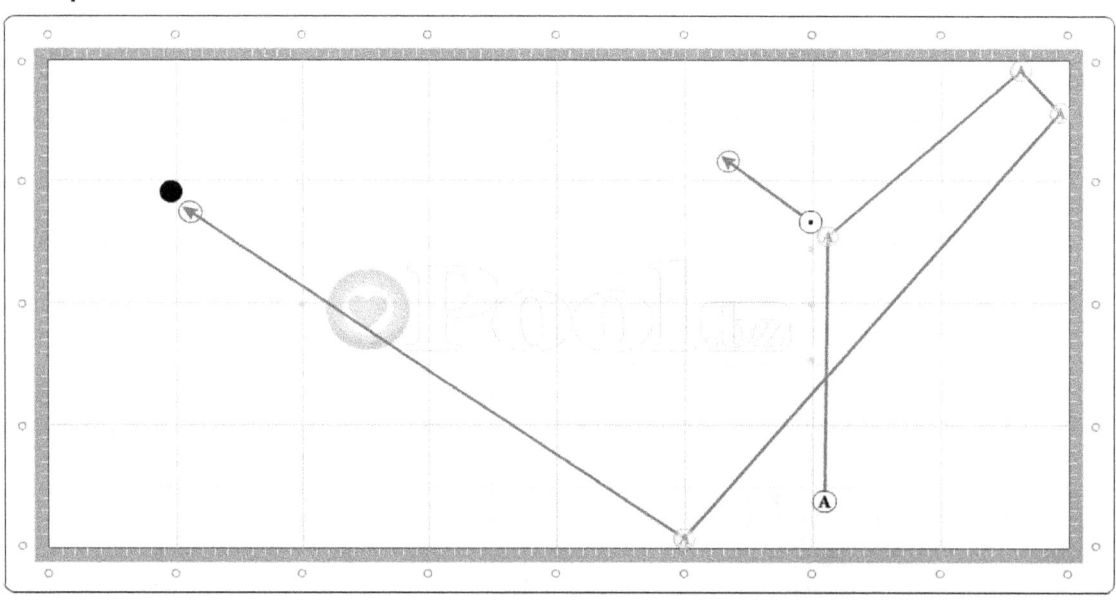

D:2c – Opstelling

NOTAS VIR JOU IDEES:

Tabelpatroon

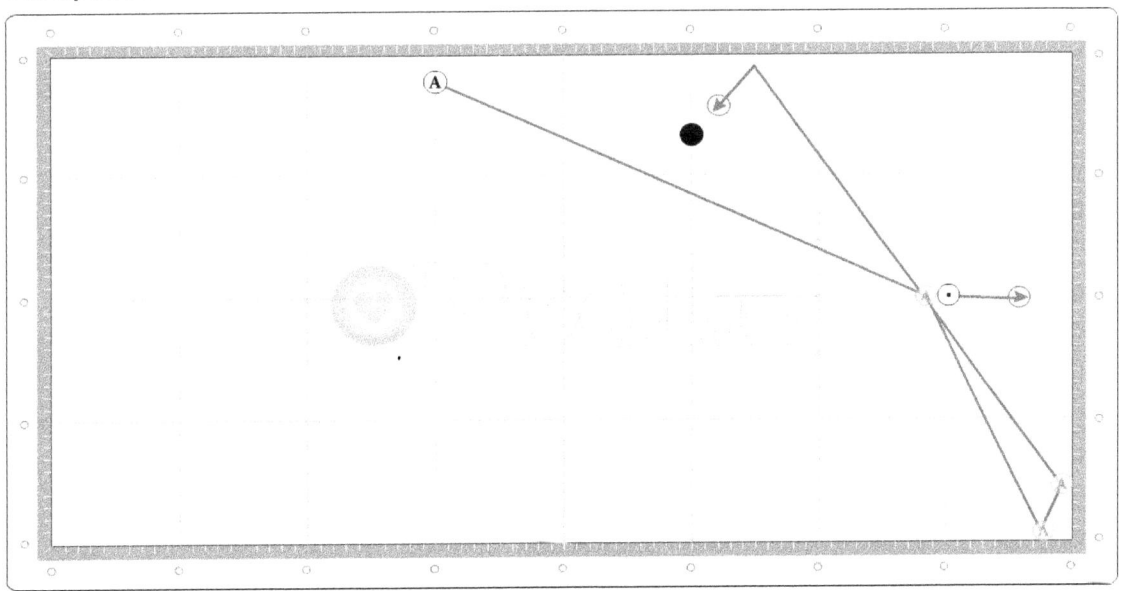

D:2d – Opstelling

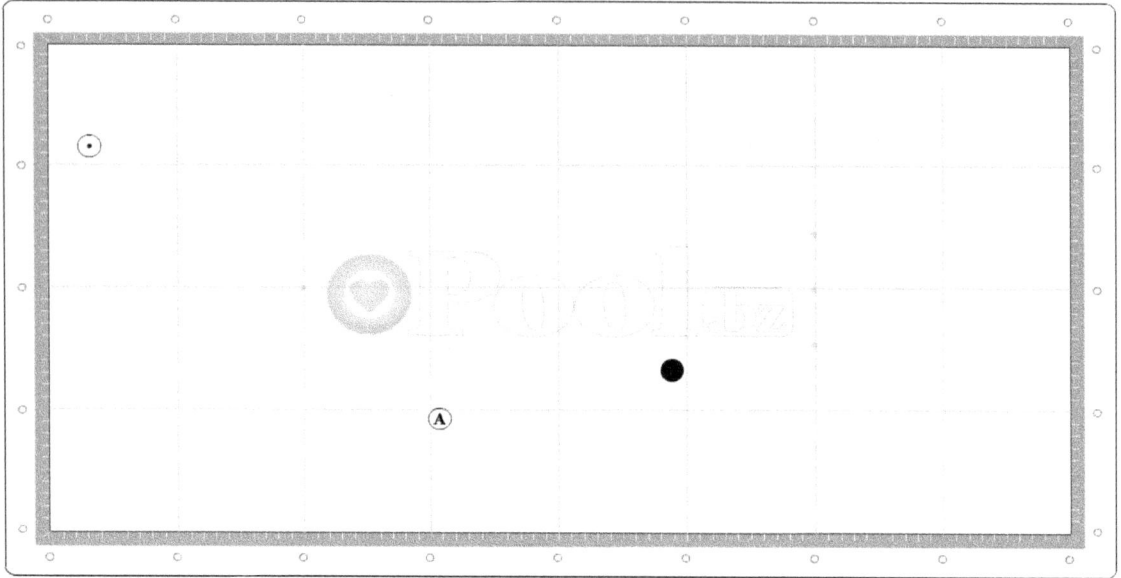

NOTAS VIR JOU IDEES:

Tabelpatroon

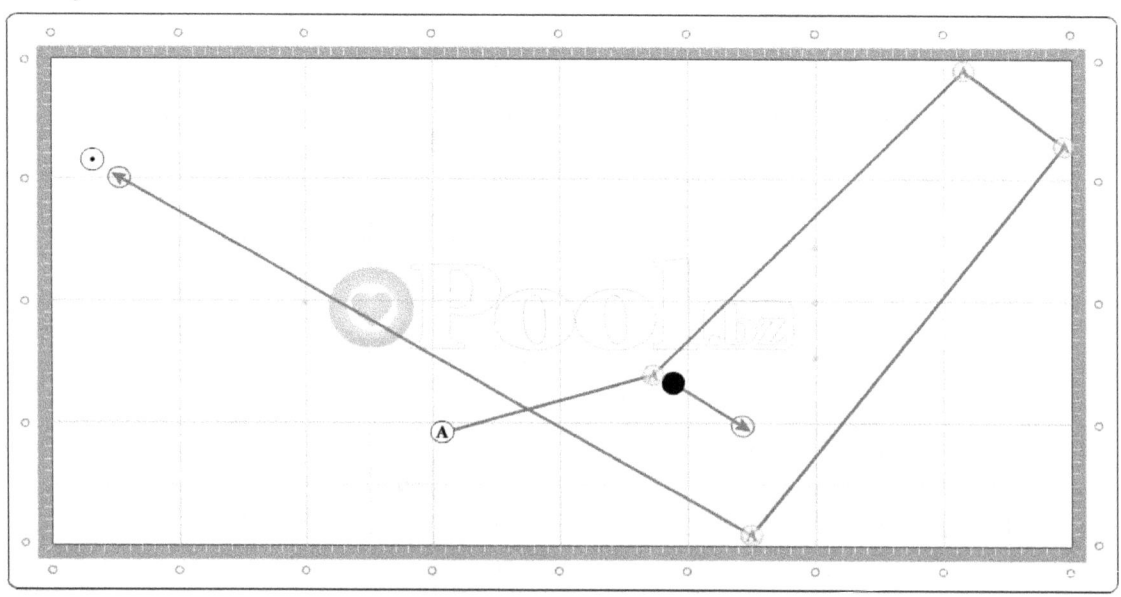

D: Groep 3

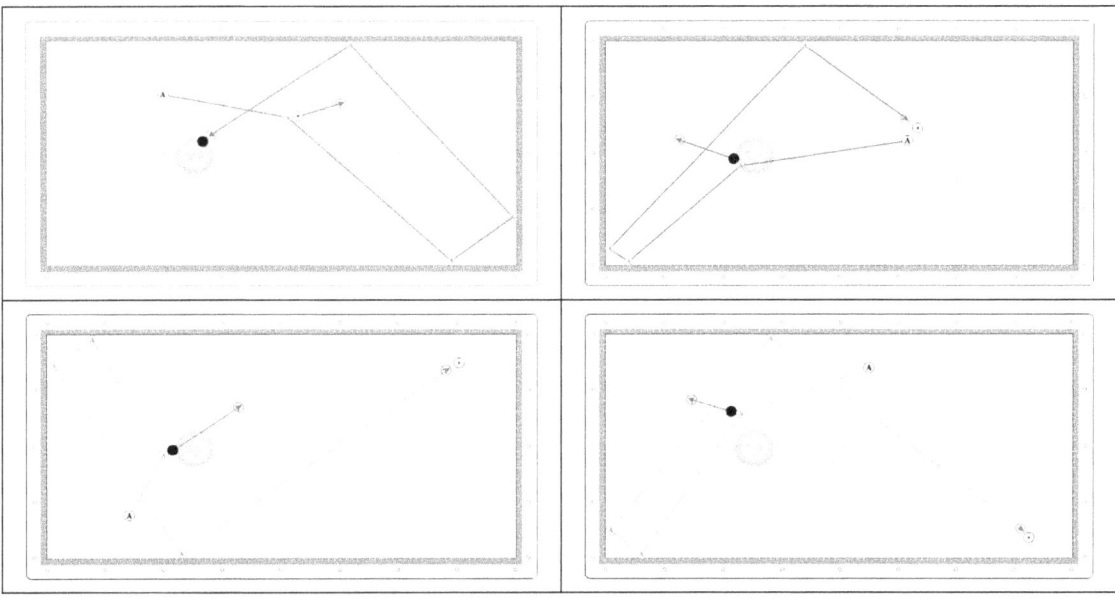

Analise:

D:3a. _____

D:3b. _____

D:3c. _____

D:3d. _____

D:3a – Opstelling

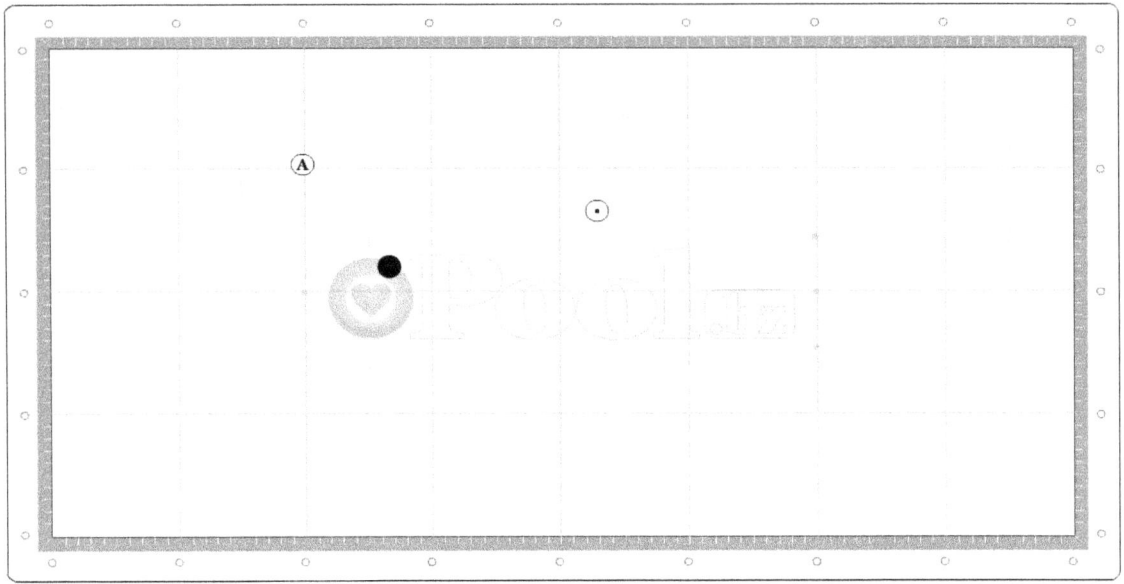

NOTAS VIR JOU IDEES:

Tabelpatroon

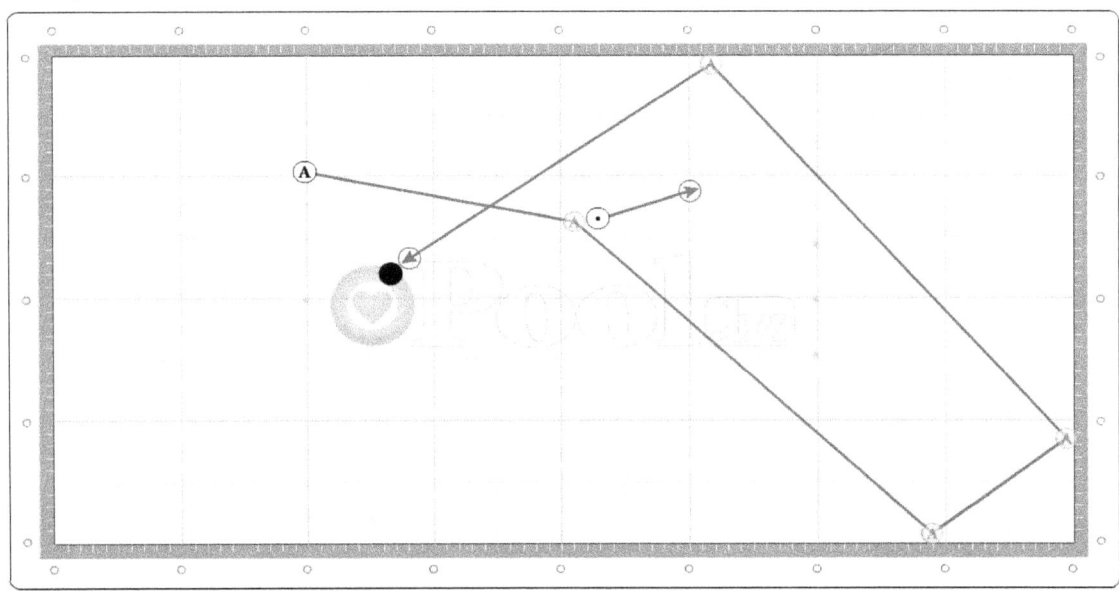

D:3b – Opstelling

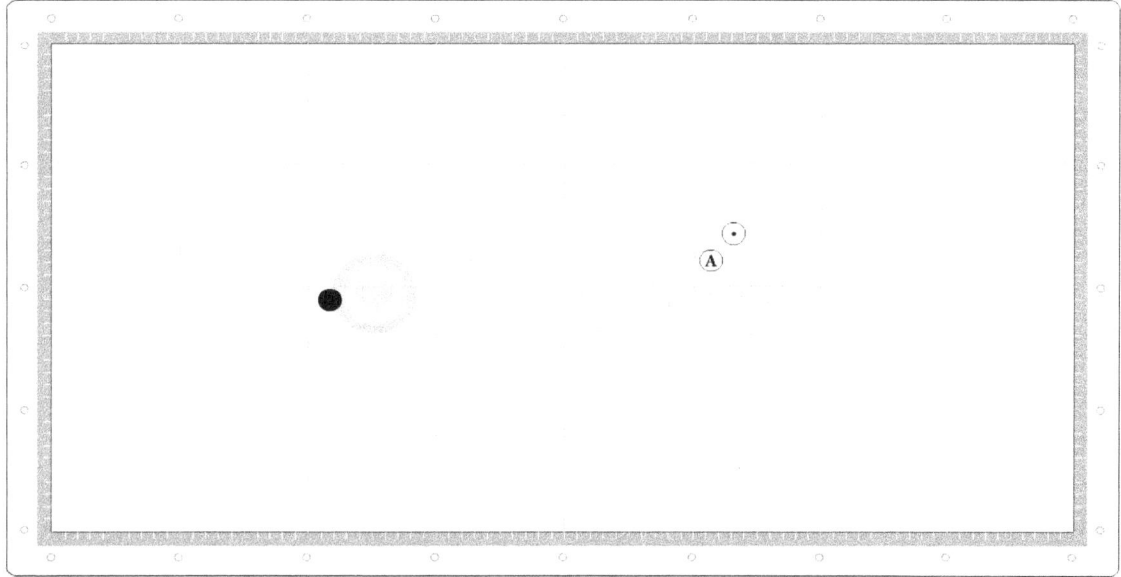

NOTAS VIR JOU IDEES:

Tabelpatroon

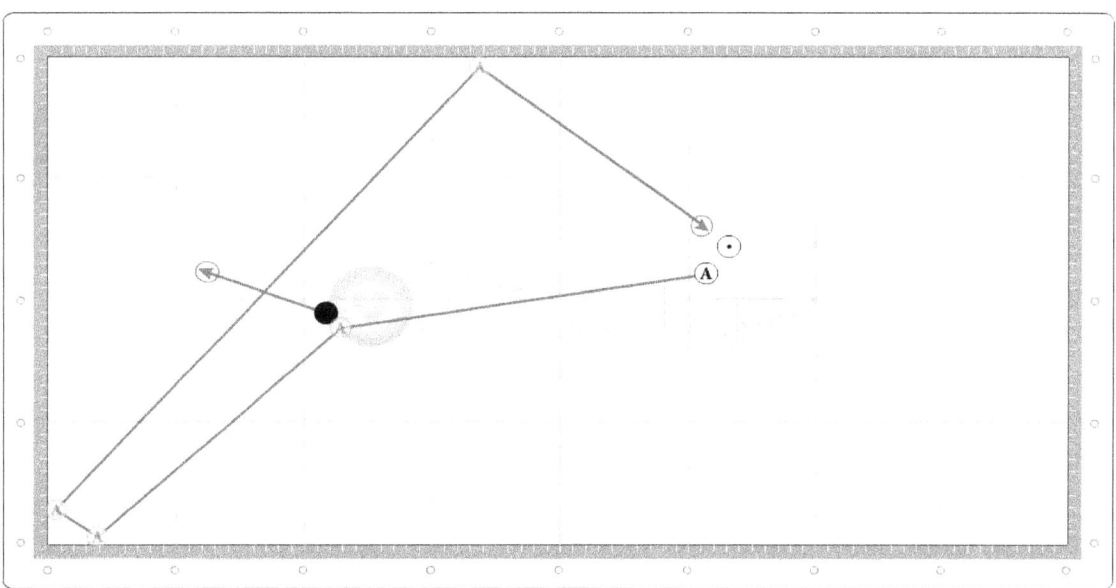

D:3c – Opstelling

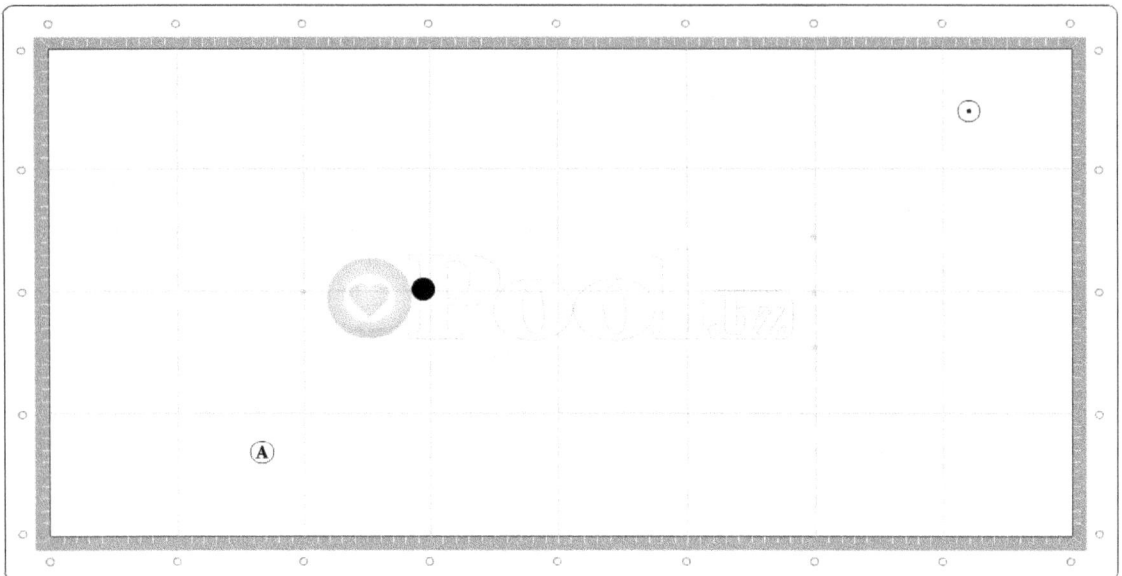

NOTAS VIR JOU IDEES:

Tabelpatroon

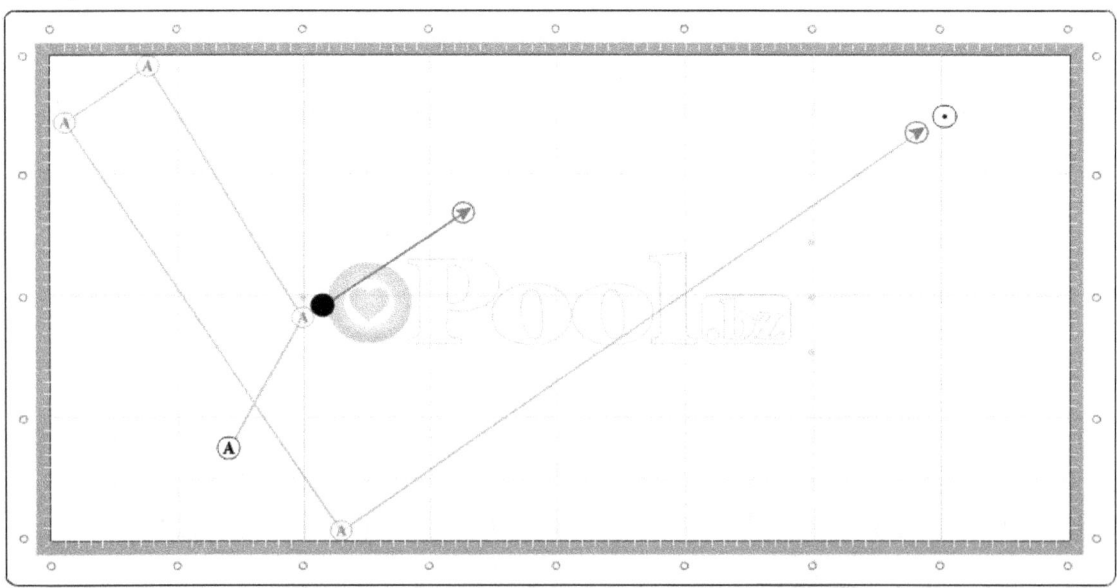

D:3d – Opstelling

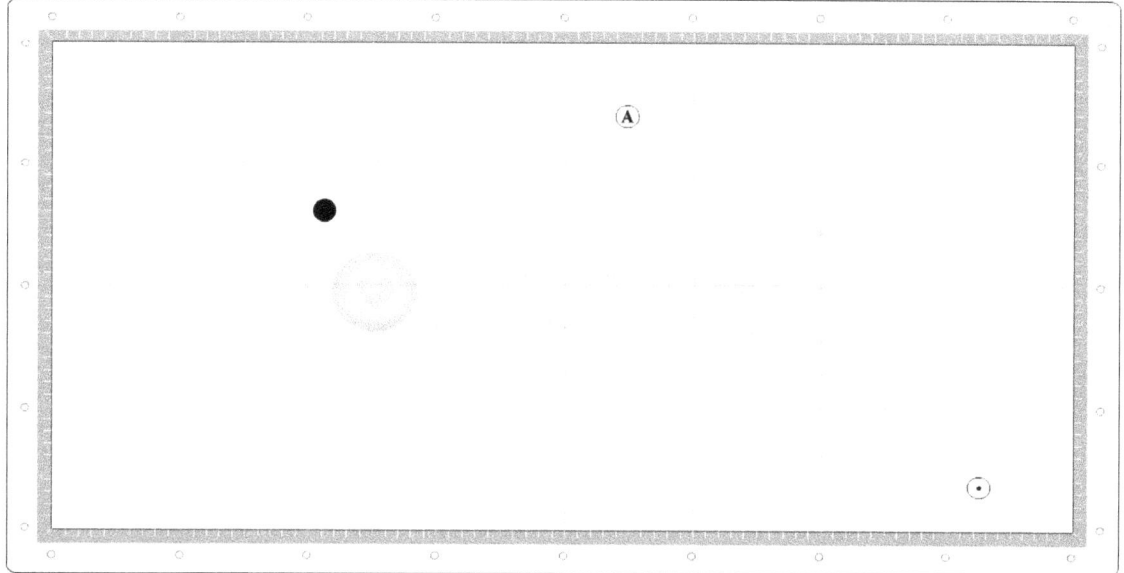

NOTAS VIR JOU IDEES:

Tabelpatroon

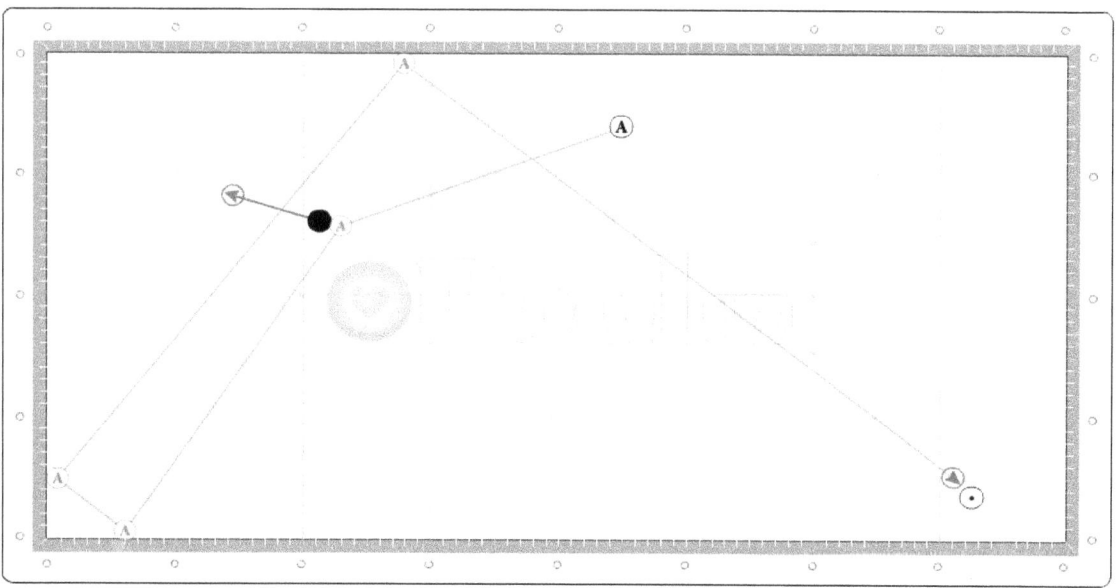

D: Groep 4

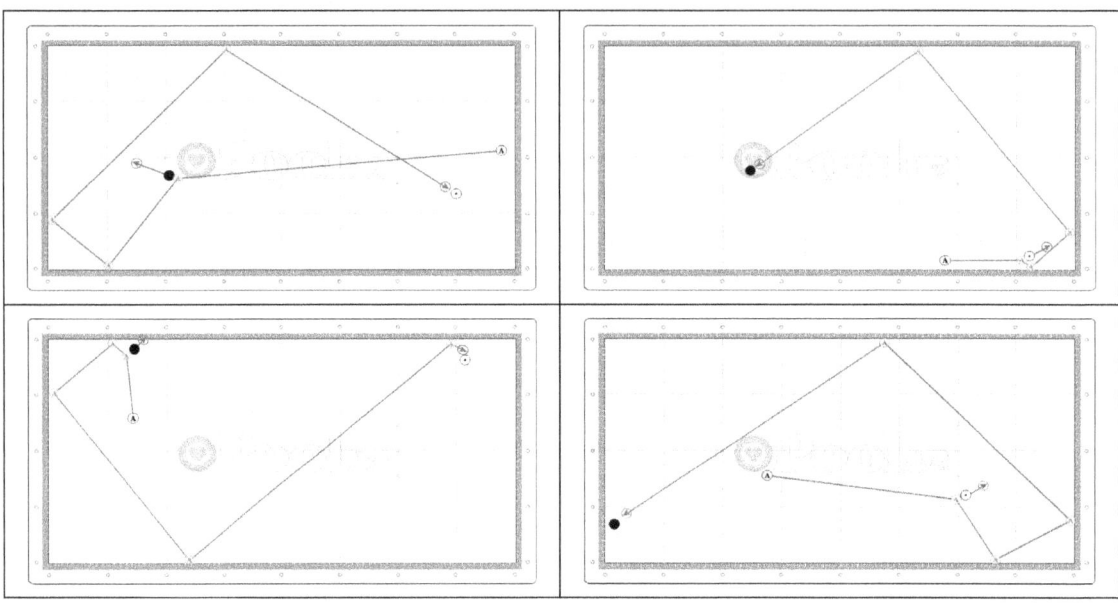

Analise:

D:4a. _____

D:4b. _____

D:4c. _____

D:4d. _____

D:4a – Opstelling

NOTAS VIR JOU IDEES:

Tabelpatroon

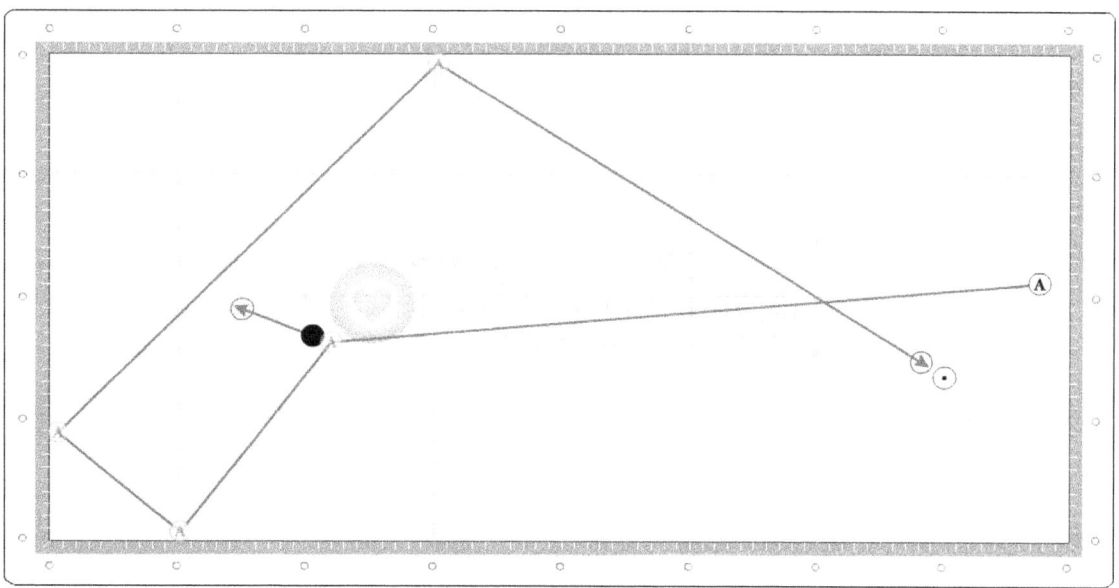

D:4b – Opstelling

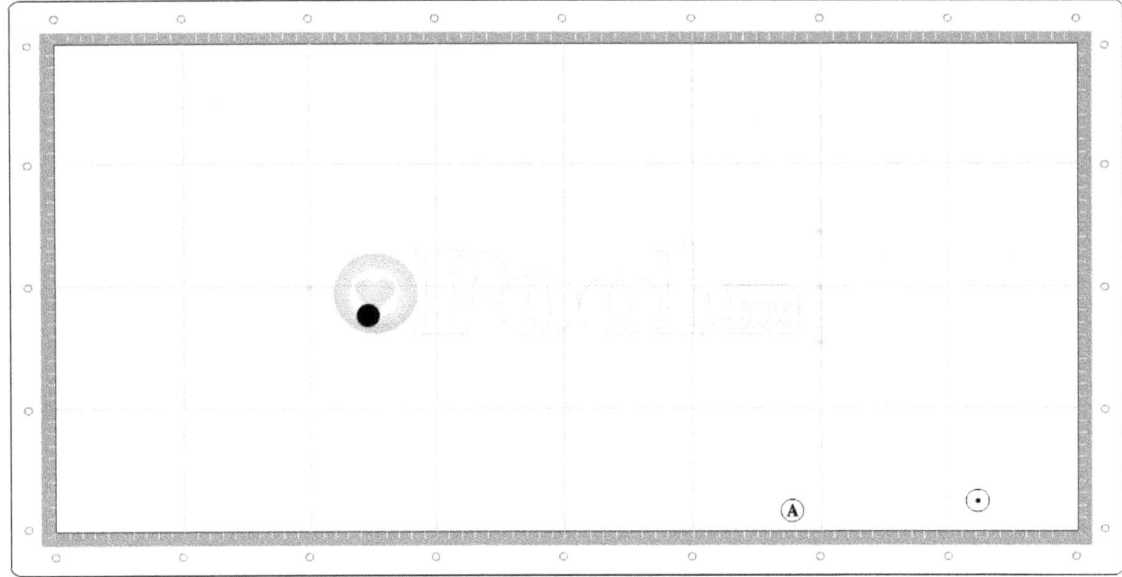

NOTAS VIR JOU IDEES:

Tabelpatroon

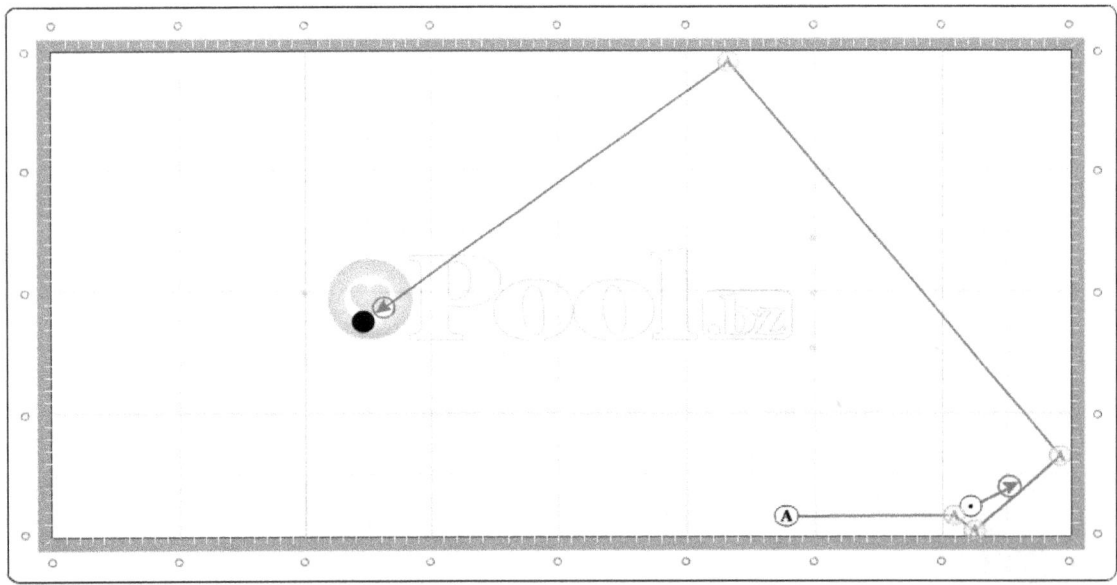

D:4c – Opstelling

NOTAS VIR JOU IDEES:

Tabelpatroon

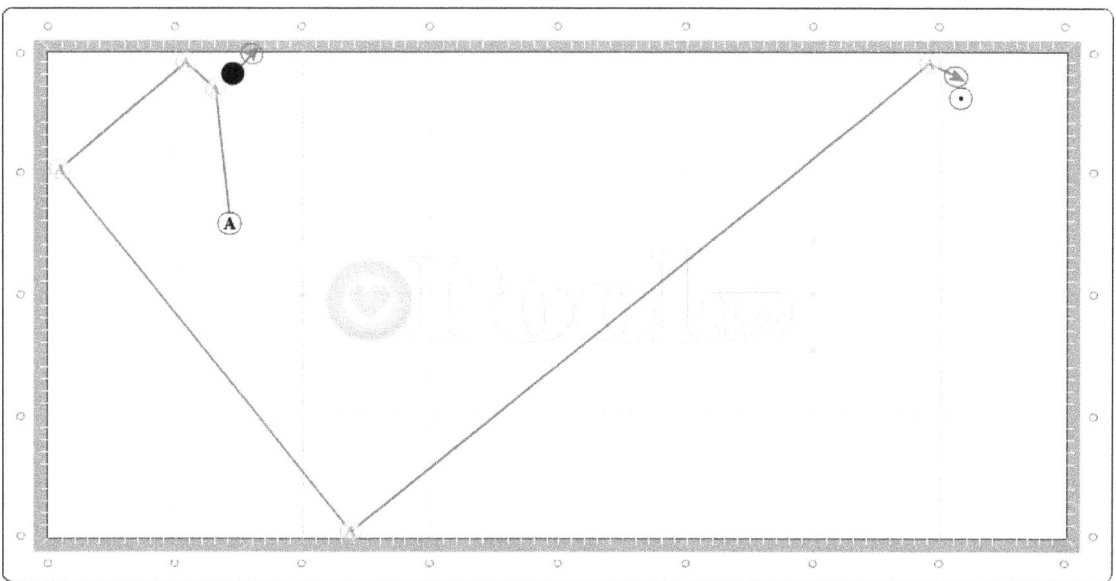

D:4d – Opstelling

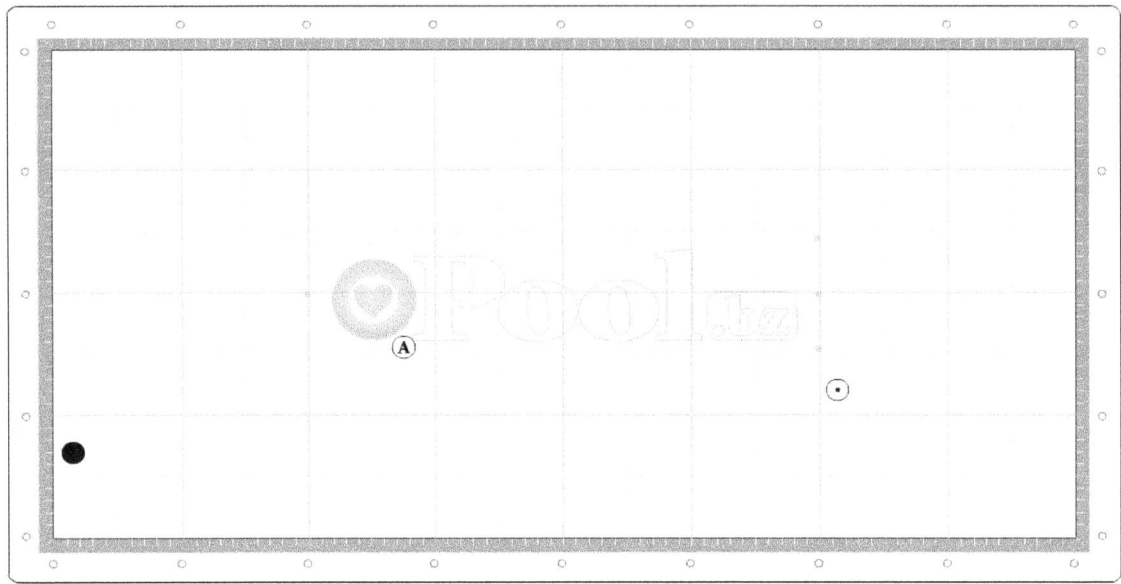

NOTAS VIR JOU IDEES:

Tabelpatroon

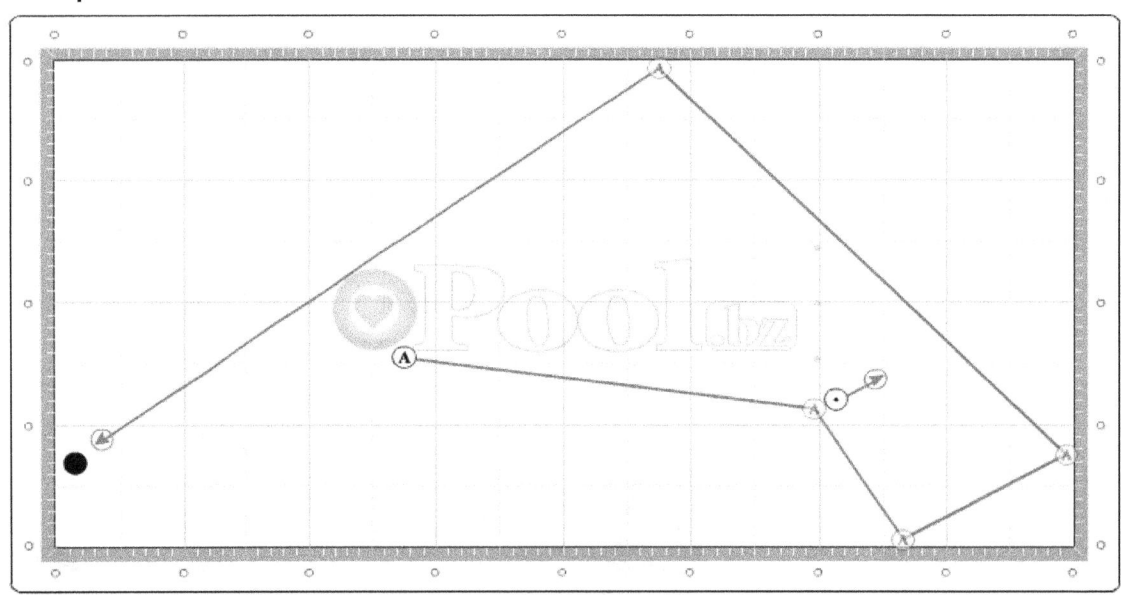

E: Hoek terugkeer, verlengde lang been

Die (CB) reis 'n lang afstand na die eerste (OB). Dan, die (CB) gaan in die hoek, lang biljartbanden eerste. Die (CB) kruis die tafel in die middel van die lang biljartbanden. Laastens, die (CB) kontak die tweede (OB).

Ⓐ **(CB)** (jou biljartbal) – ⊙ **(OB)** (teenstander biljartbal) – ● **(OB)** (rooi bal)

E: Groep 1

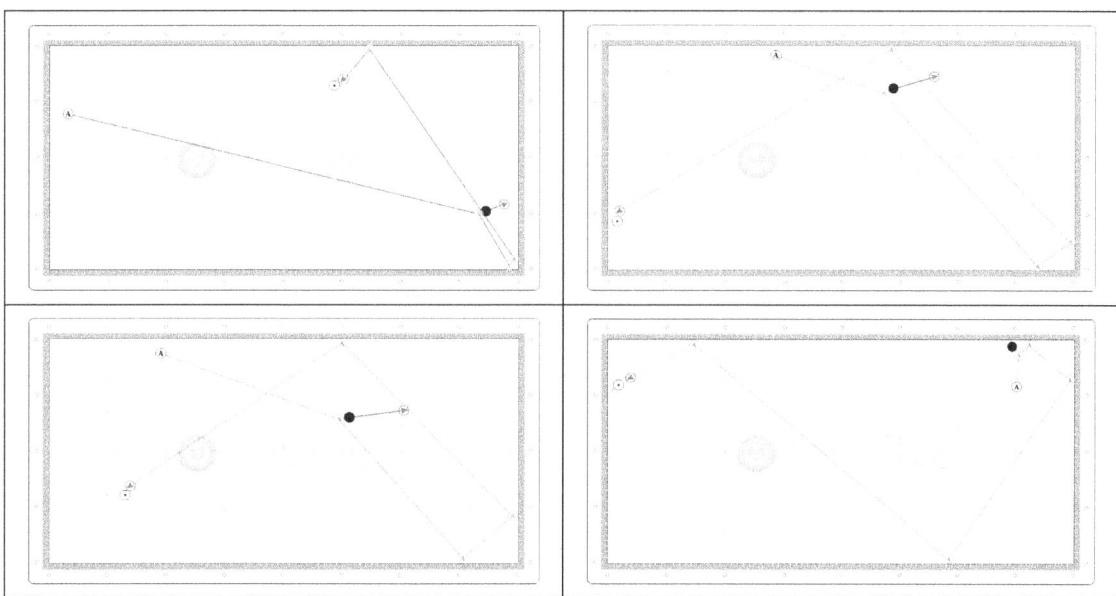

Analise:

E:1a. _____

E:1b. _____

E:1c. _____

E:1d. _____

E:1a – Opstelling

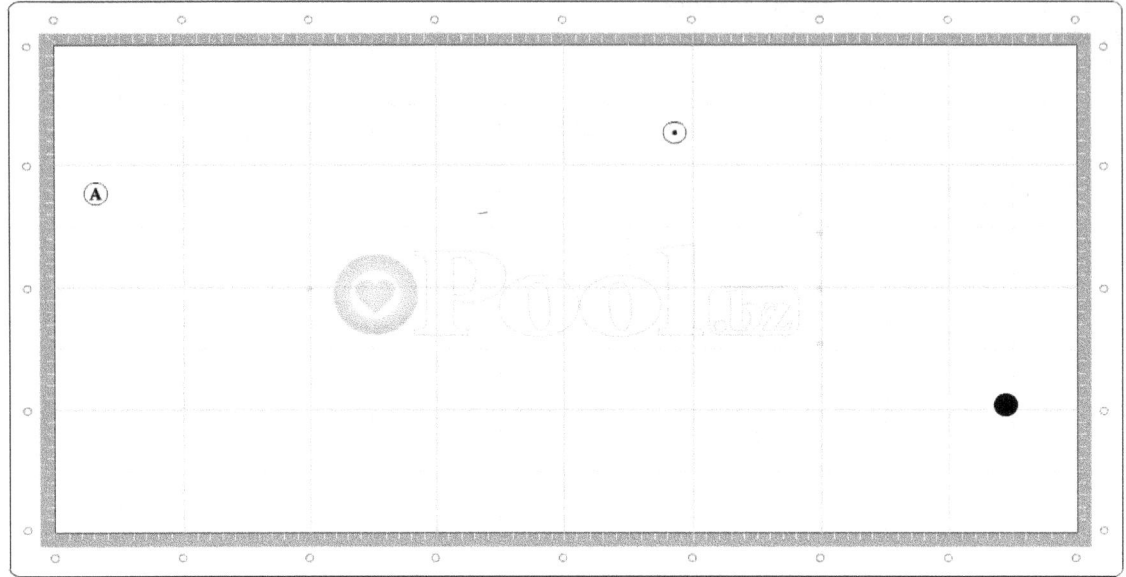

NOTAS VIR JOU IDEES:

Tabelpatroon

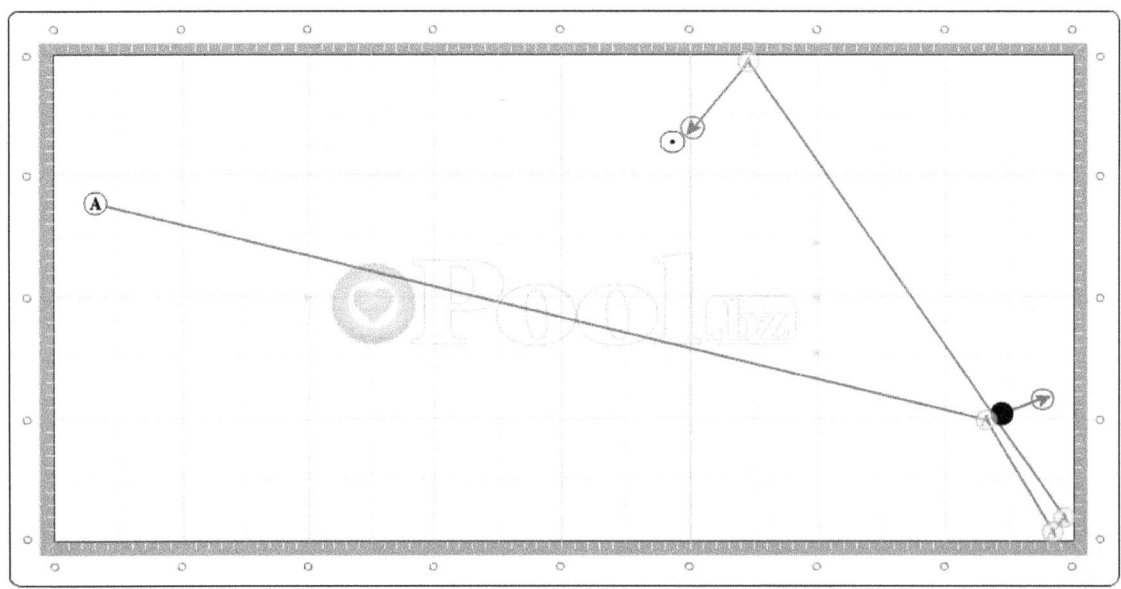

E:1b – Opstelling

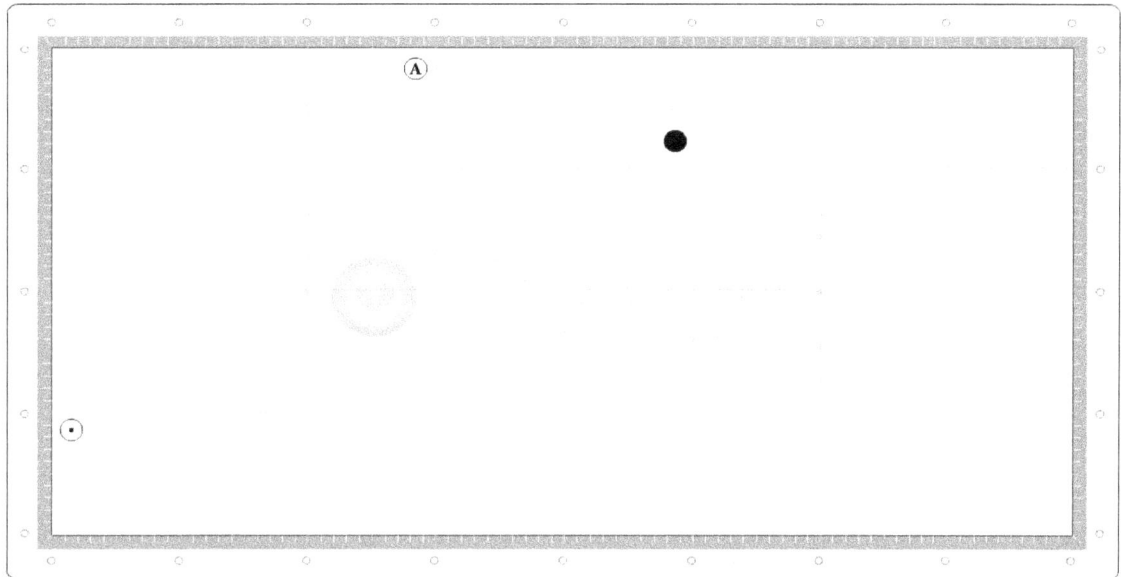

NOTAS VIR JOU IDEES:

Tabelpatroon

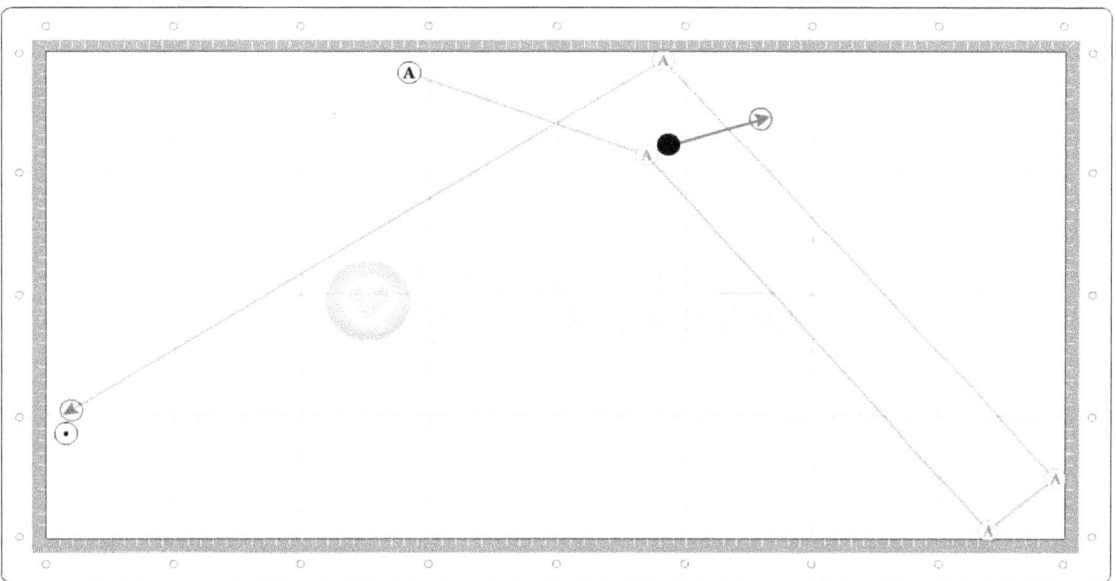

E:1c – Opstelling

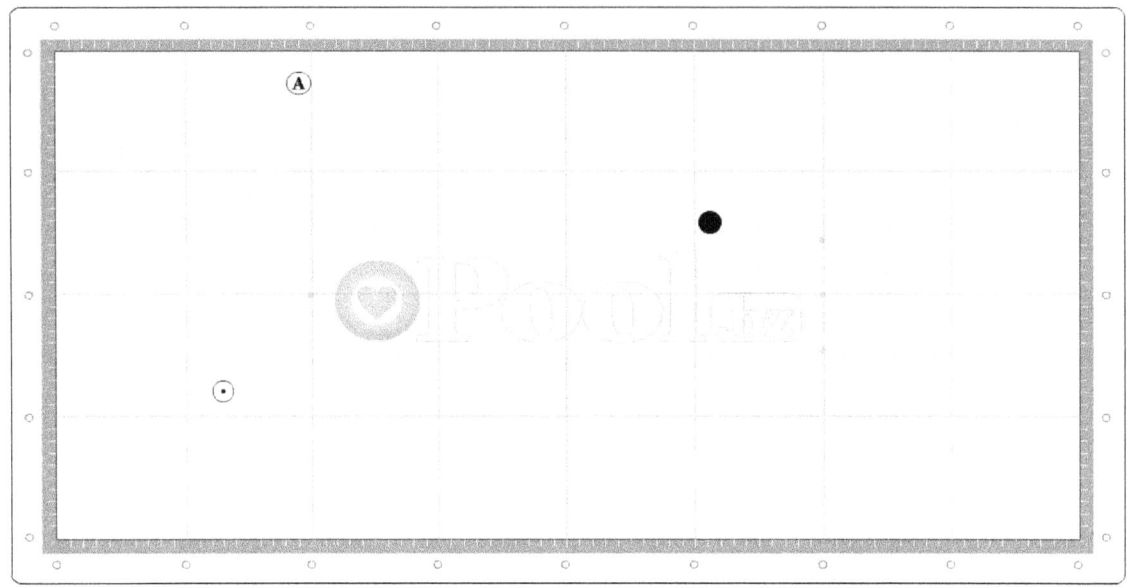

NOTAS VIR JOU IDEES:

Tabelpatroon

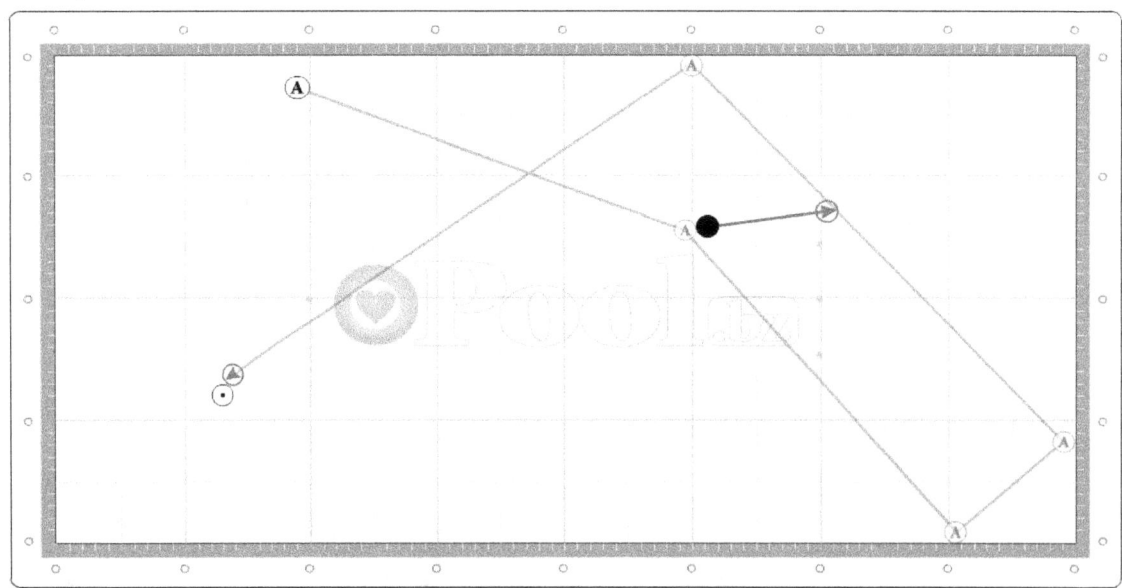

E:1d – Opstelling

NOTAS VIR JOU IDEES:

Tabelpatroon

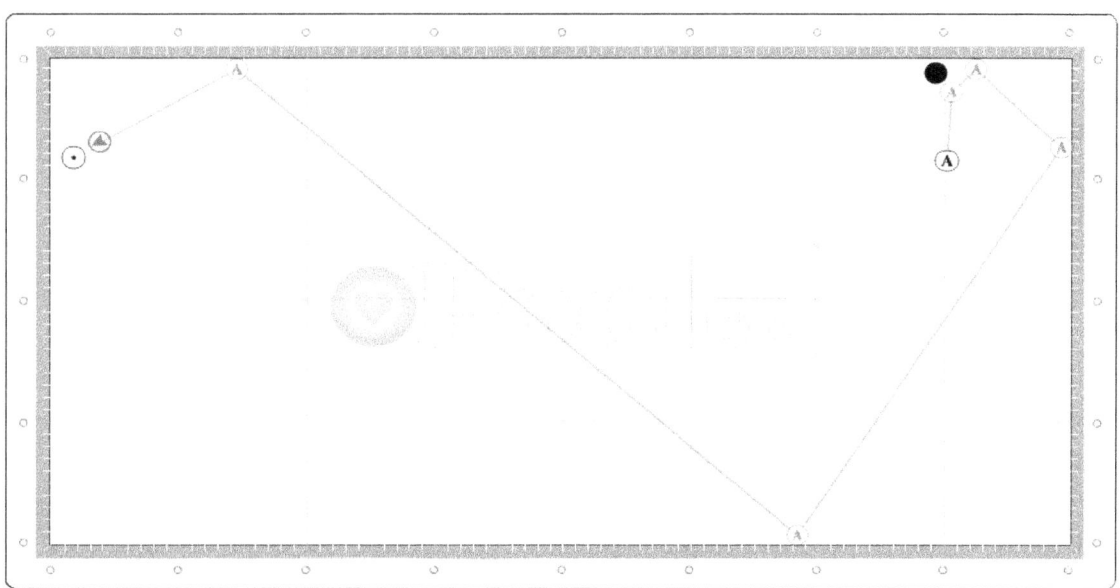

E: Groep 2

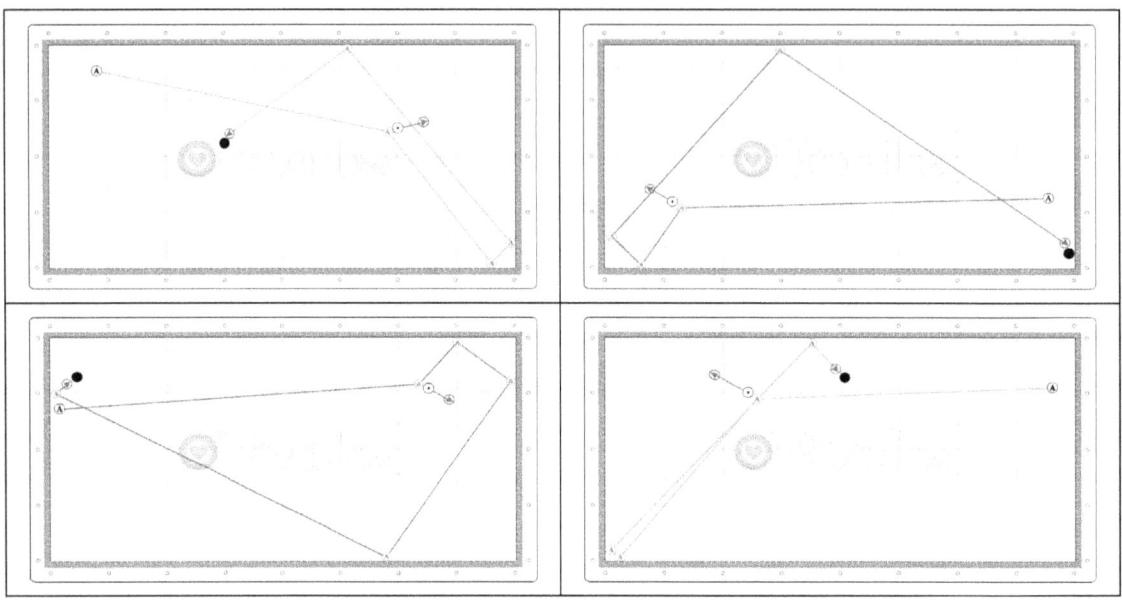

Analise:

E:2a. _____

E:2b. _____

E:2c. _____

E:2d. _____

E:2a – Opstelling

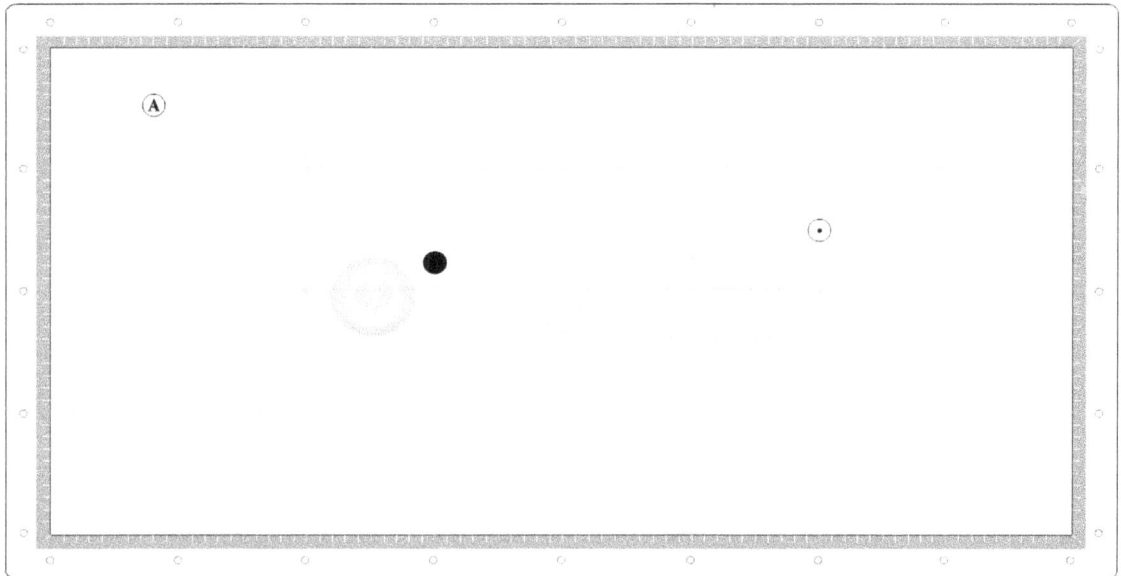

NOTAS VIR JOU IDEES:

Tabelpatroon

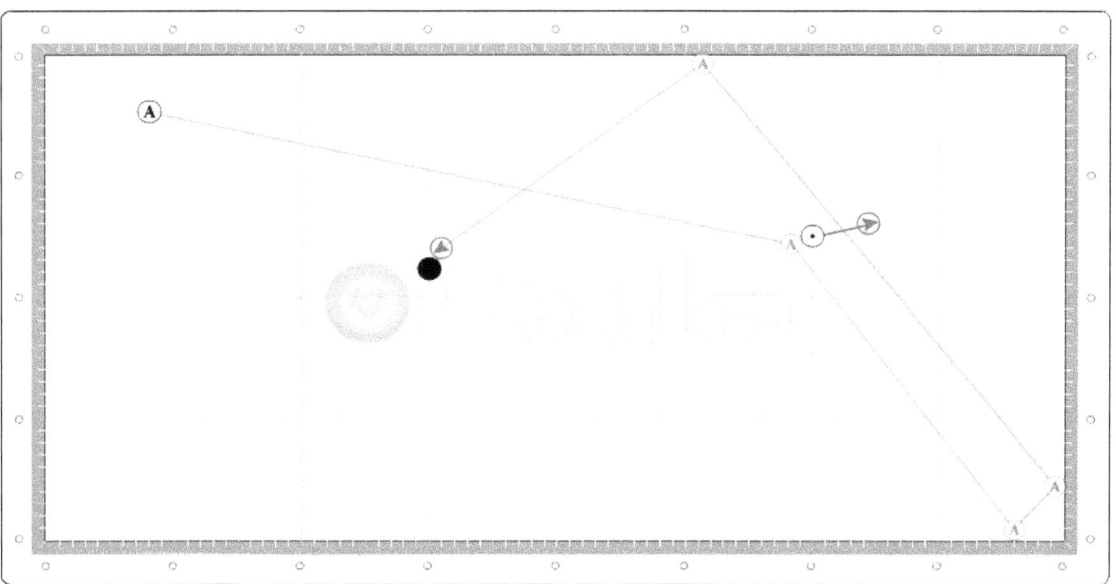

E:2b – Opstelling

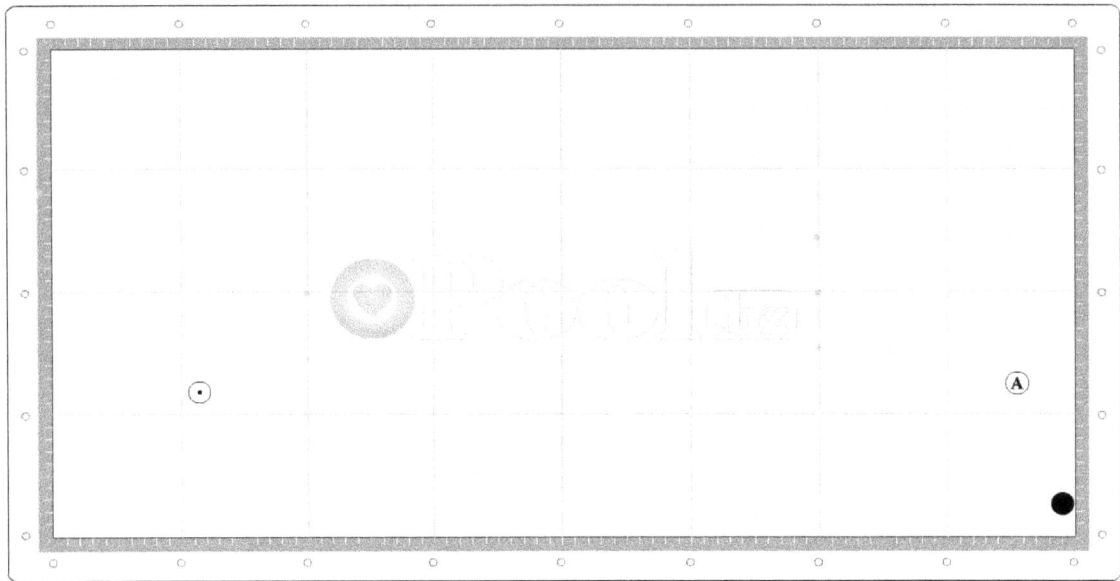

NOTAS VIR JOU IDEES:

Tabelpatroon

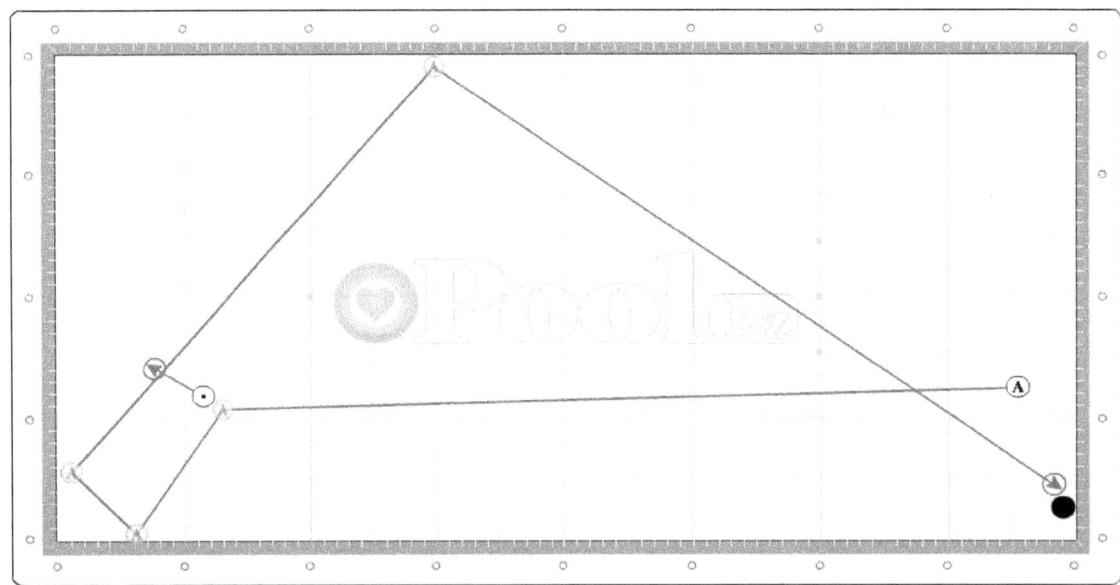

E:2c – Opstelling

NOTAS VIR JOU IDEES:

Tabelpatroon

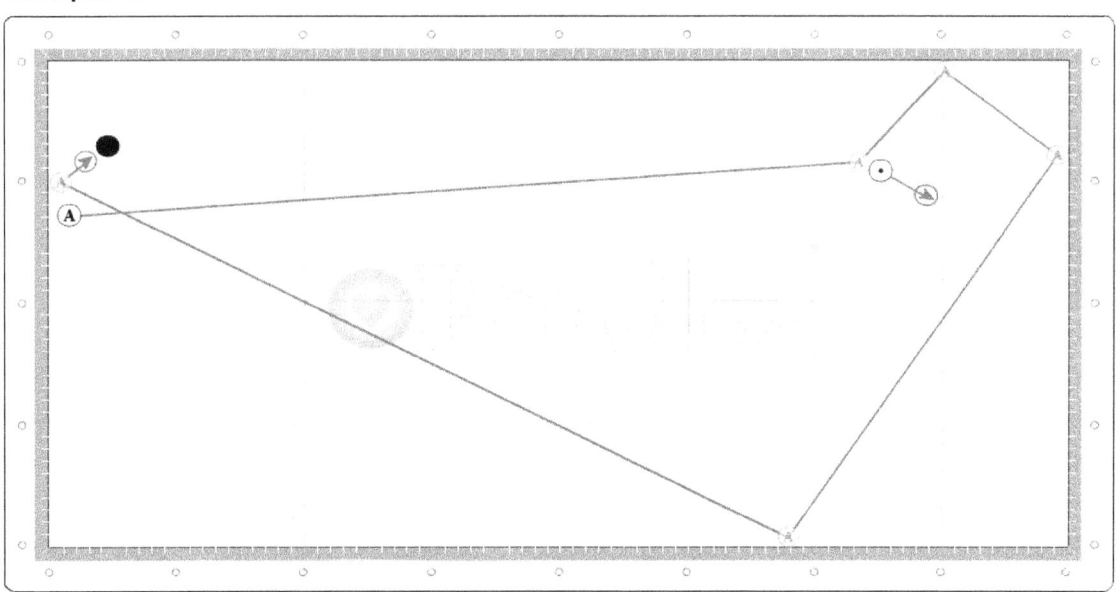

E:2d – Opstelling

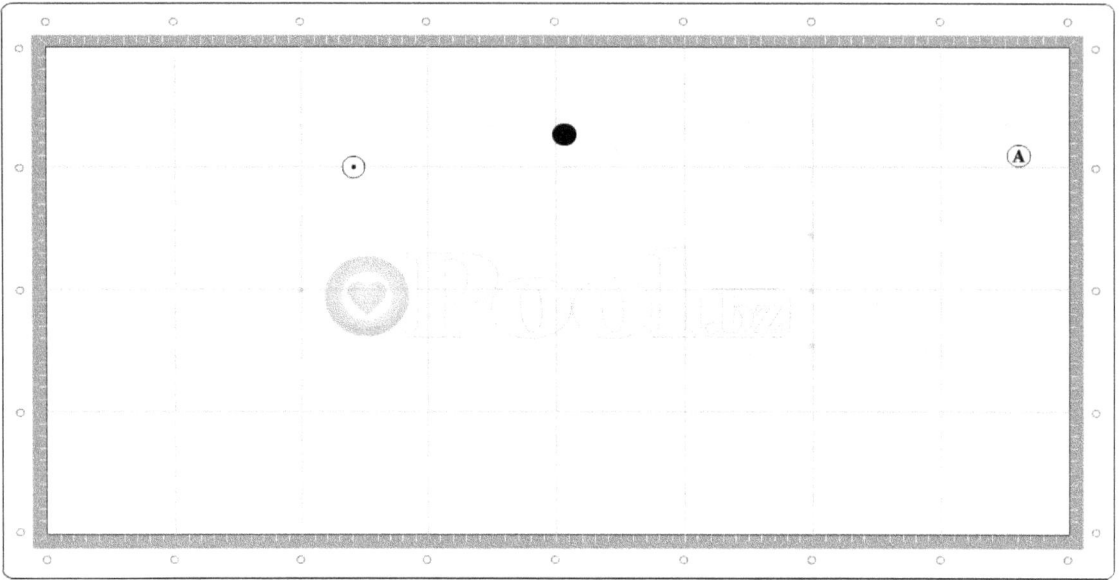

NOTAS VIR JOU IDEES:

Tabelpatroon

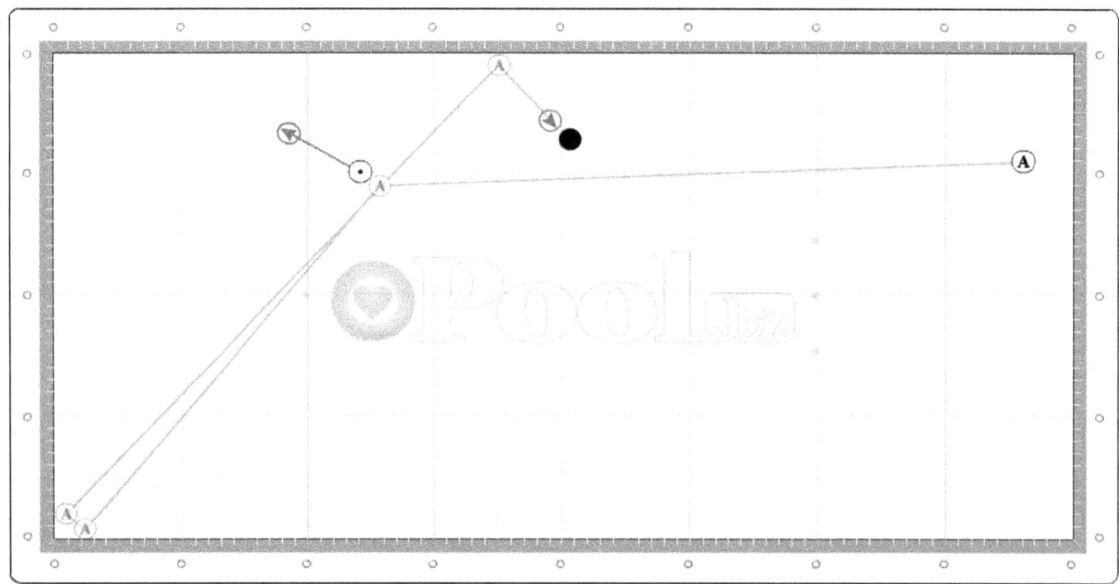

E: Groep 3

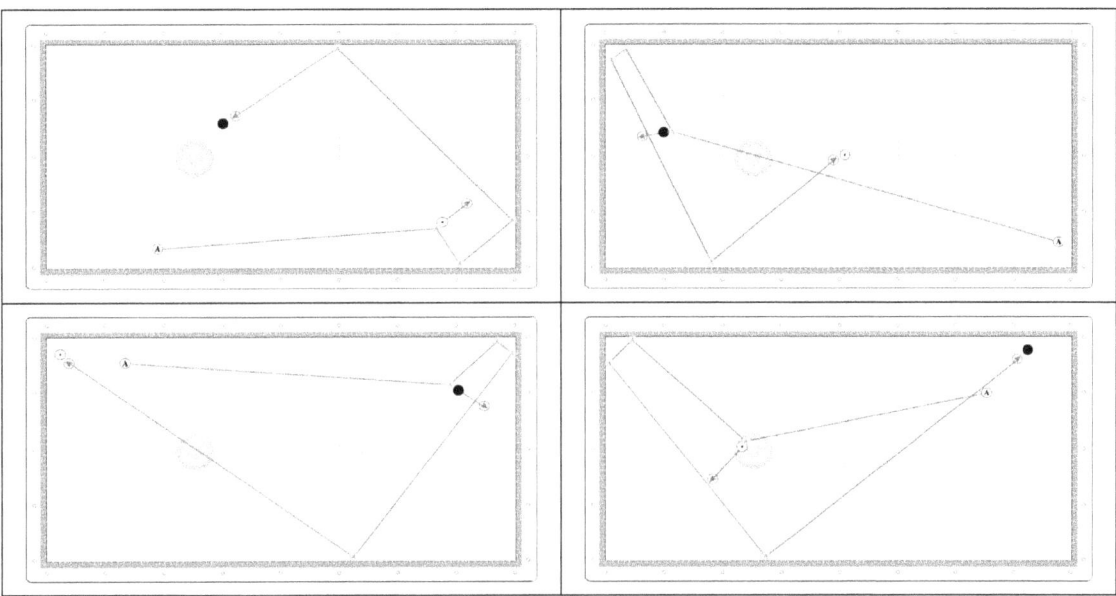

Analise:

E:3a. _____

E:3b. _____

E:3c. _____

E:3d. _____

E:3a – Opstelling

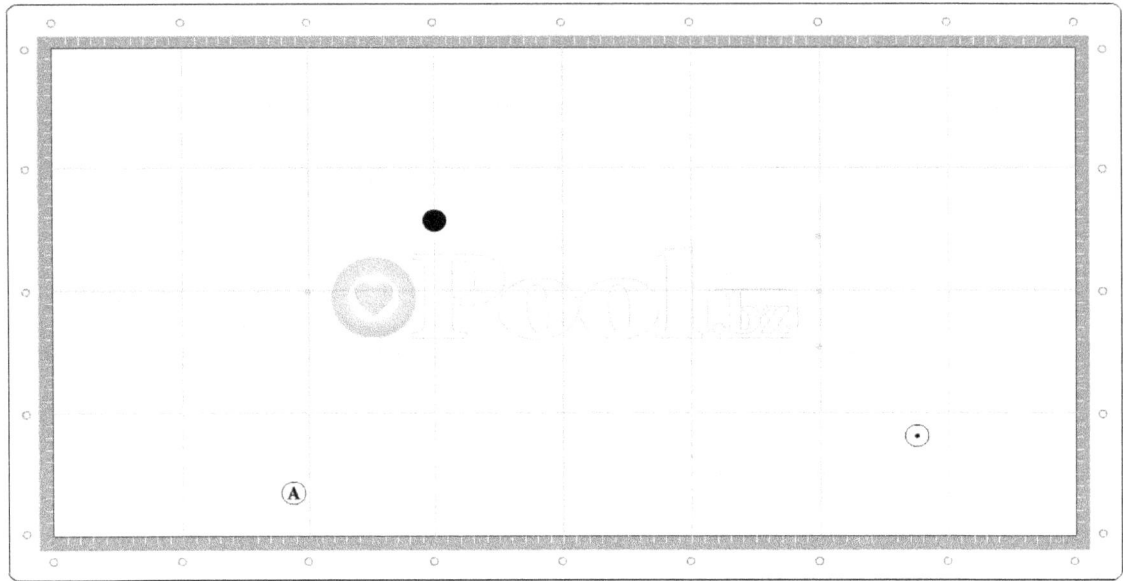

NOTAS VIR JOU IDEES:

Tabelpatroon

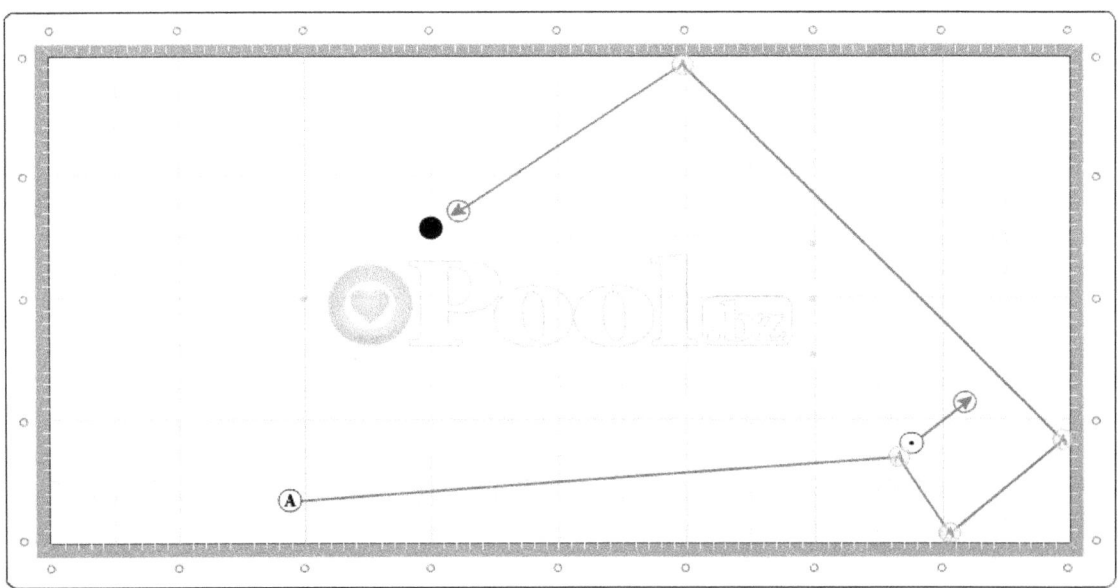

E:3b – Opstelling

NOTAS VIR JOU IDEES:

Tabelpatroon

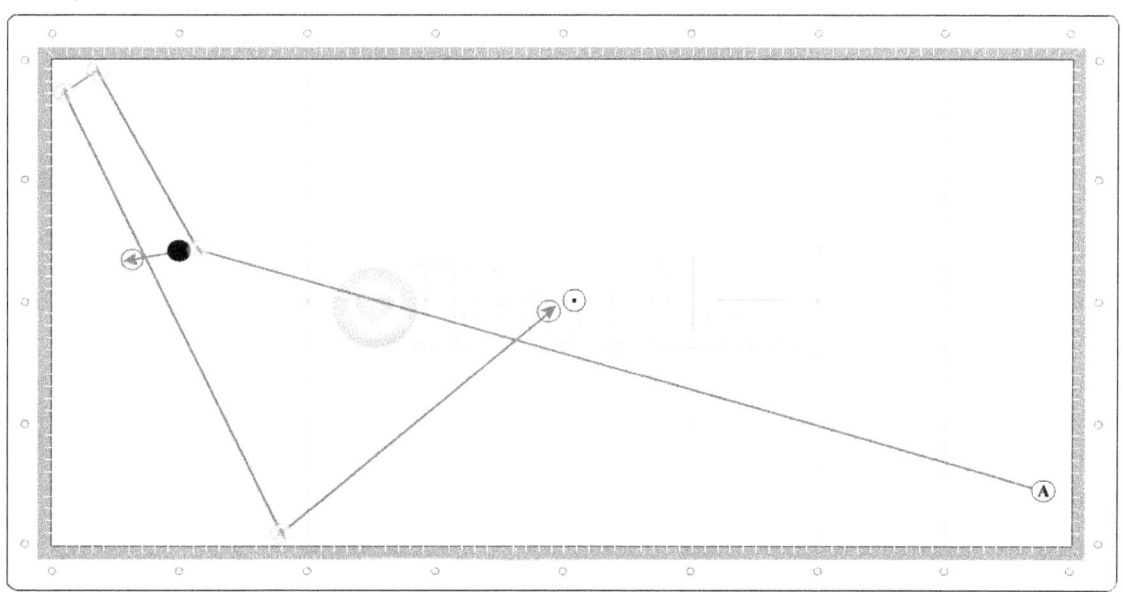

E:3c – Opstelling

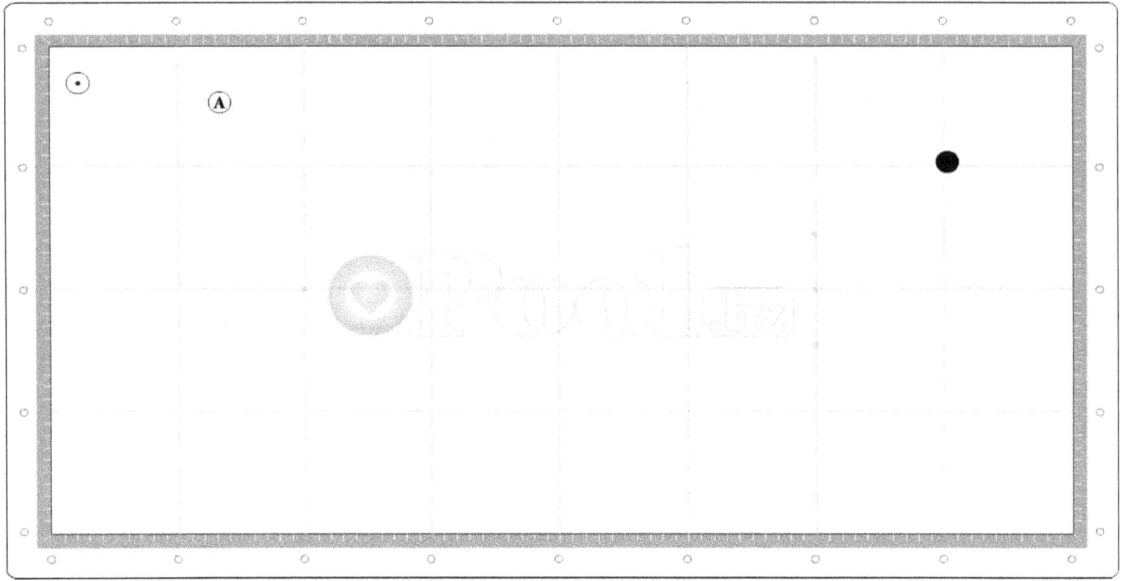

NOTAS VIR JOU IDEES:

Tabelpatroon

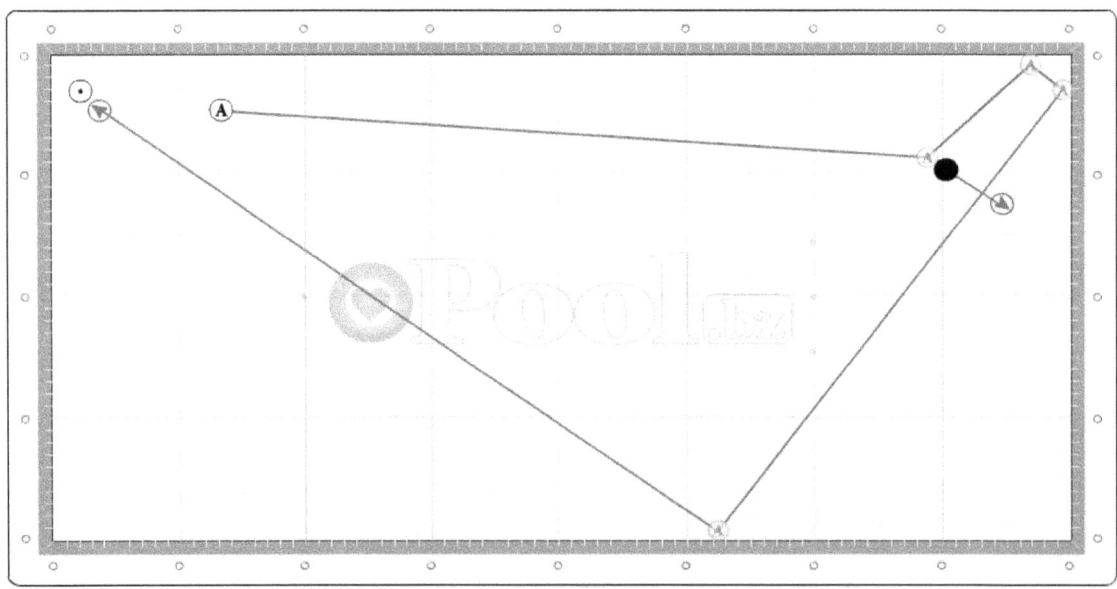

E:3d – Opstelling

NOTAS VIR JOU IDEES:

Tabelpatroon

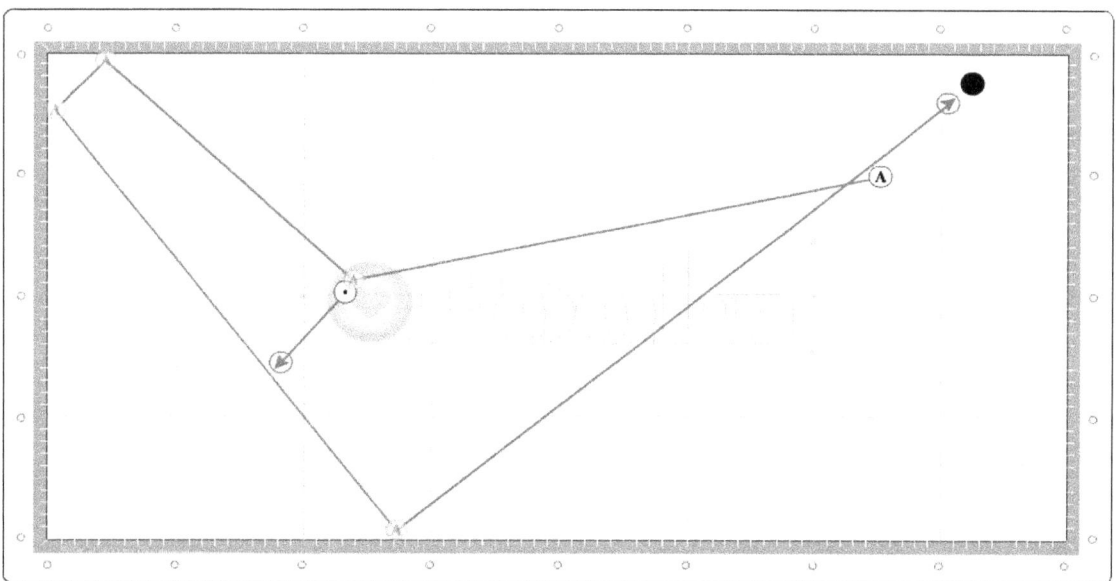

F: Skuins hoek, onder die heuwelbeen

Die (CB) kontak die eerste (OB), en gaan dan eers in die hoek, lank biljartbanden. Die (CB) kom uit na die middel van die teenoorgestelde lang biljartbanden. Die (CB) kom uit op 'n vlak lyn en kontak die tweede (OB).

Ⓐ **(CB)** (jou biljartbal) – ⊙ **(OB)** (teenstander biljartbal) – ● **(OB)** (rooi bal)

F: Groep 1

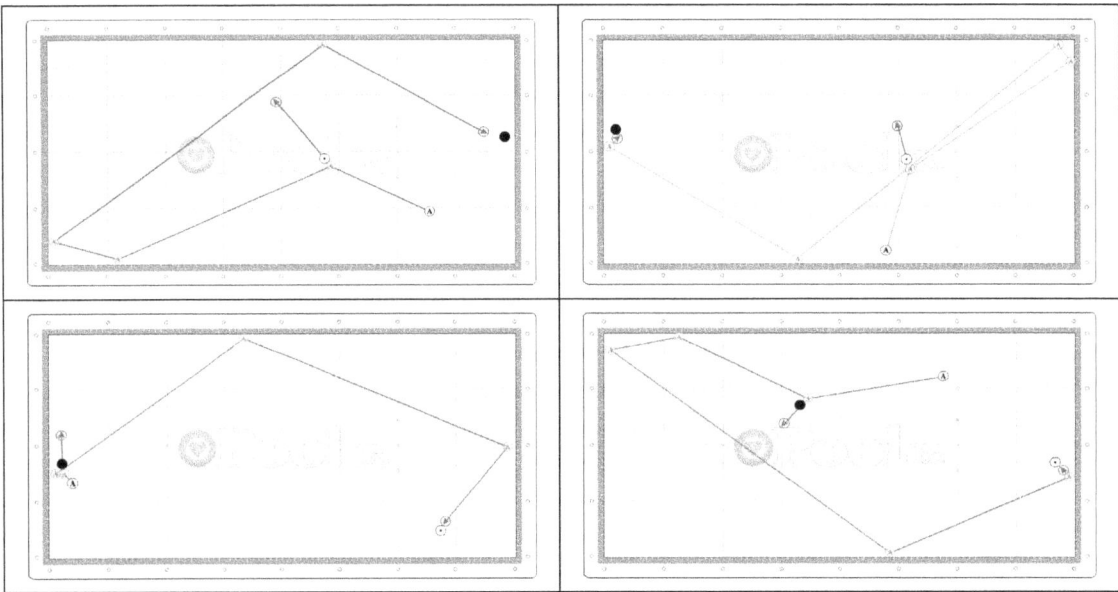

Analise:

F:1a. _____

F:1b. _____

F:1c. _____

F:1d. _____

F:1a – Opstelling

NOTAS VIR JOU IDEES:

Tabelpatroon

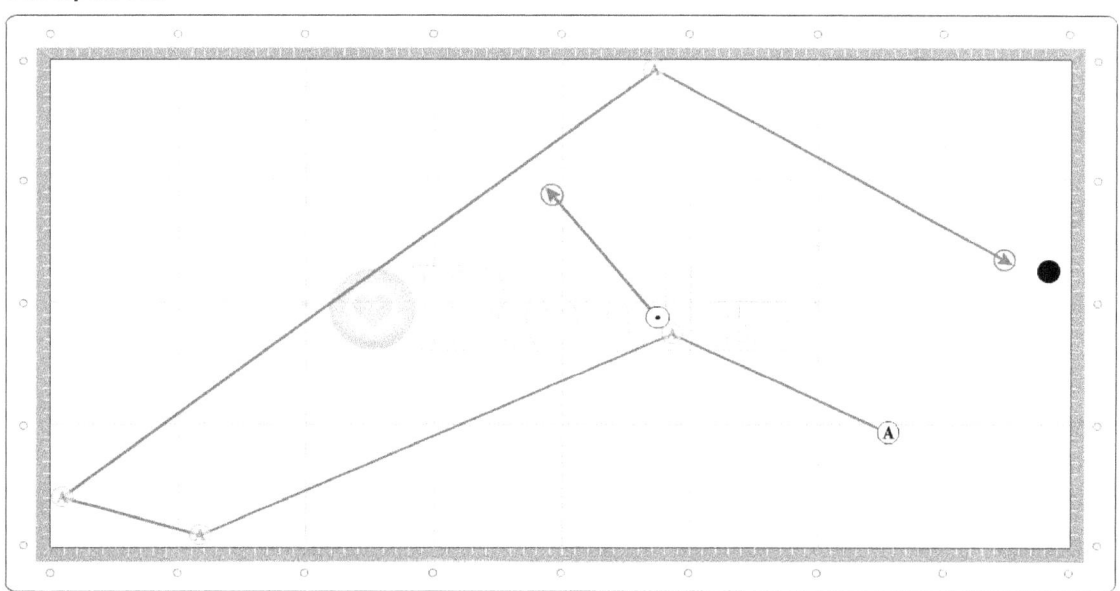

F:1b – Opstelling

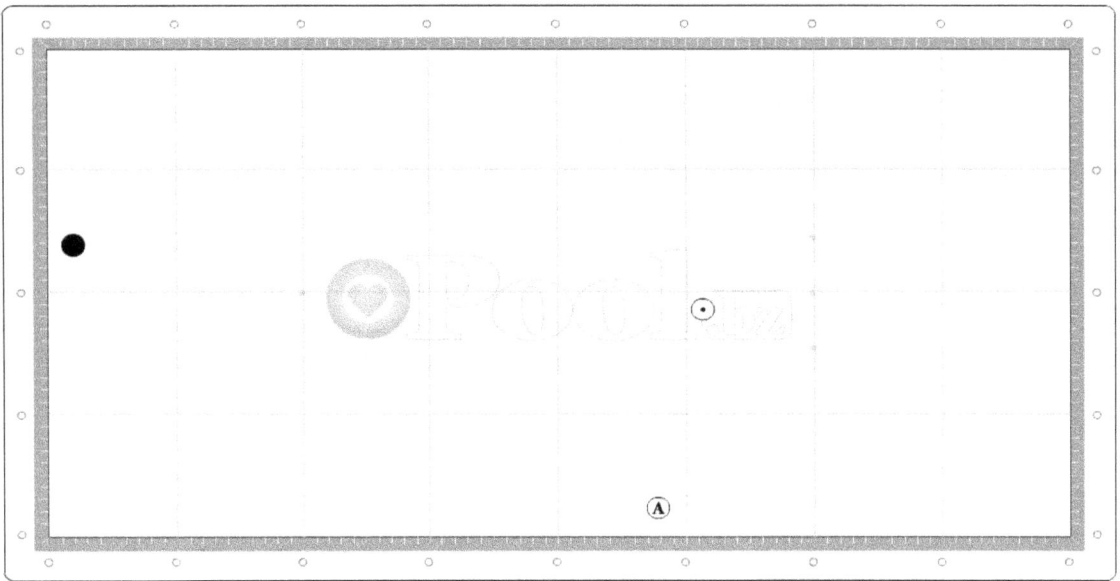

NOTAS VIR JOU IDEES:

Tabelpatroon

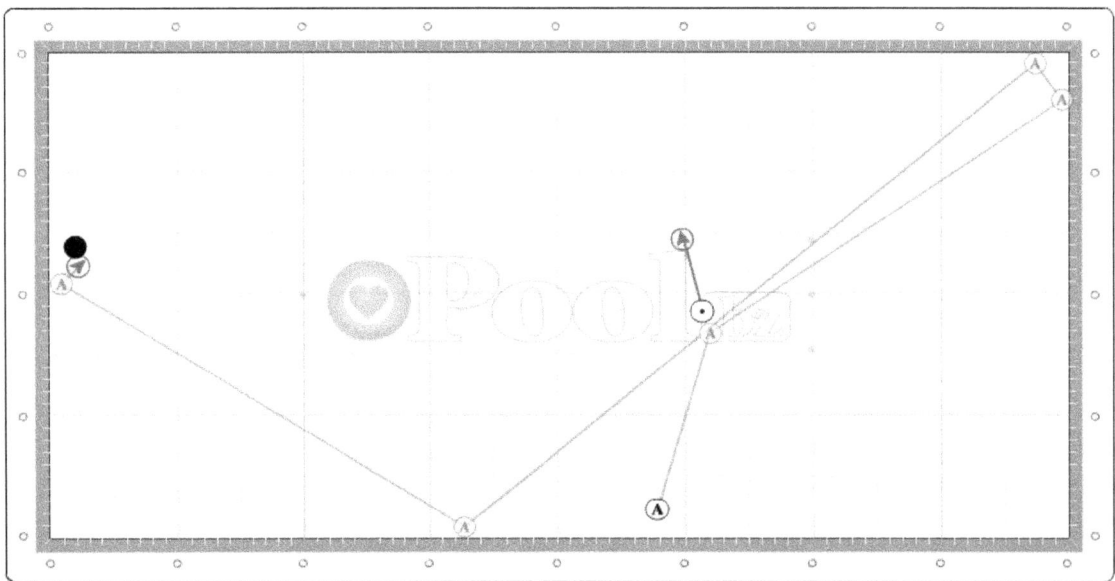

F:1c – Opstelling

NOTAS VIR JOU IDEES:

Tabelpatroon

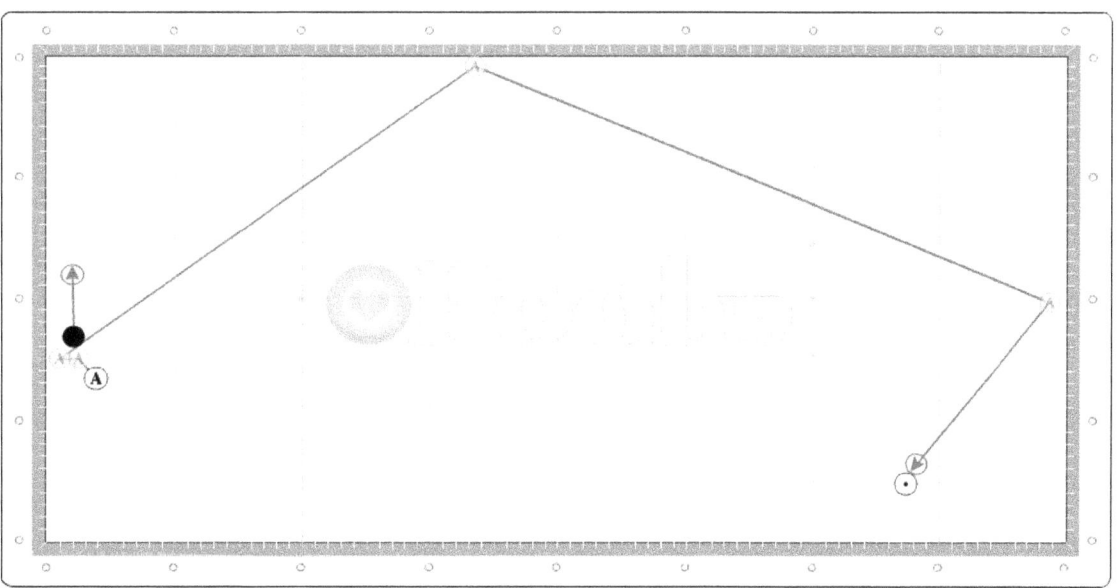

F:1d – Opstelling

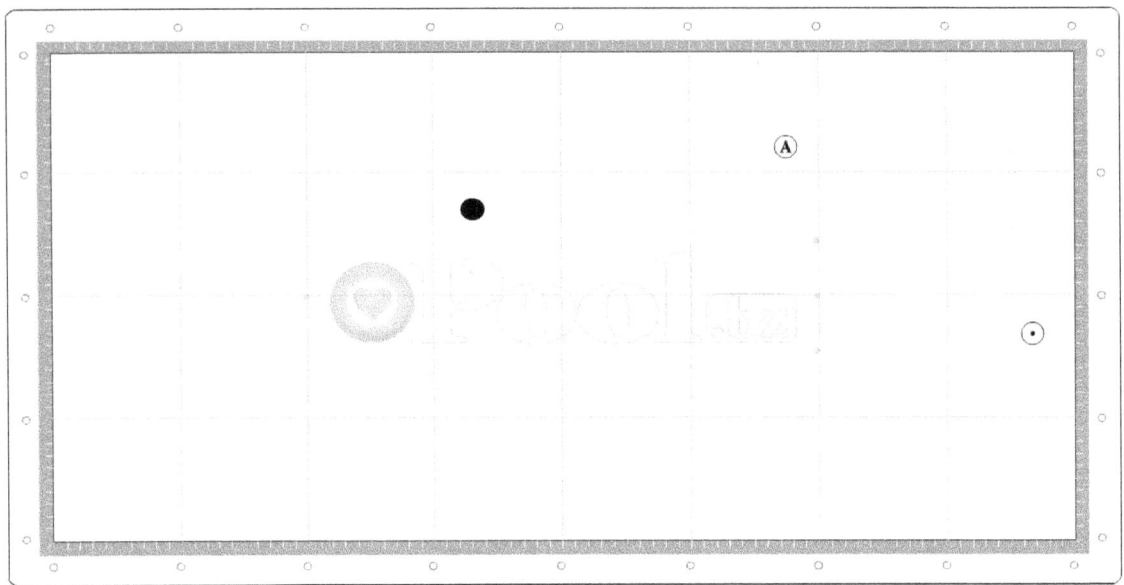

NOTAS VIR JOU IDEES:

Tabelpatroon

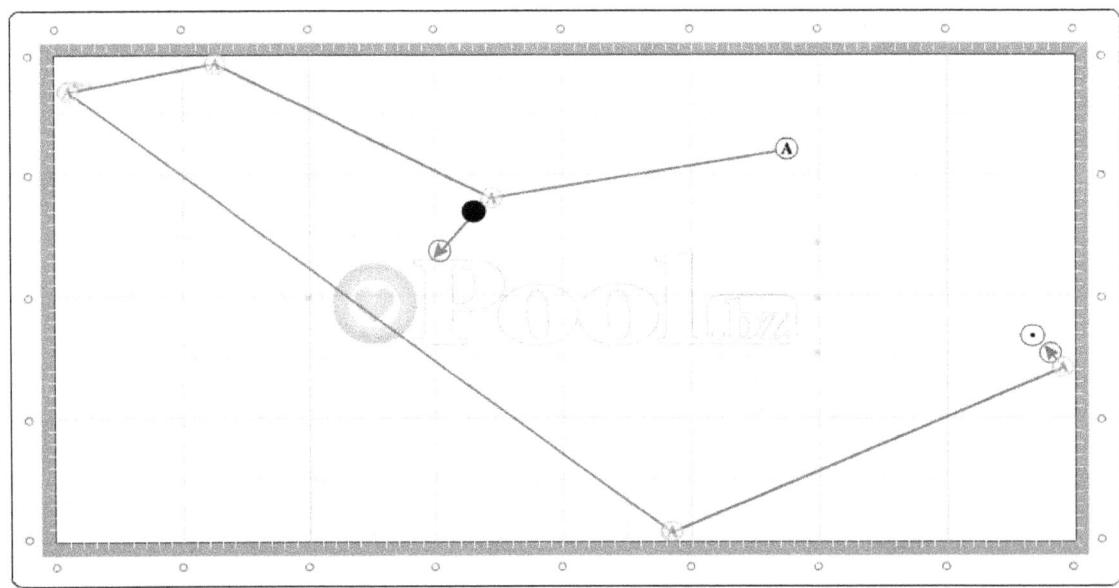

F: Groep 2

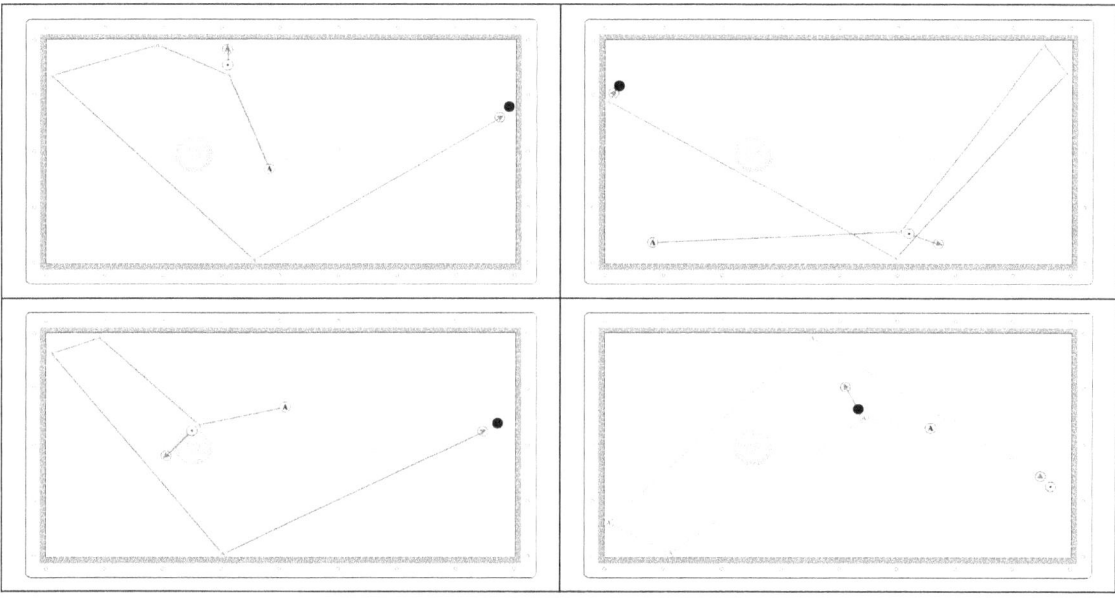

Analise:

F:2a. _____

F:2b. _____

F:2c. _____

F:2d. _____

F:2a – Opstelling

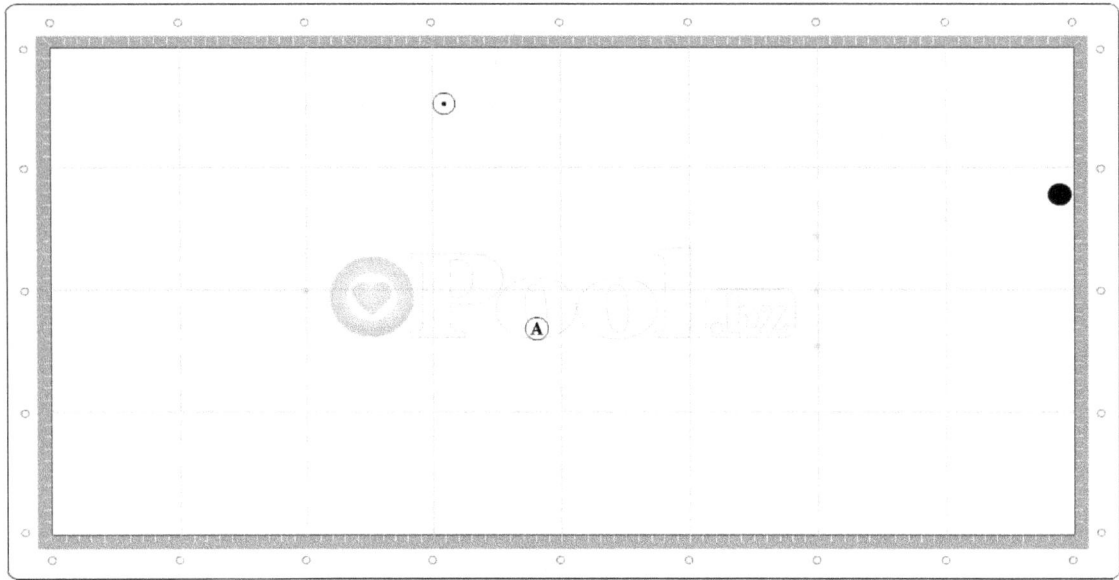

NOTAS VIR JOU IDEES:

Tabelpatroon

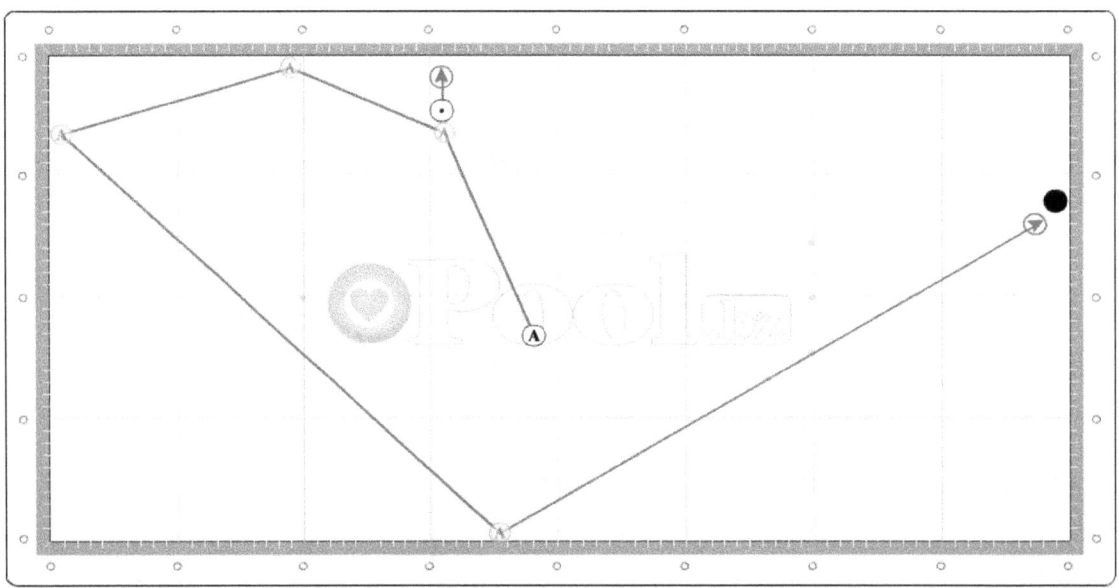

F:2b – Opstelling

NOTAS VIR JOU IDEES:

Tabelpatroon

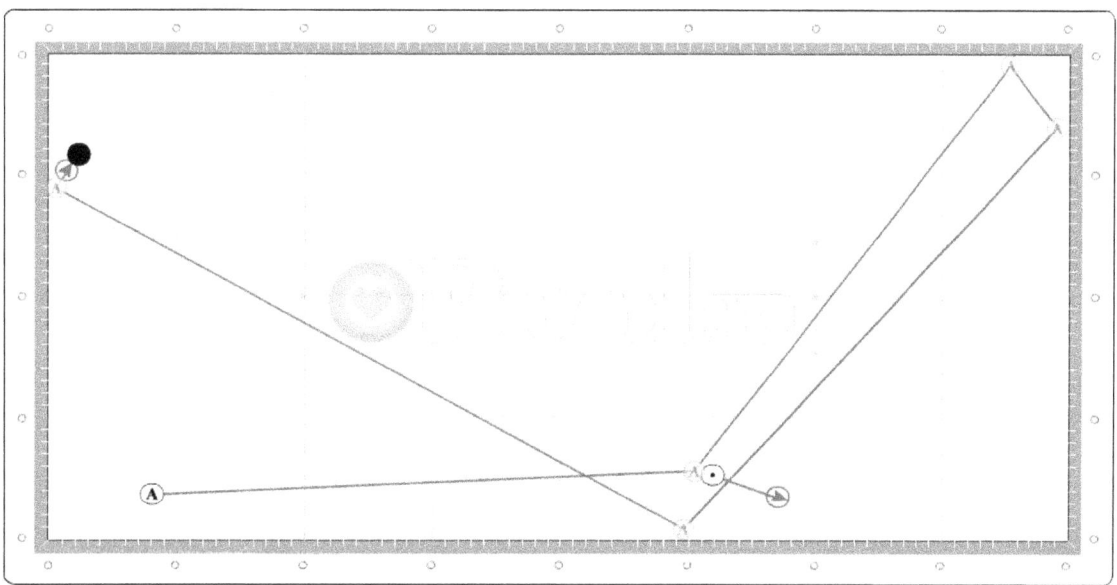

F:2c – Opstelling

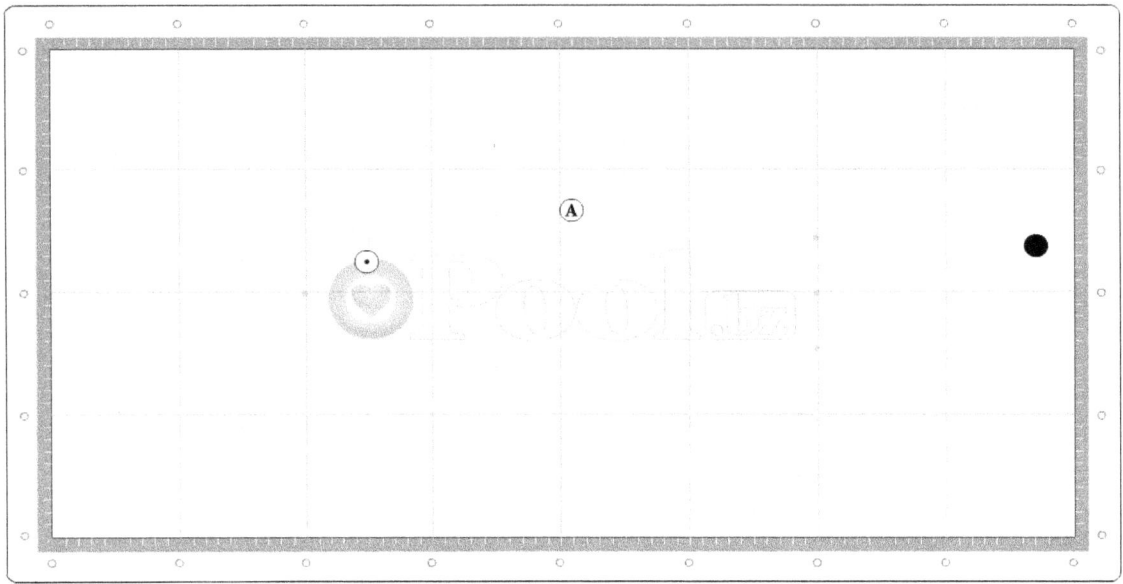

NOTAS VIR JOU IDEES:

Tabelpatroon

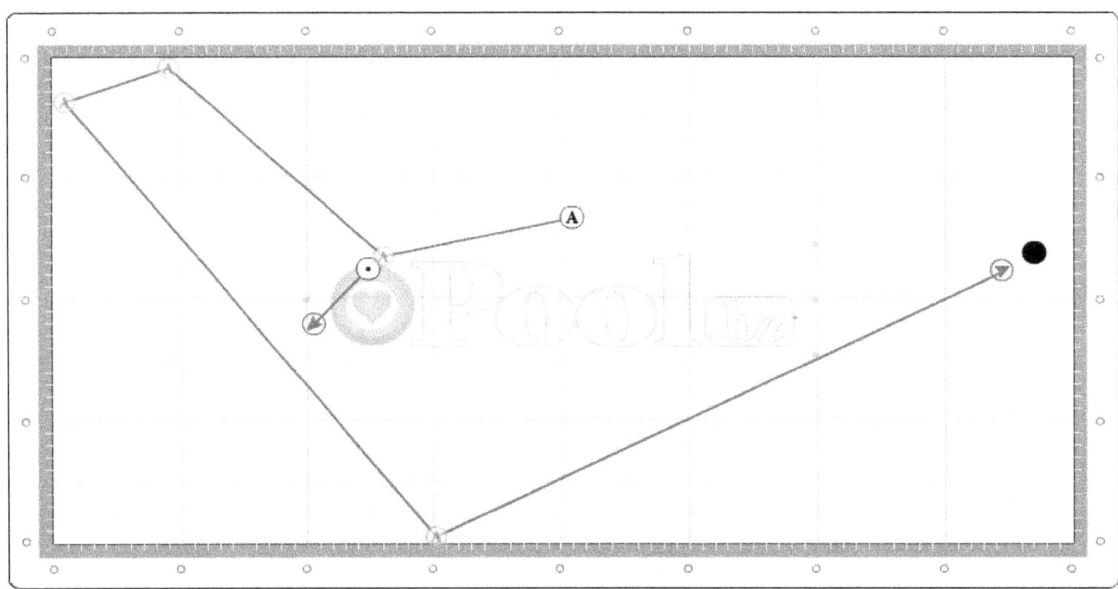

F:2d – Opstelling

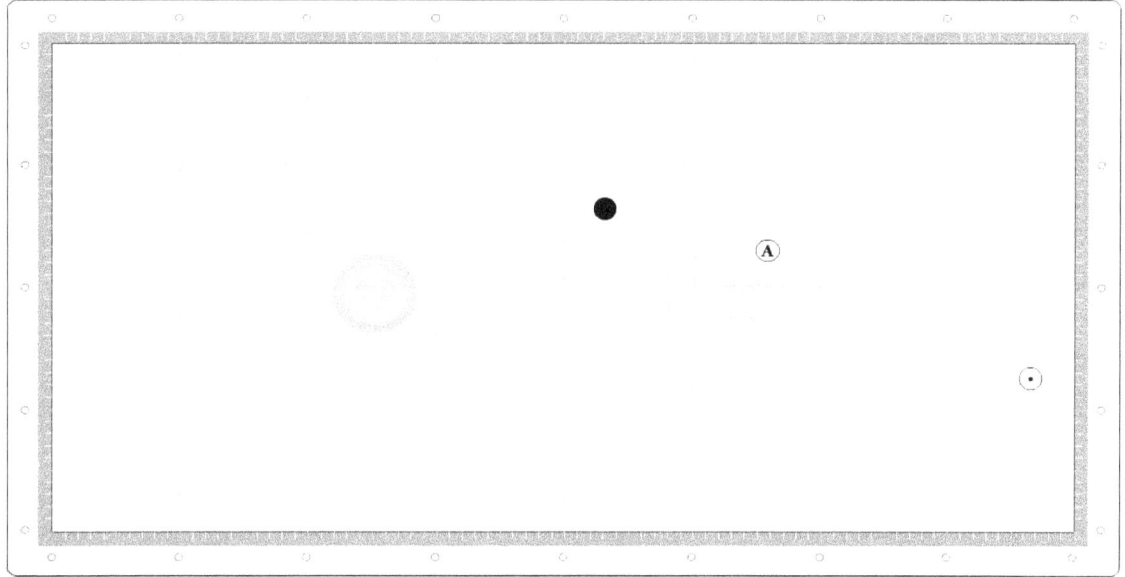

NOTAS VIR JOU IDEES:

Tabelpatroon

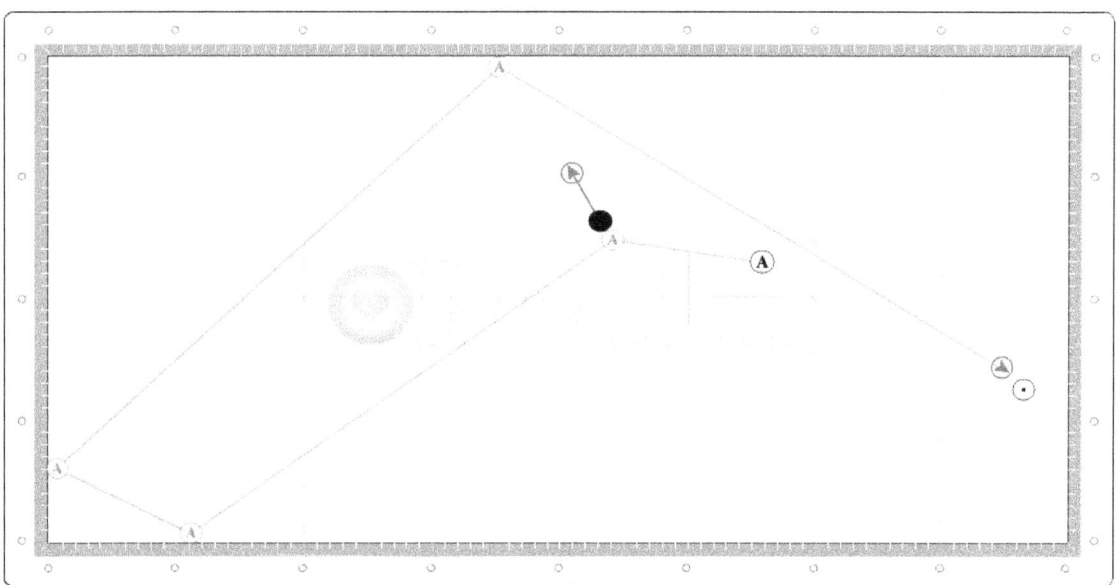

F: Groep 3

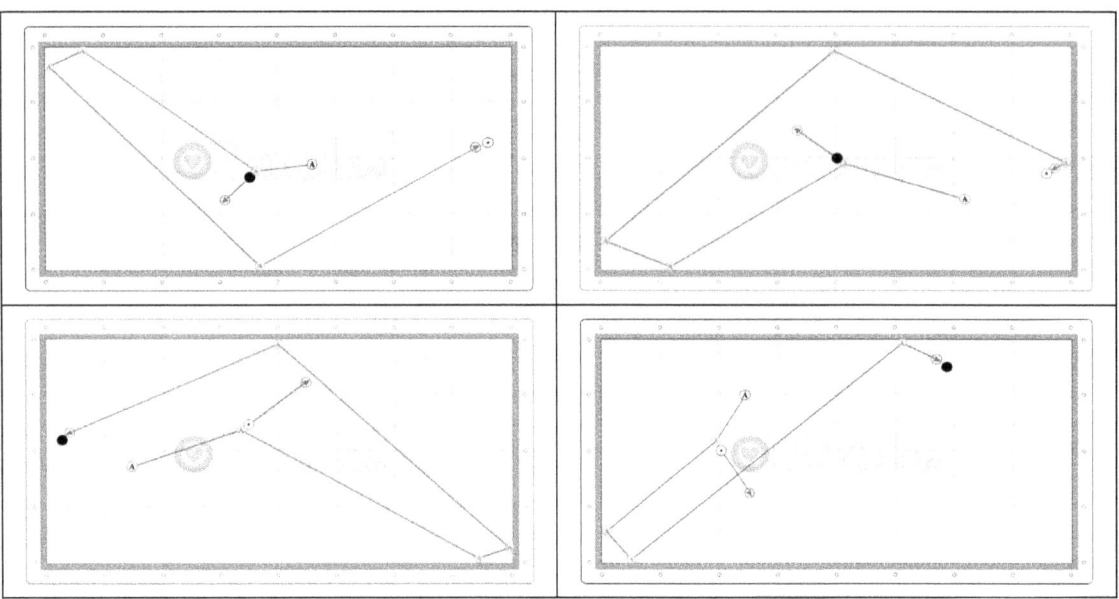

Analise:

F:3a. _____

F:3b. _____

F:3c. _____

F:3d. _____

F:3a – Opstelling

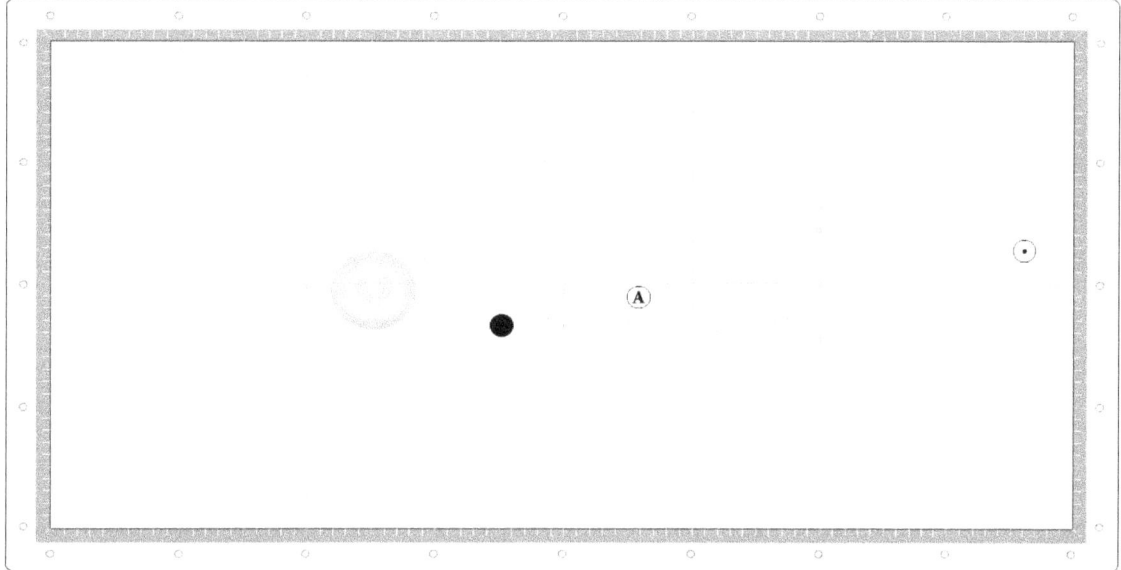

NOTAS VIR JOU IDEES:

Tabelpatroon

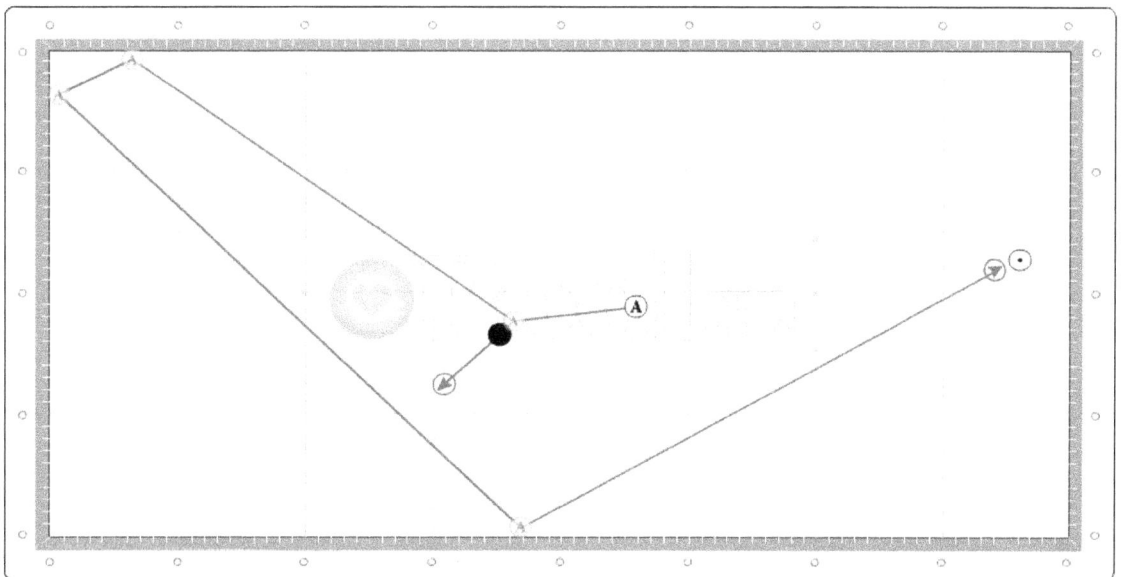

F:3b – Opstelling

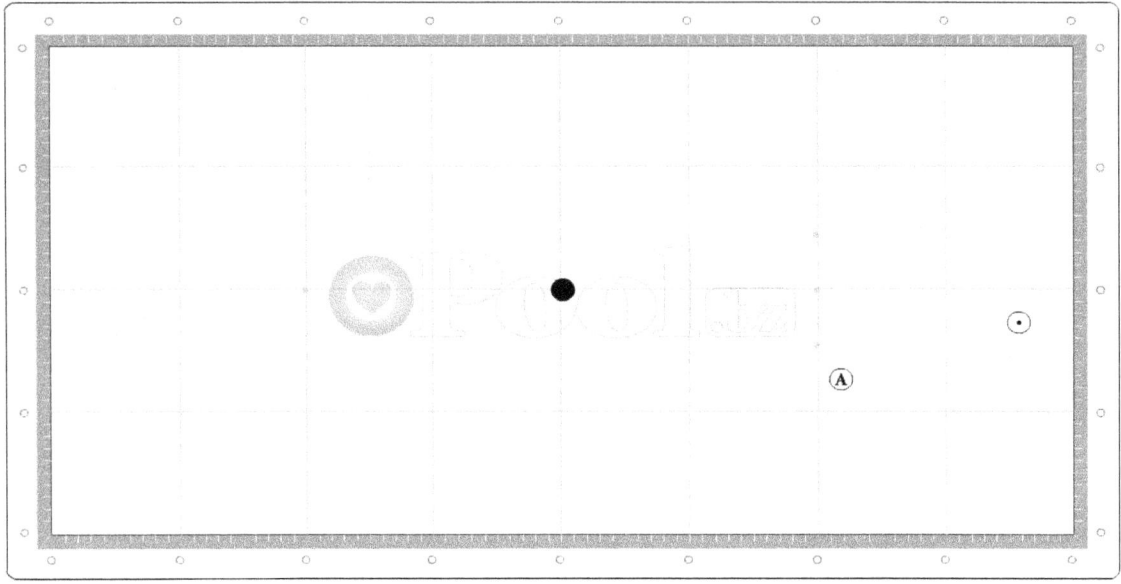

NOTAS VIR JOU IDEES:

Tabelpatroon

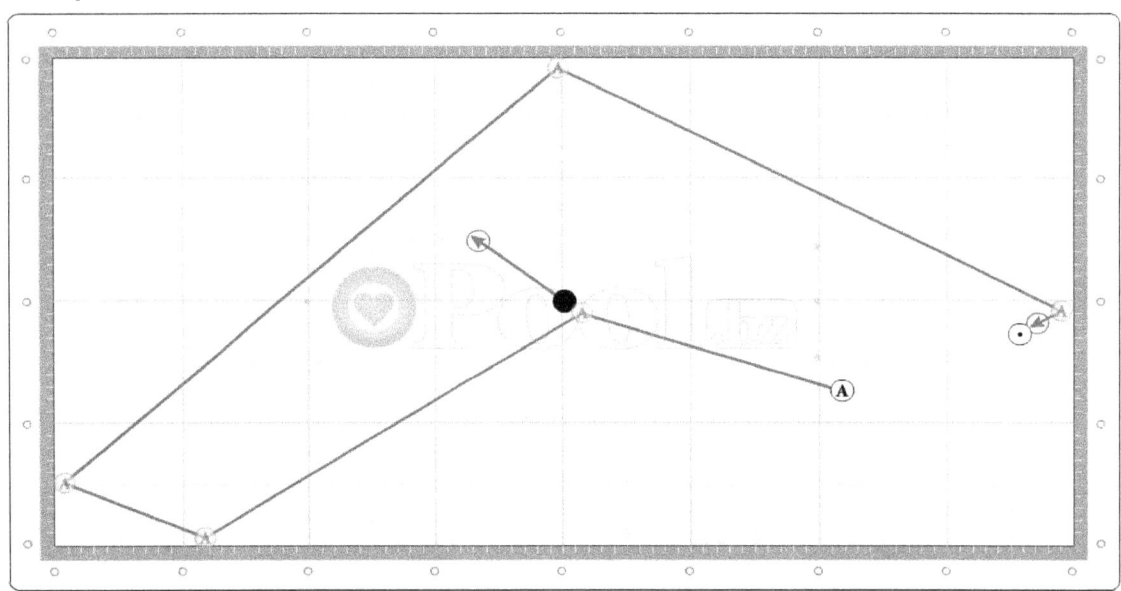

F:3c – Opstelling

NOTAS VIR JOU IDEES:

Tabelpatroon

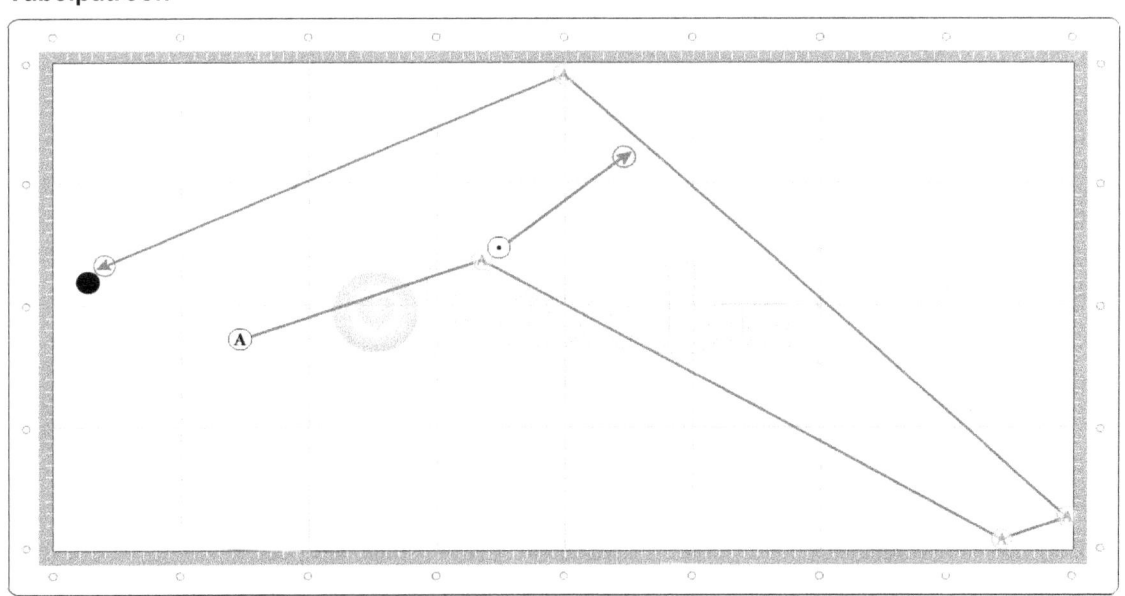

F:3d – Opstelling

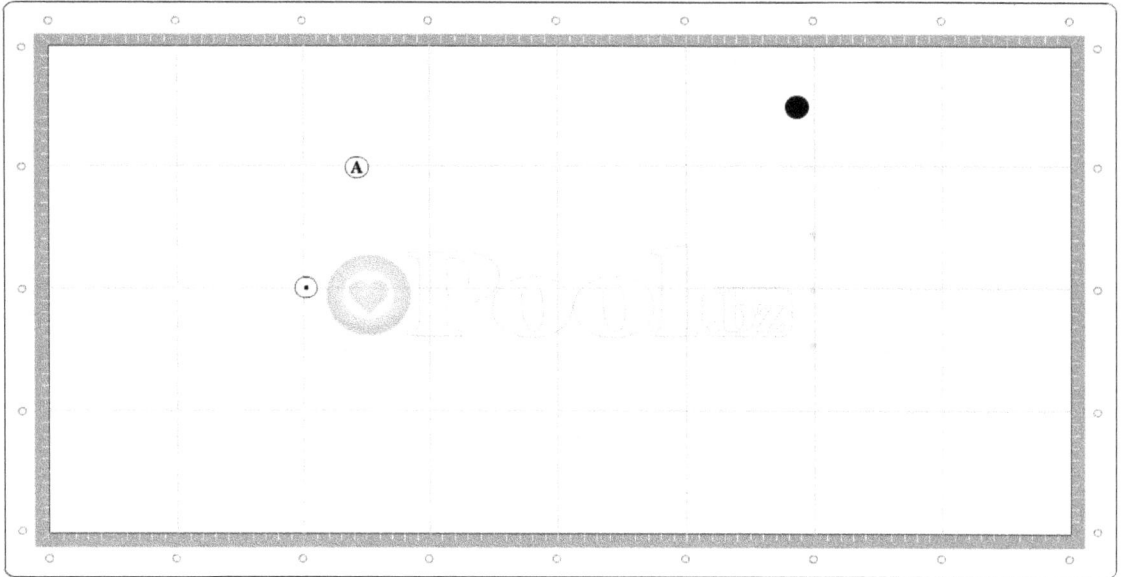

NOTAS VIR JOU IDEES:

Tabelpatroon

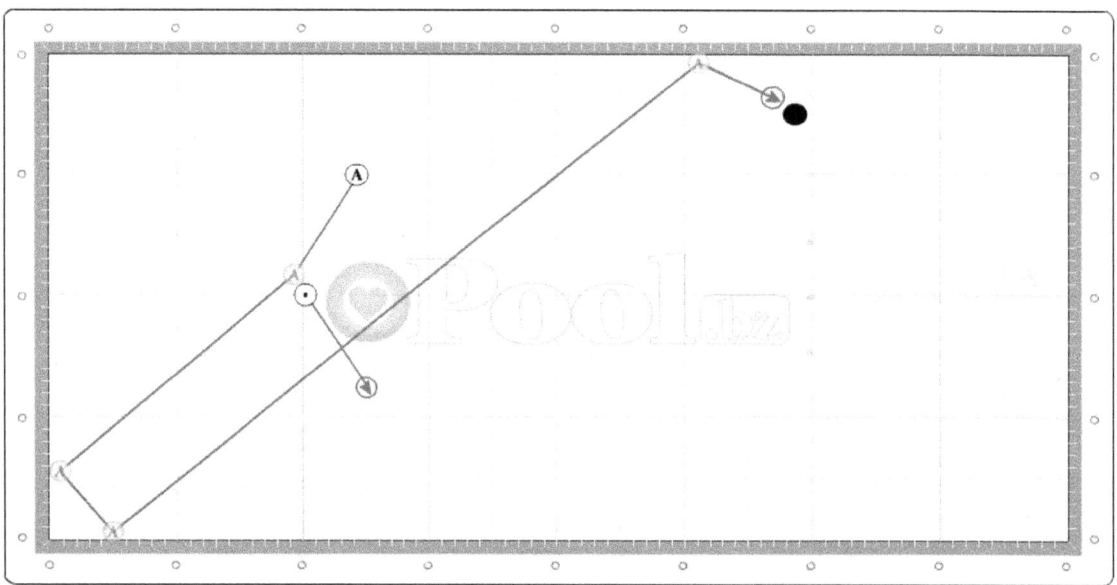

F: Groep 4

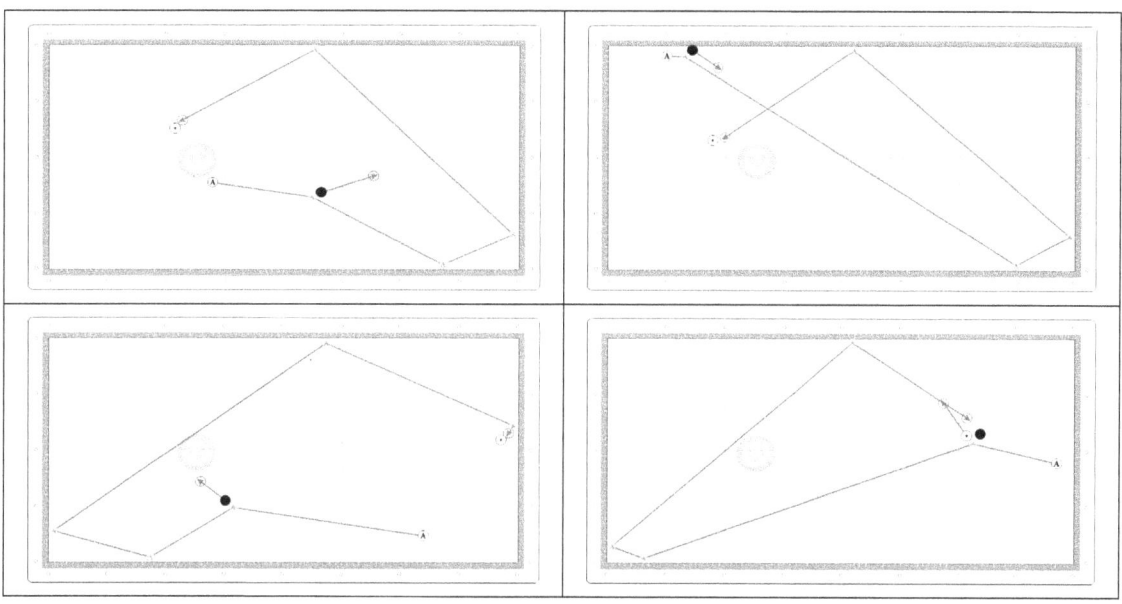

Analise:

F:4a. _____

F:4b. _____

F:4c. _____

F:4d. _____

F:4a – Opstelling

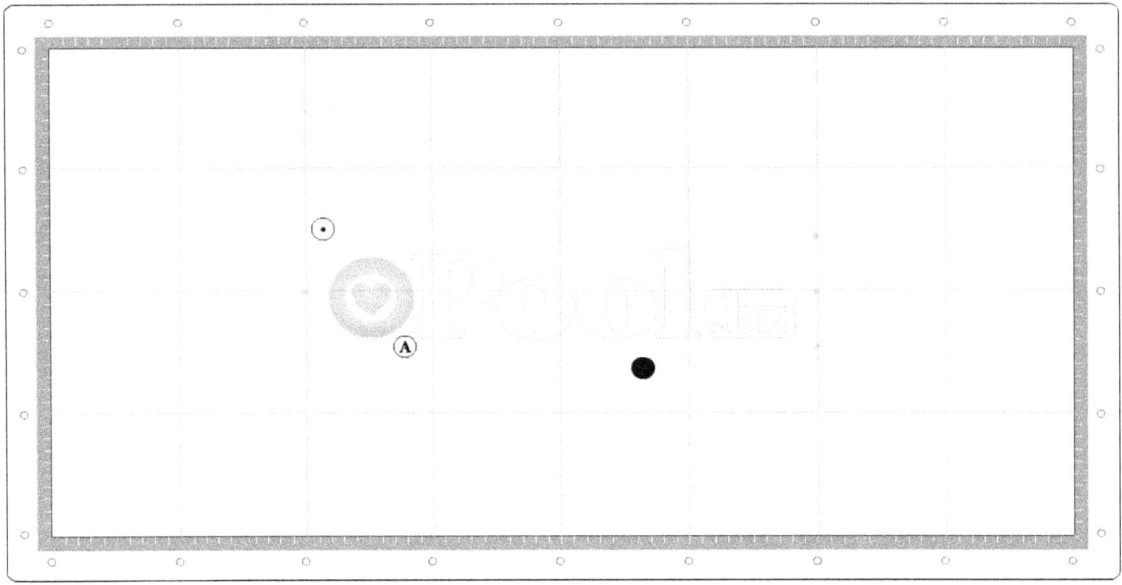

NOTAS VIR JOU IDEES:

Tabelpatroon

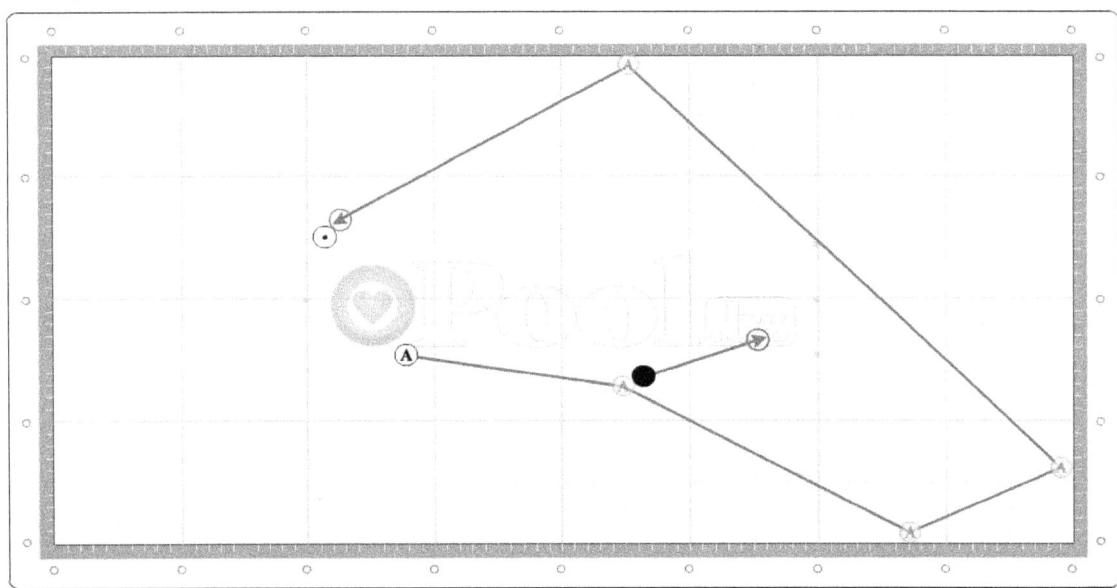

F:4b – Opstelling

NOTAS VIR JOU IDEES:

Tabelpatroon

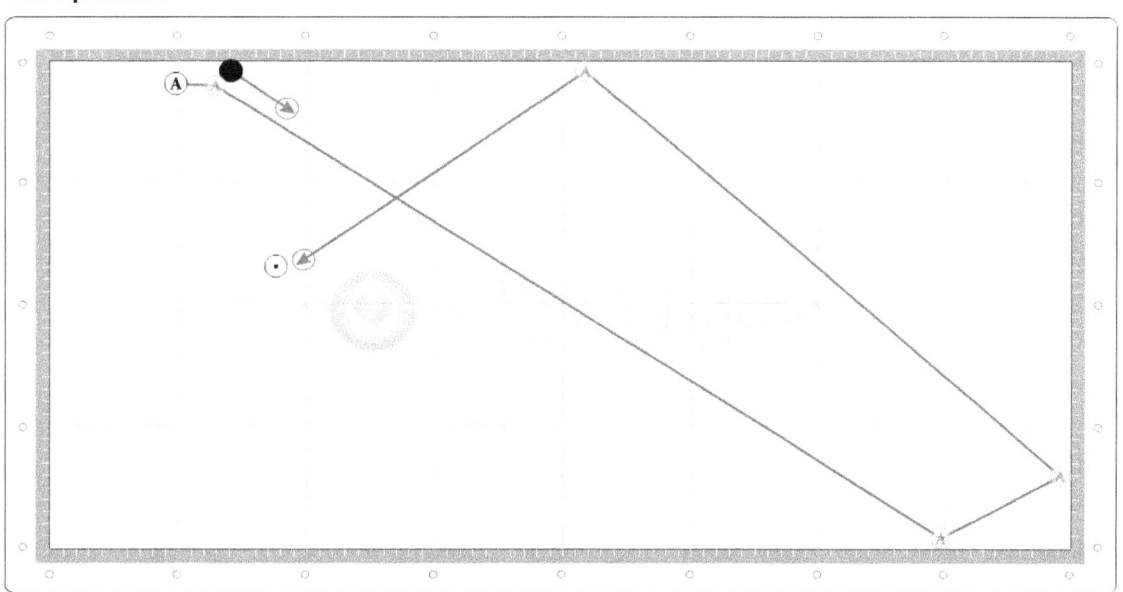

F:4c – Opstelling

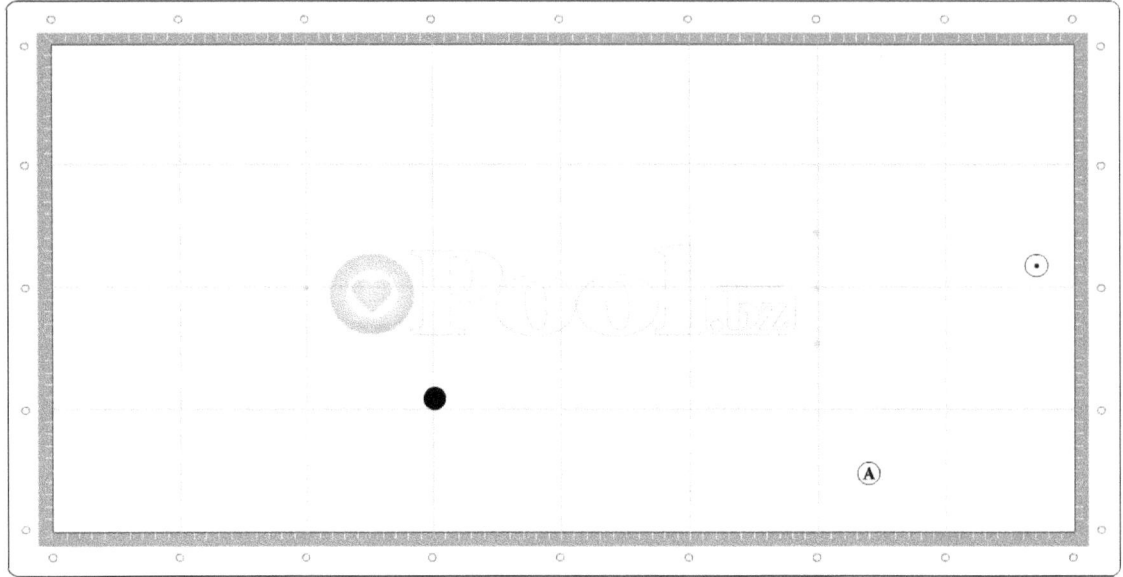

NOTAS VIR JOU IDEES:

Tabelpatroon

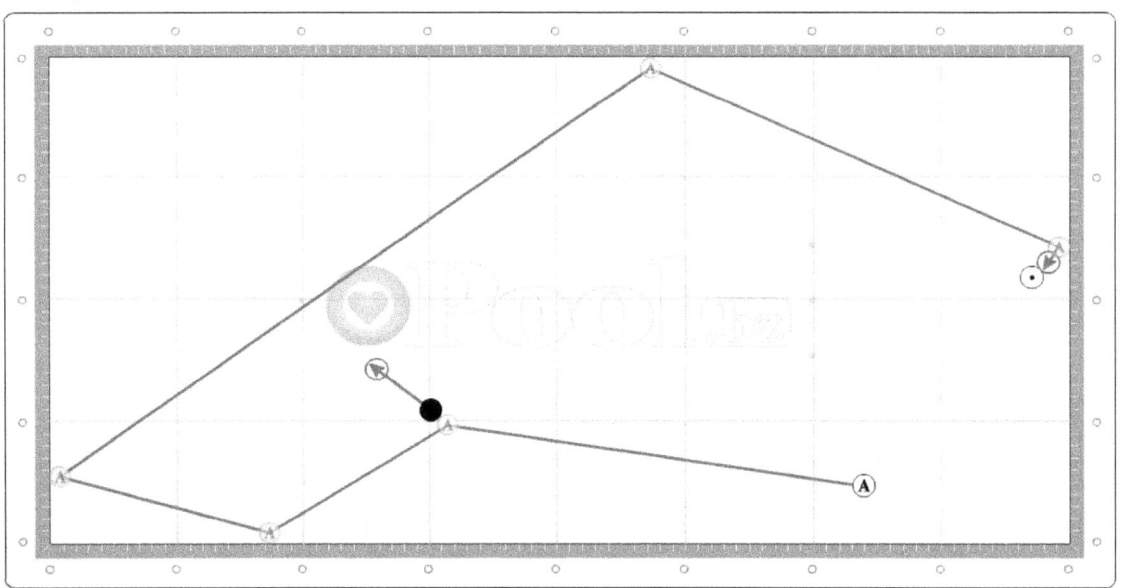

F:4d – Opstelling

NOTAS VIR JOU IDEES:

Tabelpatroon

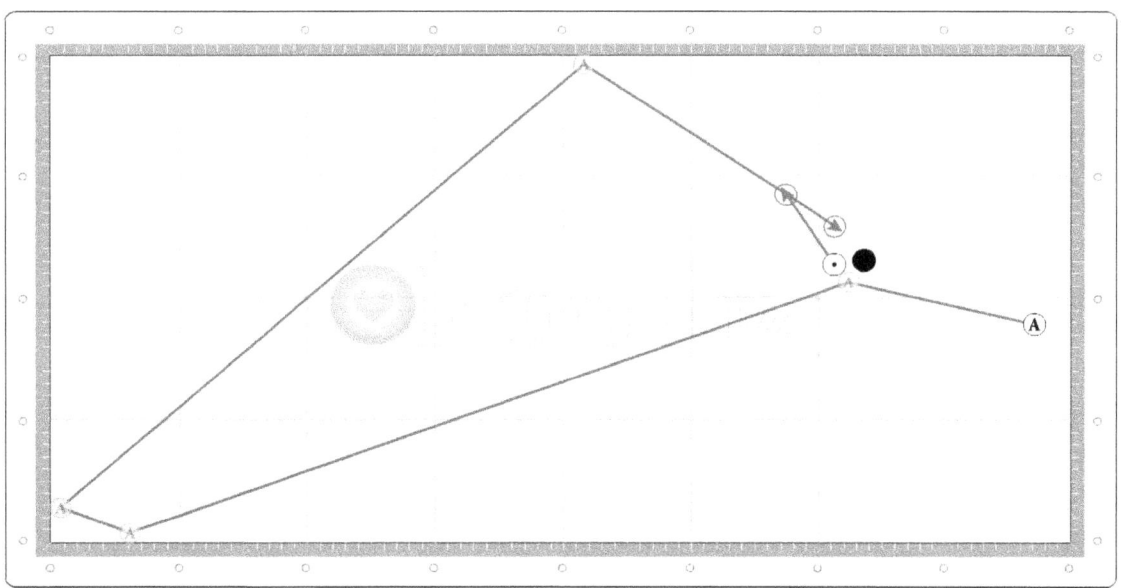

G: In die hoek (kort biljartbanden)

Die (CB) verbind met die eerste (OB). Die (CB) gaan in die hoek, kort biljartbanden eerste. Dan kruis die (CB) die tafel na die middel van die lang biljartbanden. Van daar af kontak die (CB) die tweede (OB).

(A) **(CB)** (jou biljartbal) – ⊙ **(OB)** (teenstander biljartbal) – ● **(OB)** (rooi bal)

G: Groep 1

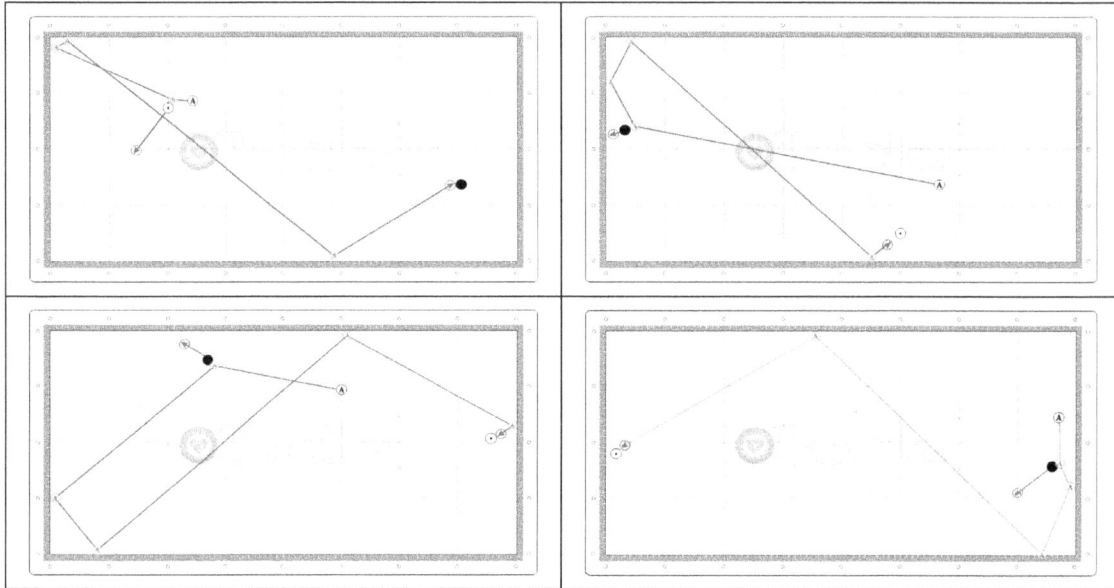

Analise:

G:1a. _____

G:1b. _____

G:1c. _____

G:1d. _____

G:1a – Opstelling

NOTAS VIR JOU IDEES:

Tabelpatroon

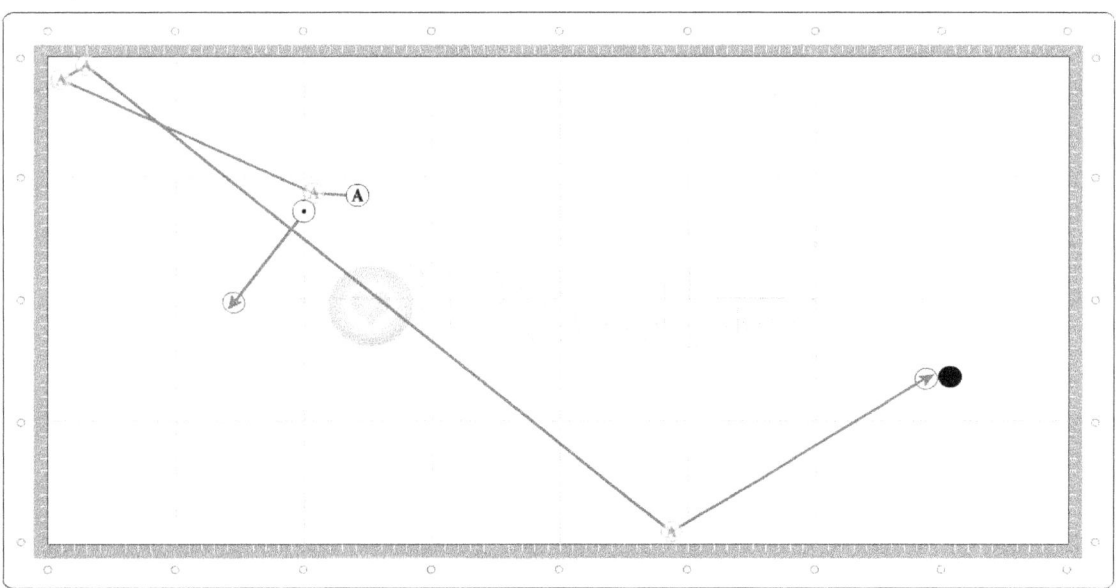

G:1b – Opstelling

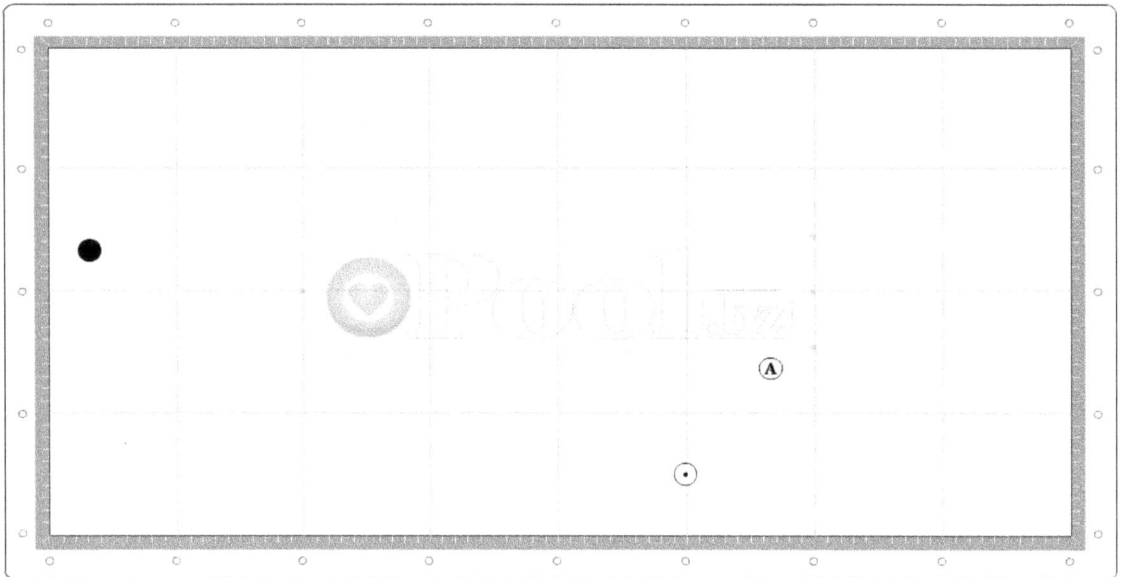

NOTAS VIR JOU IDEES:

Tabelpatroon

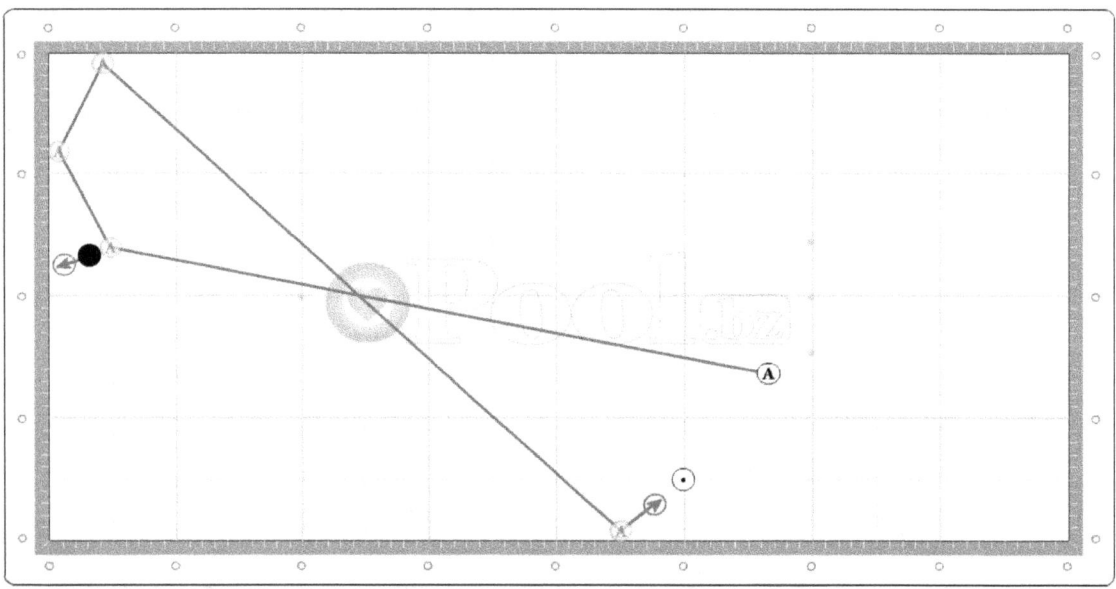

G:1c – Opstelling

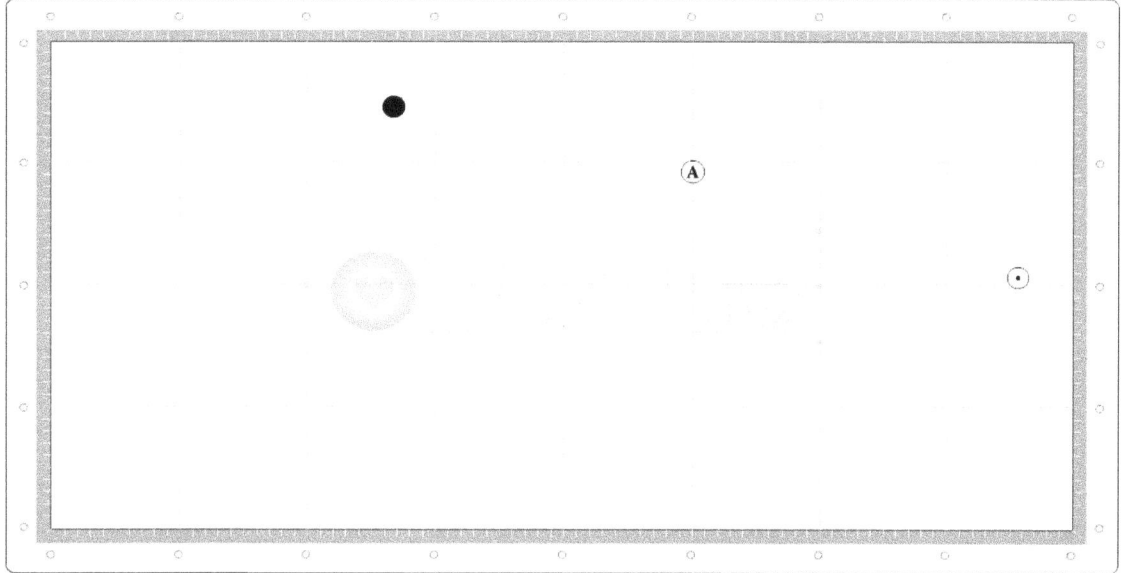

NOTAS VIR JOU IDEES:

Tabelpatroon

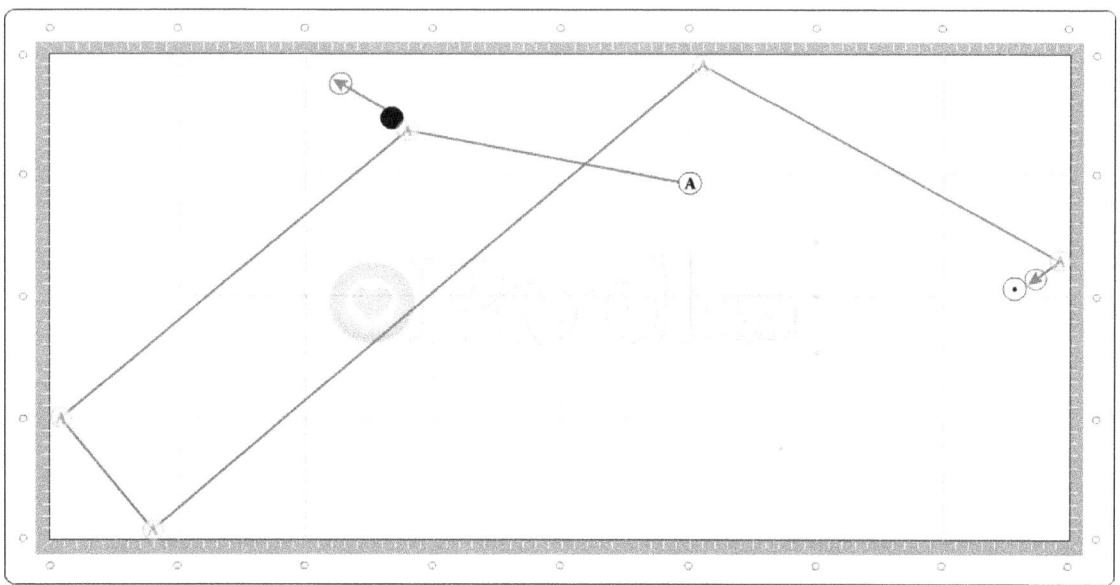

G:1d – Opstelling

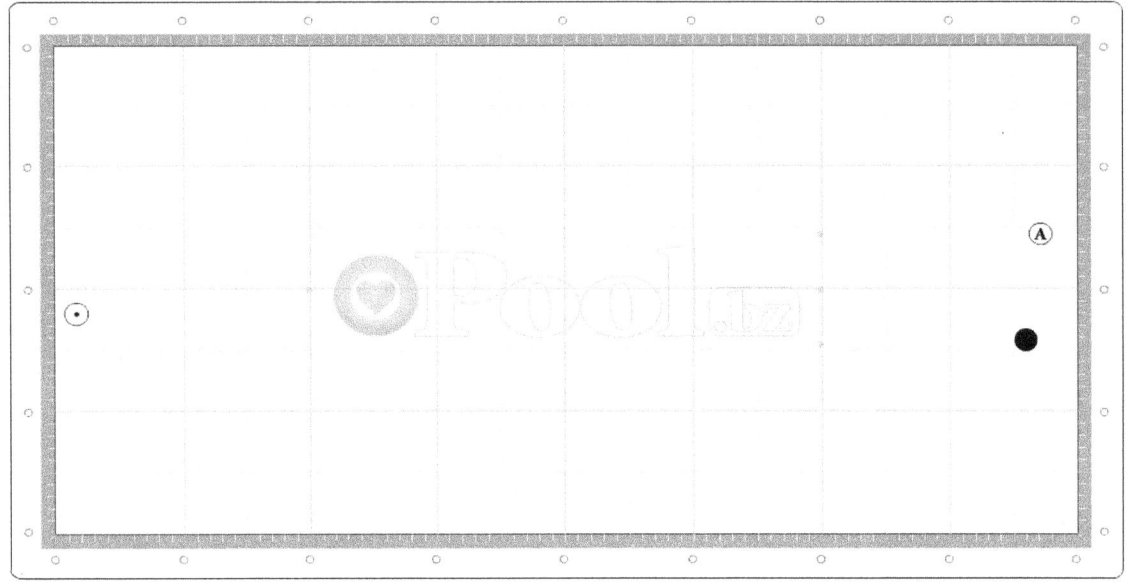

NOTAS VIR JOU IDEES:

Tabelpatroon

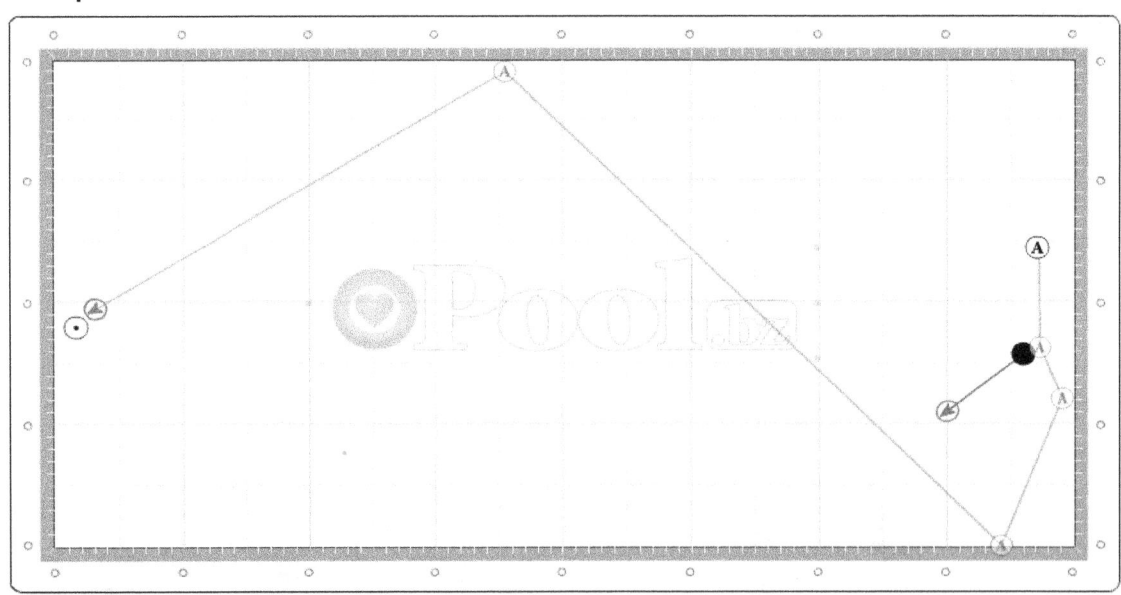

G: Groep 2

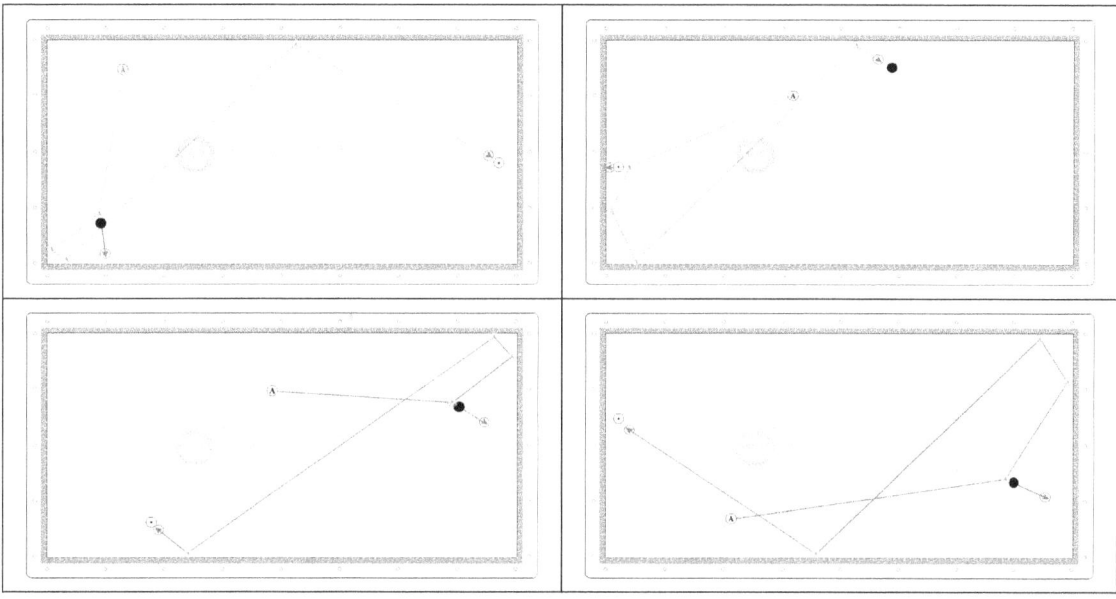

Analise:

G:2a. _____

G:2b. _____

G:2c. _____

G:2d. _____

G:2a – Opstelling

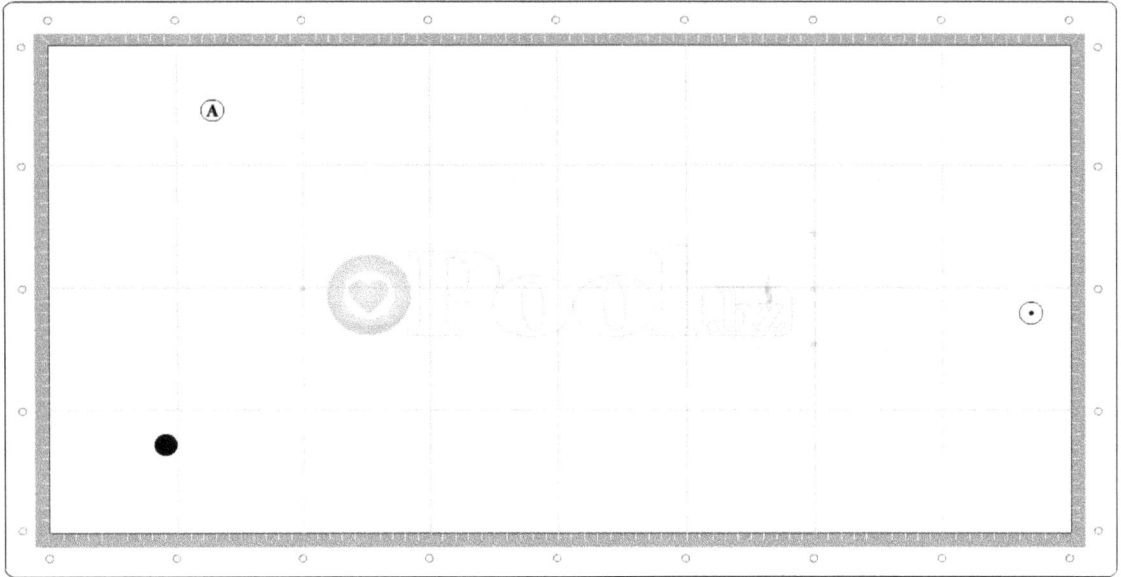

NOTAS VIR JOU IDEES:

Tabelpatroon

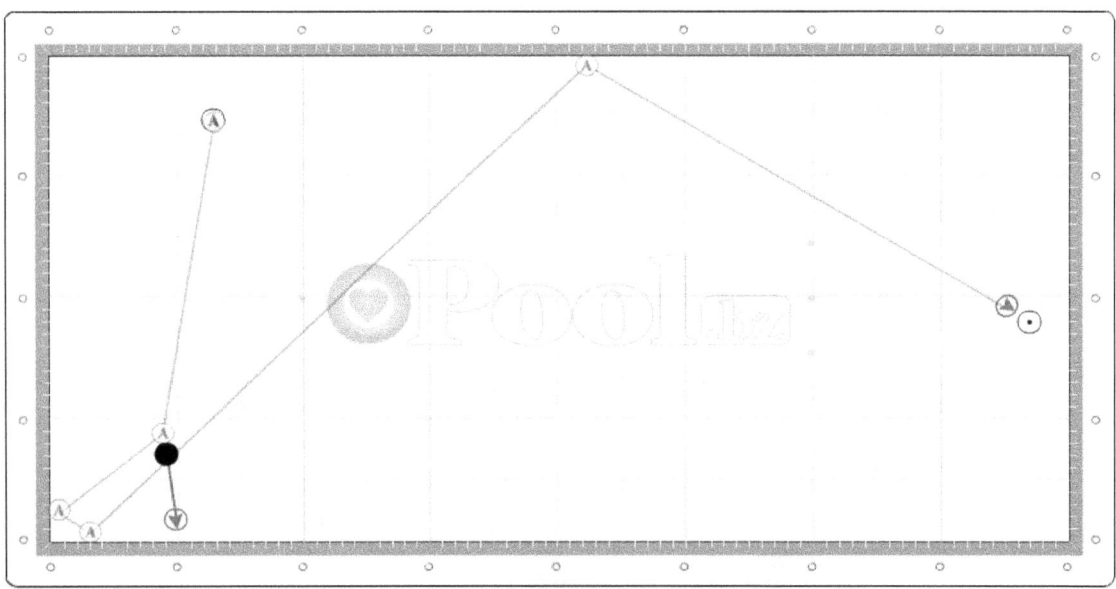

G:2b – Opstelling

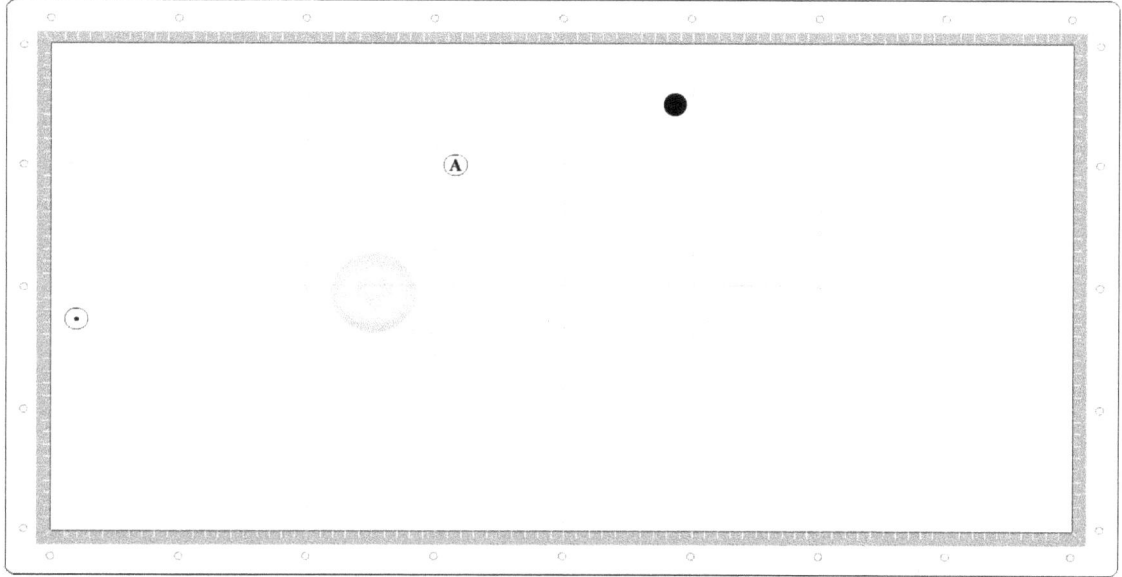

NOTAS VIR JOU IDEES:

Tabelpatroon

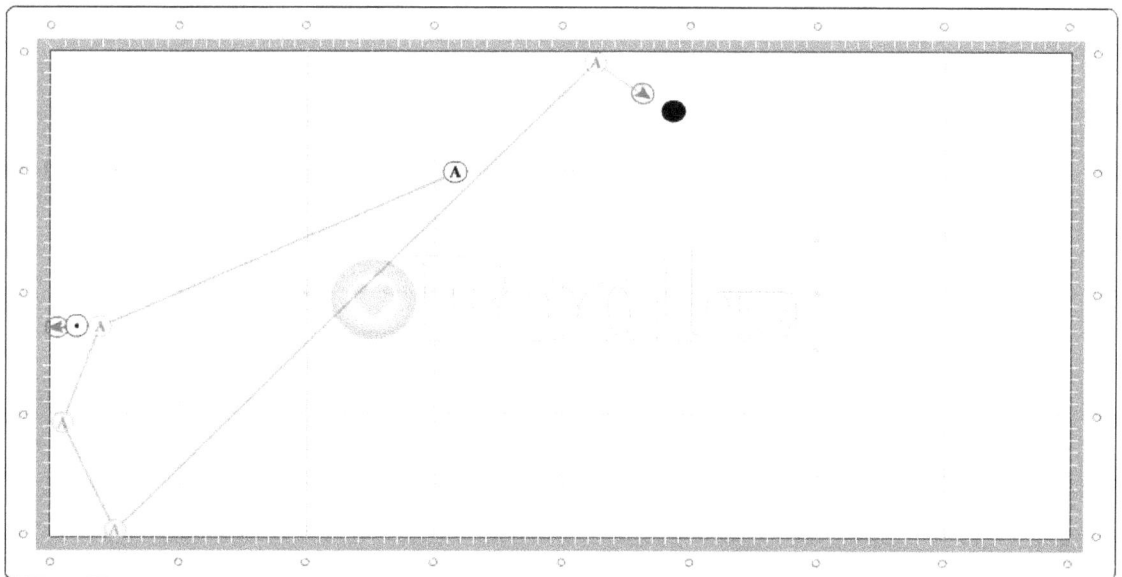

G:2c – Opstelling

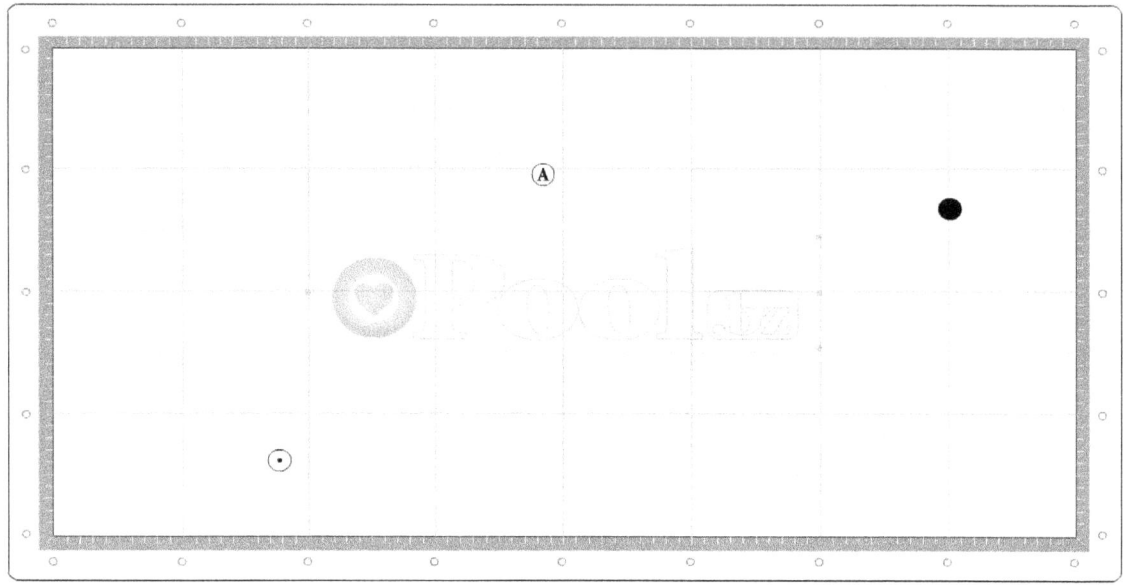

NOTAS VIR JOU IDEES:

Tabelpatroon

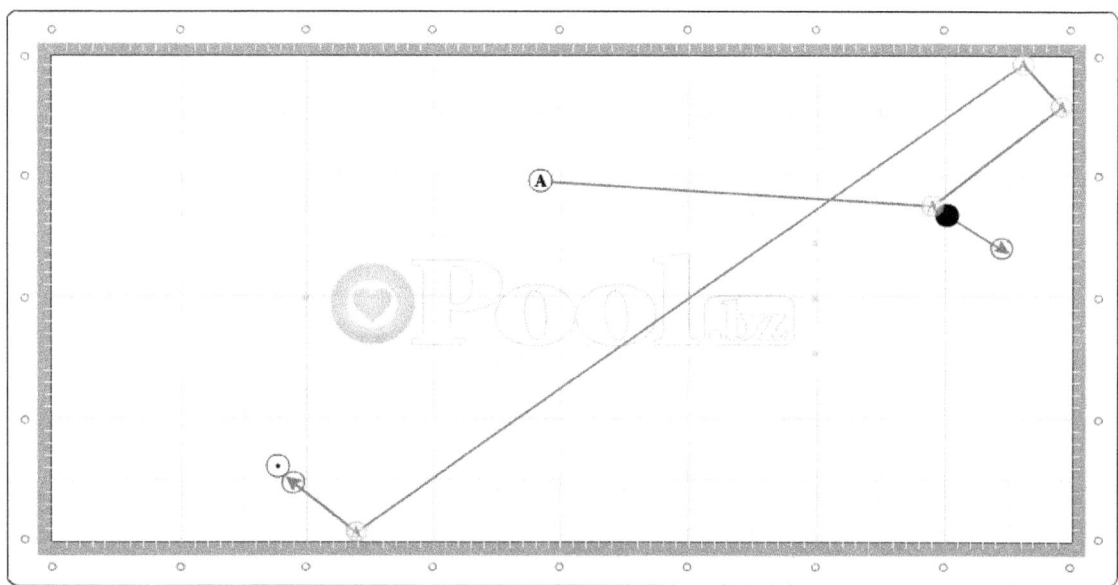

G:3d – Opstelling

NOTAS VIR JOU IDEES:

Tabelpatroon

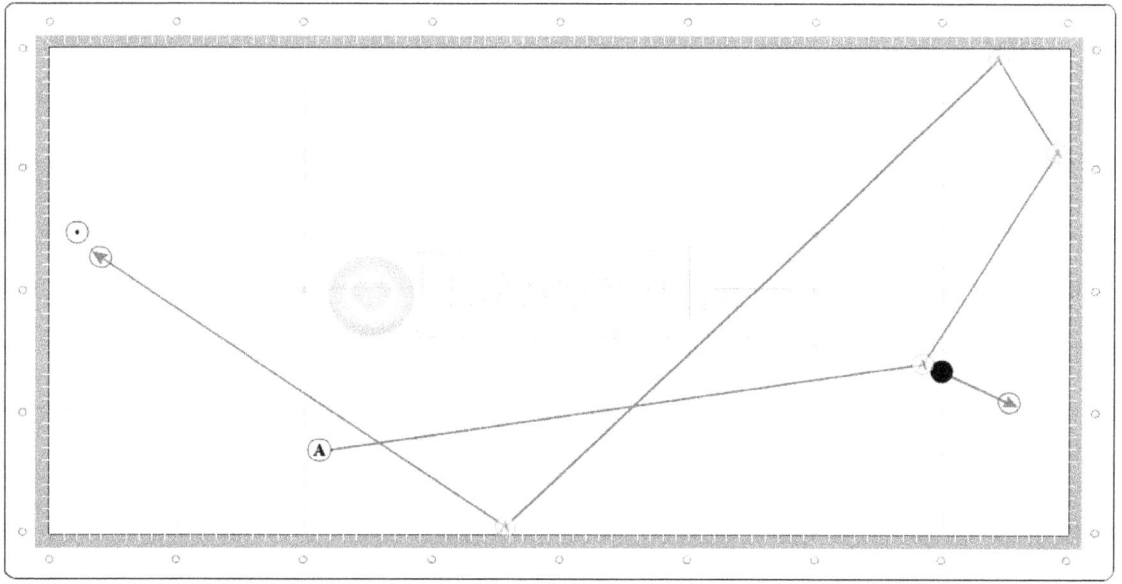

G: Groep 3

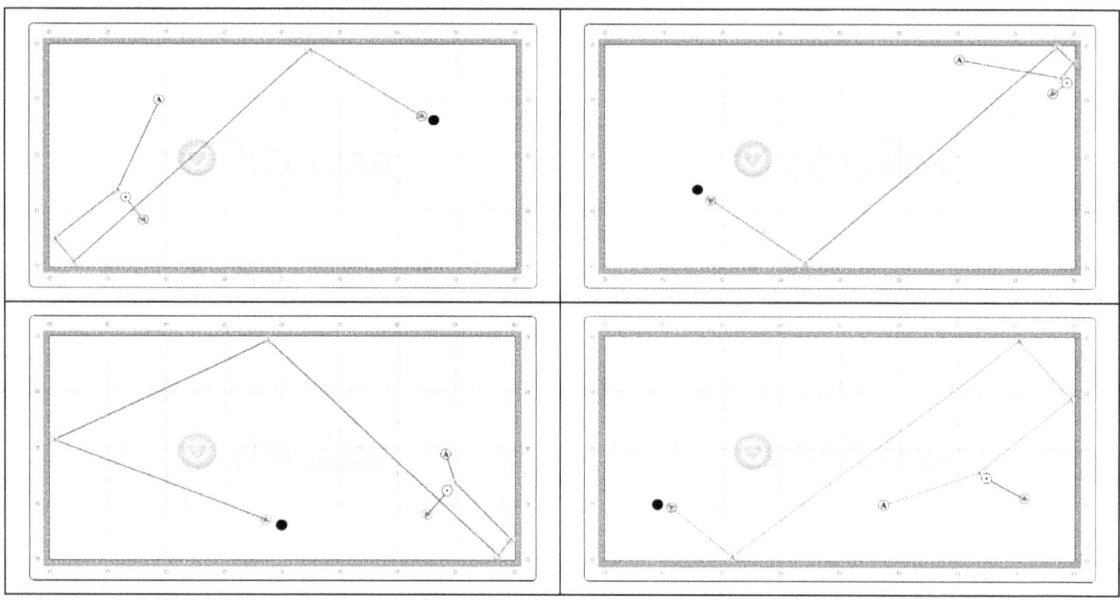

Analise:

G:3a. _____

G:3b. _____

G:3c. _____

G:3d. _____

G:3a – Opstelling

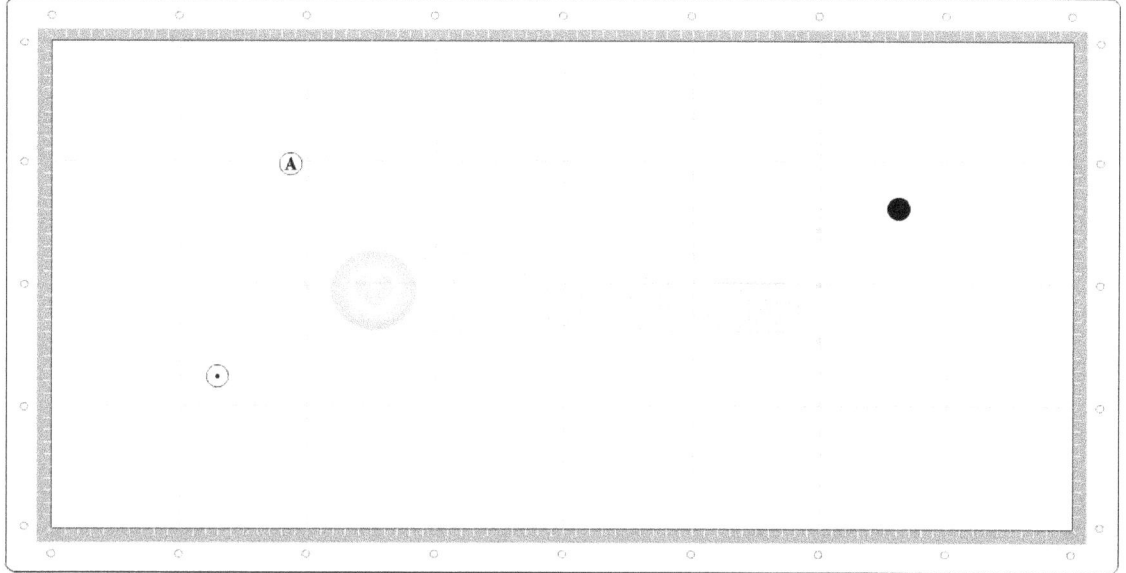

NOTAS VIR JOU IDEES:

Tabelpatroon

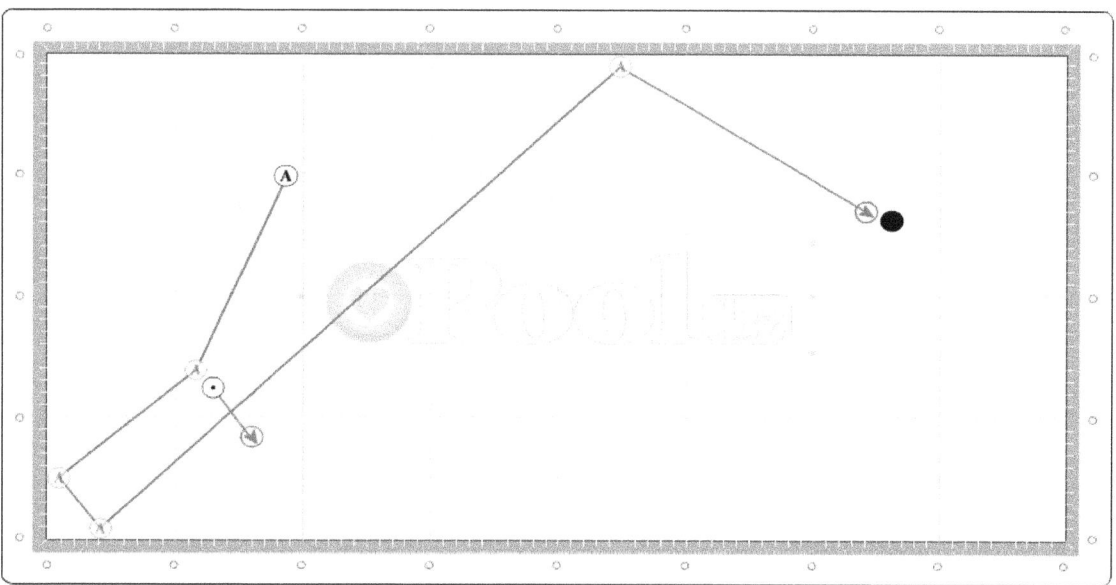

G:3b – Opstelling

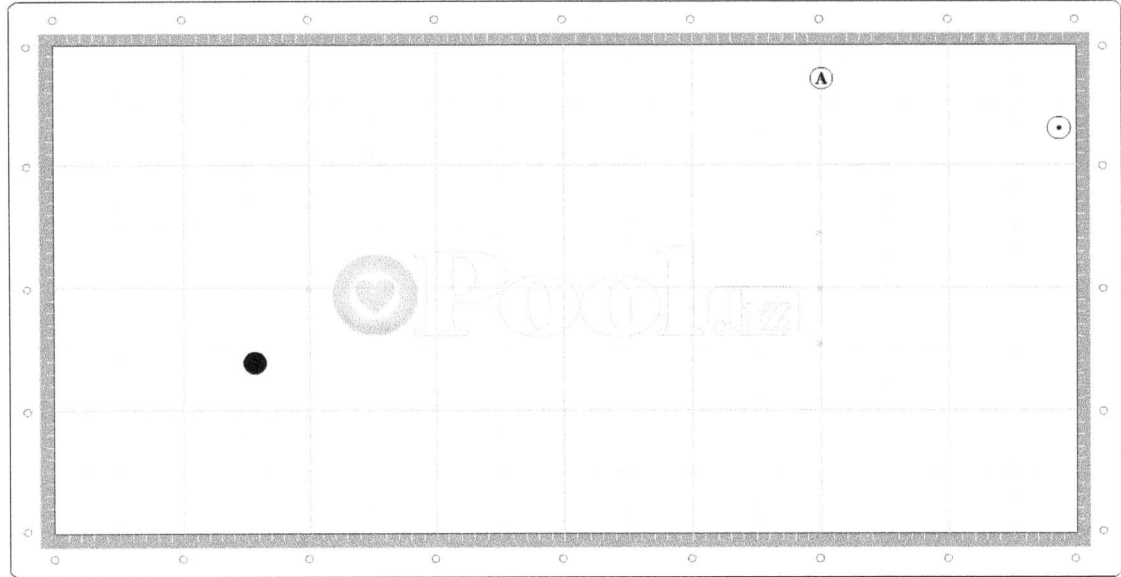

NOTAS VIR JOU IDEES:

Tabelpatroon

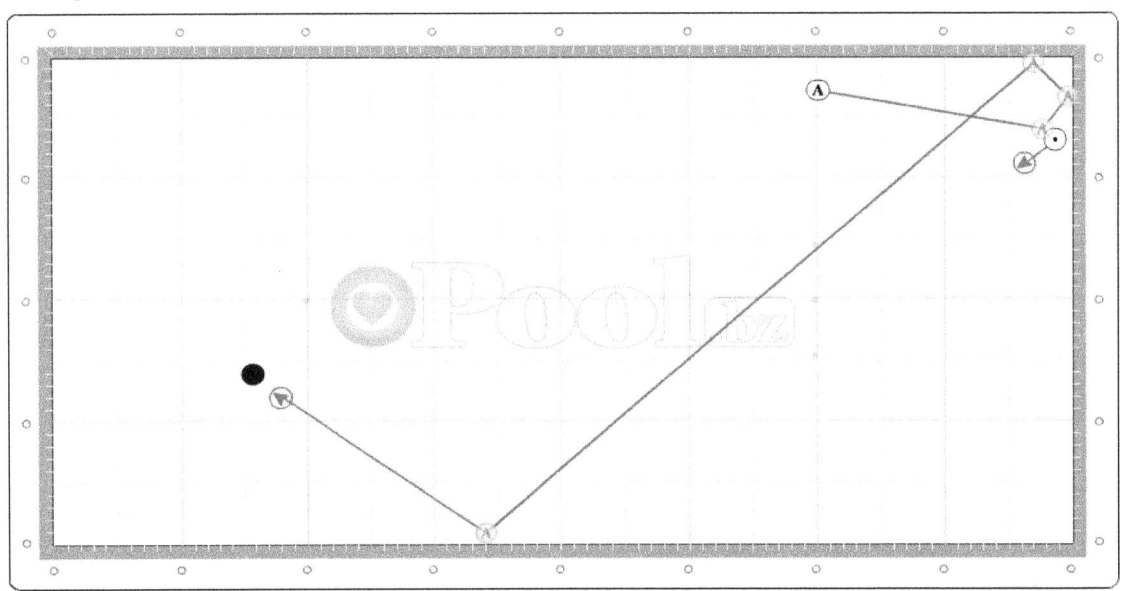

G:3c – Opstelling

NOTAS VIR JOU IDEES:

Tabelpatroon

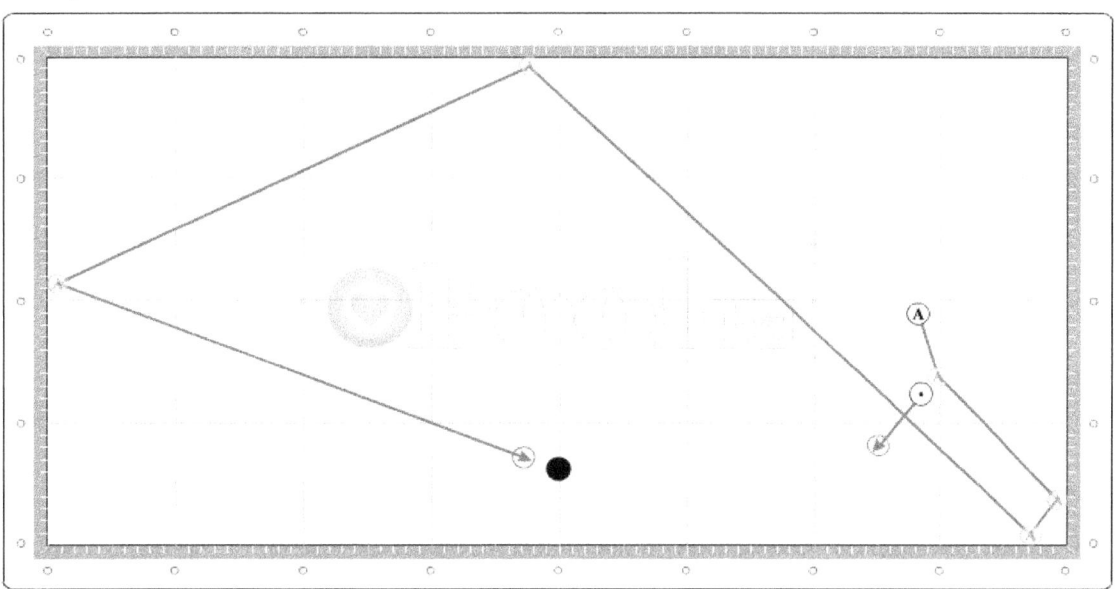

G:3d – Opstelling

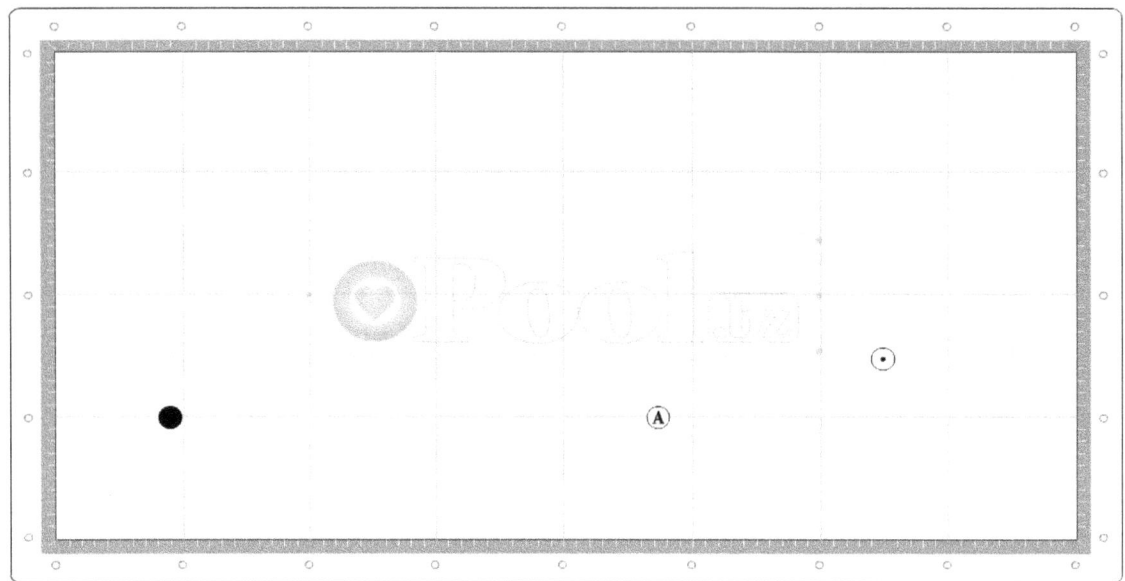

NOTAS VIR JOU IDEES:

Tabelpatroon

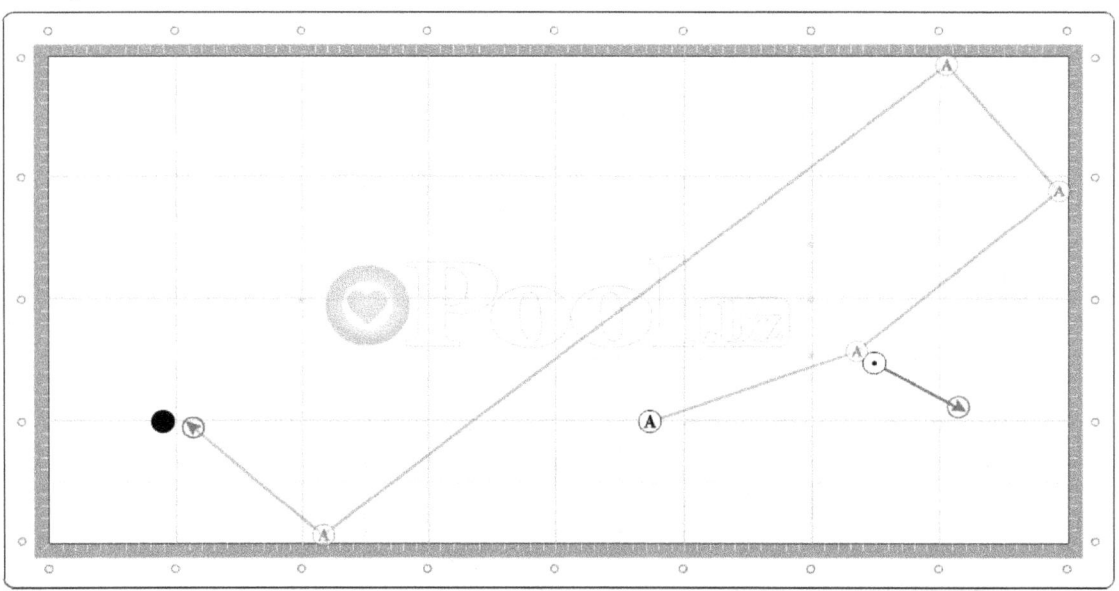

H: Basiese Dubbele Haken

Op hierdie heuwelpatrone kom die (CB) van die eerste (OB) in die hoek - lang biljartbanden eerste en kom op die heuwel tot by die middel van die lang biljartbanden. Op die afdraande kant gaan die (CB) in en uit die teenoorgestelde hoek - 'n vyf biljartbiljartbandenituasie.

Ⓐ **(CB)** (jou biljartbal) – ◉ **(OB)** (teenstander biljartbal) – ● **(OB)** (rooi bal)

H: Groep 1

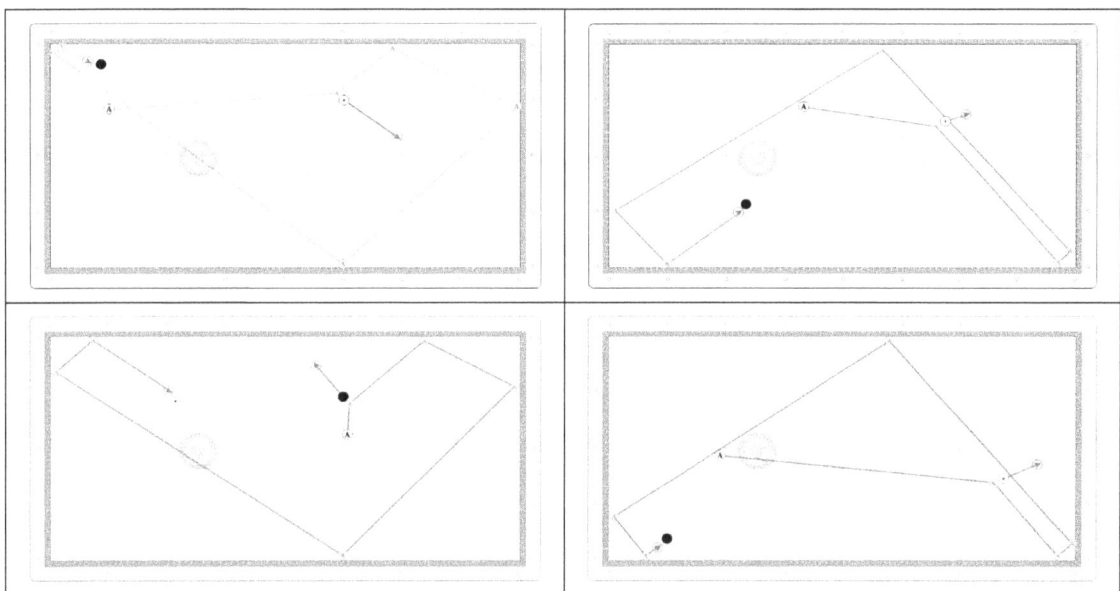

Analise:

H:1a. _____

H:1b. _____

H:1c. _____

H:1d. _____

H:1a – Opstelling

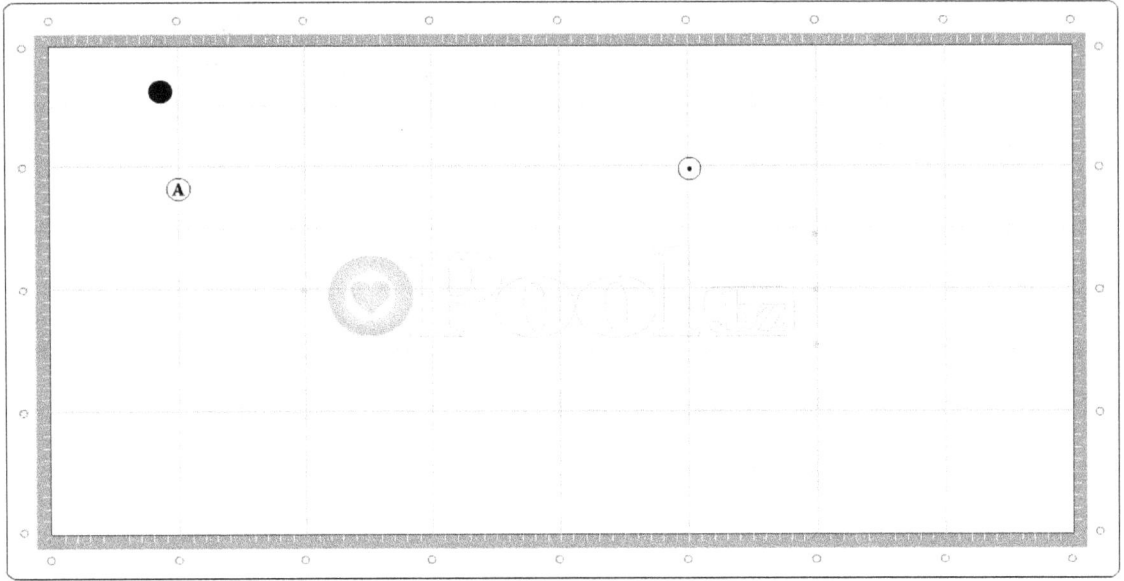

NOTAS VIR JOU IDEES:

Tabelpatroon

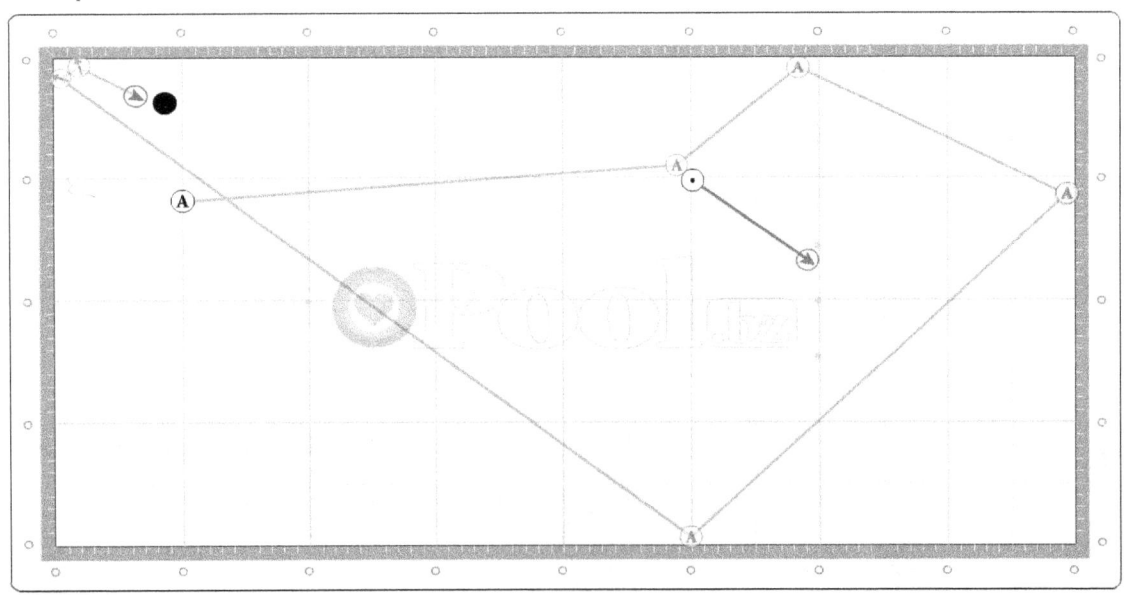

H:1b – Opstelling

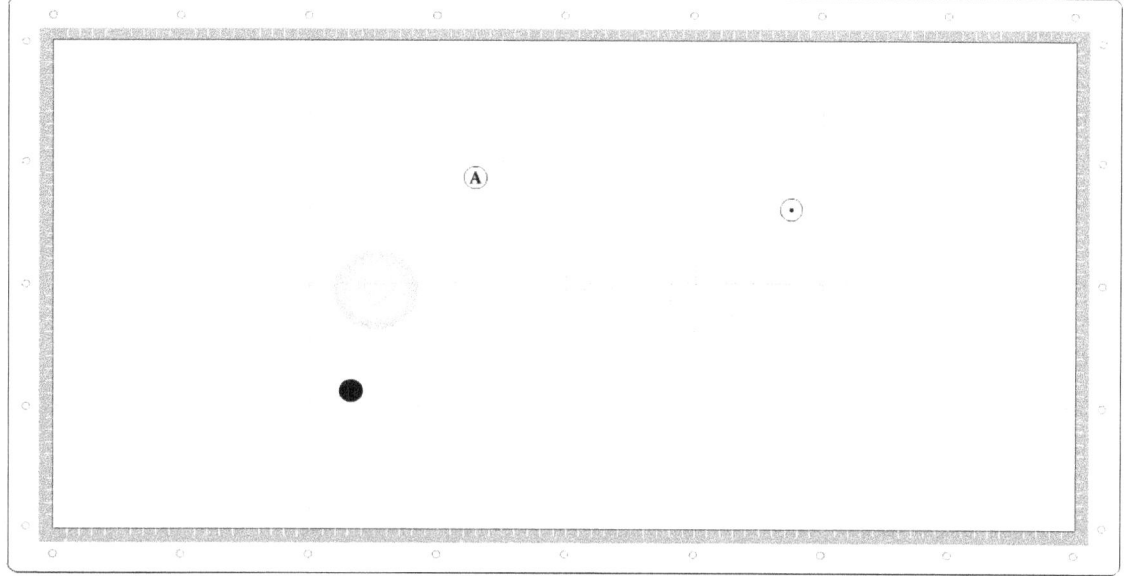

NOTAS VIR JOU IDEES:

Tabelpatroon

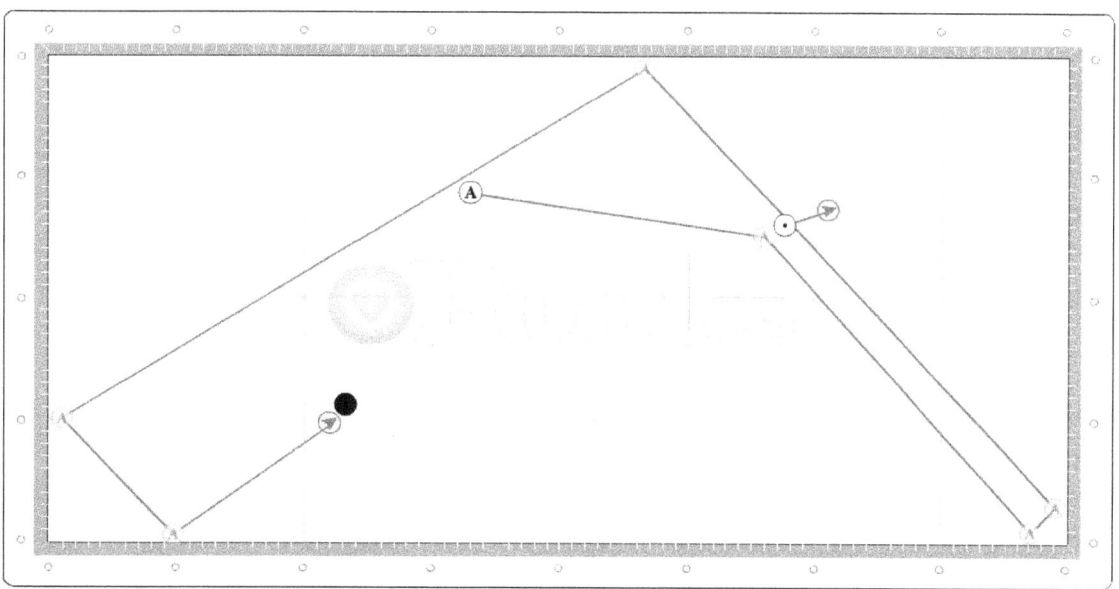

H:1c – Opstelling

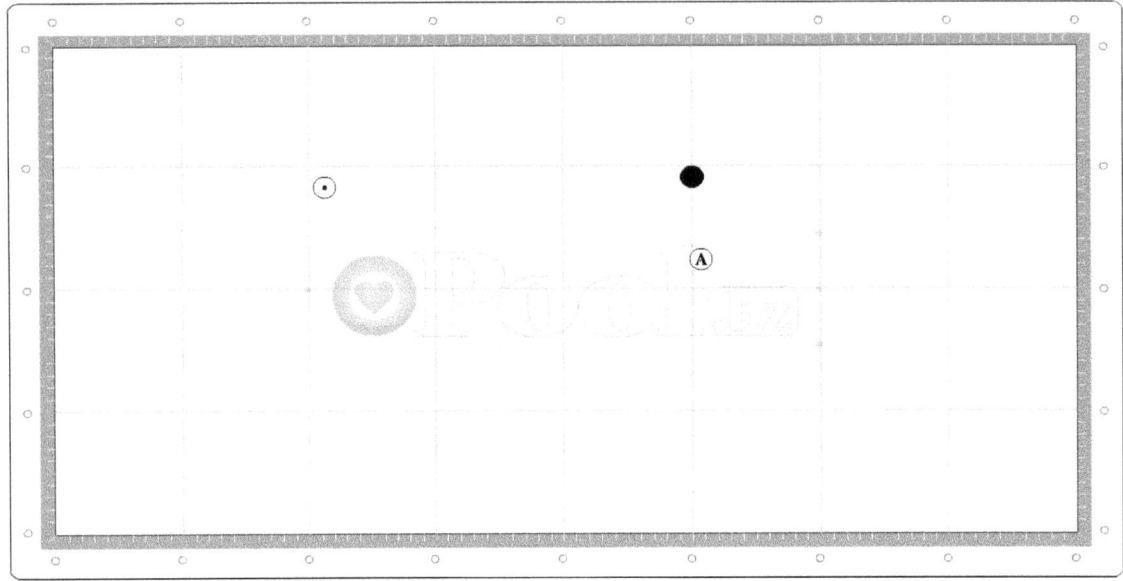

NOTAS VIR JOU IDEES:

Tabelpatroon

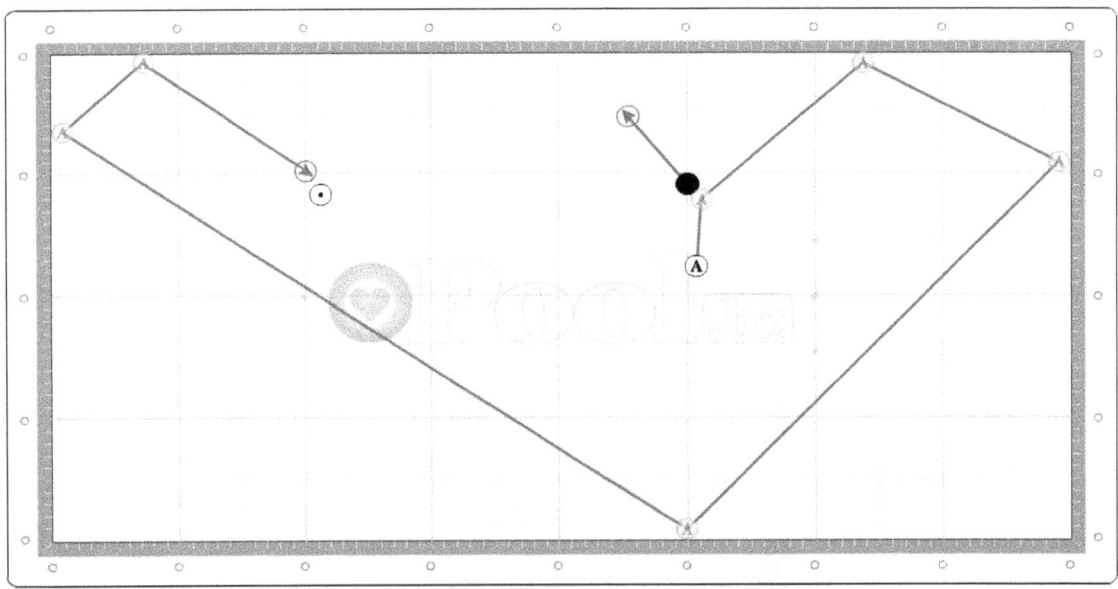

H:1d – Opstelling

NOTAS VIR JOU IDEES:

Tabelpatroon

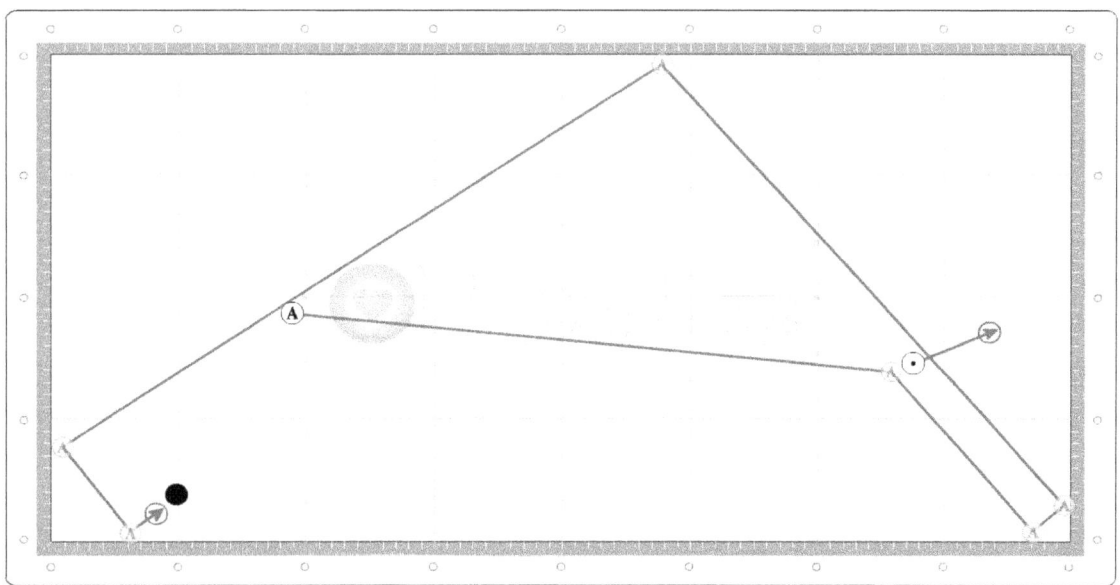

H: Groep 2

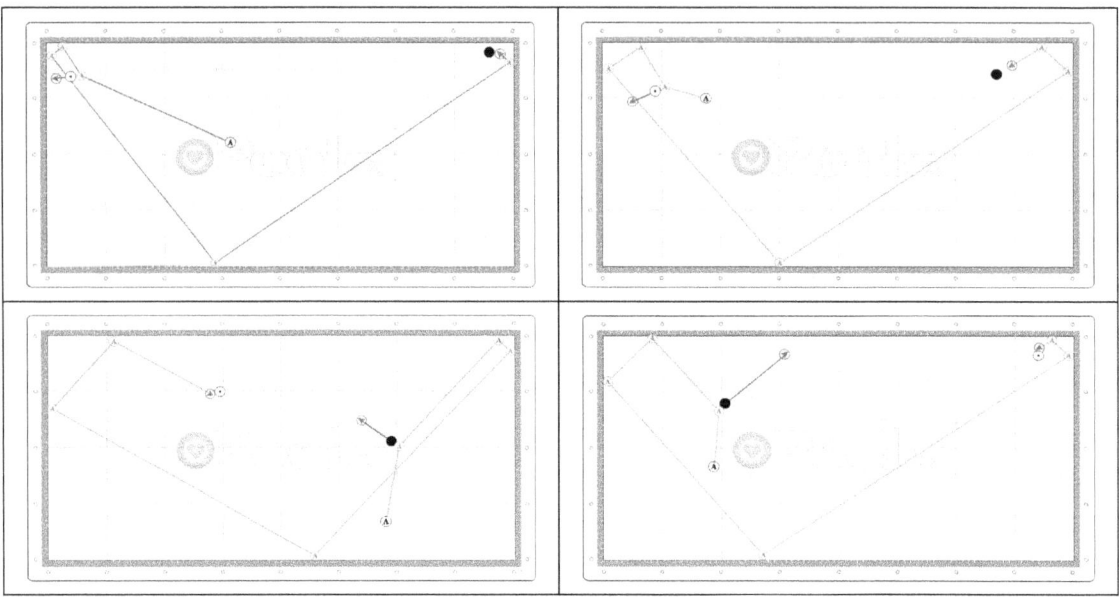

Analise:

H:2a. _____

H:2b. _____

H:2c. _____

H:2d. _____

H:2a – Opstelling

NOTAS VIR JOU IDEES:

Tabelpatroon

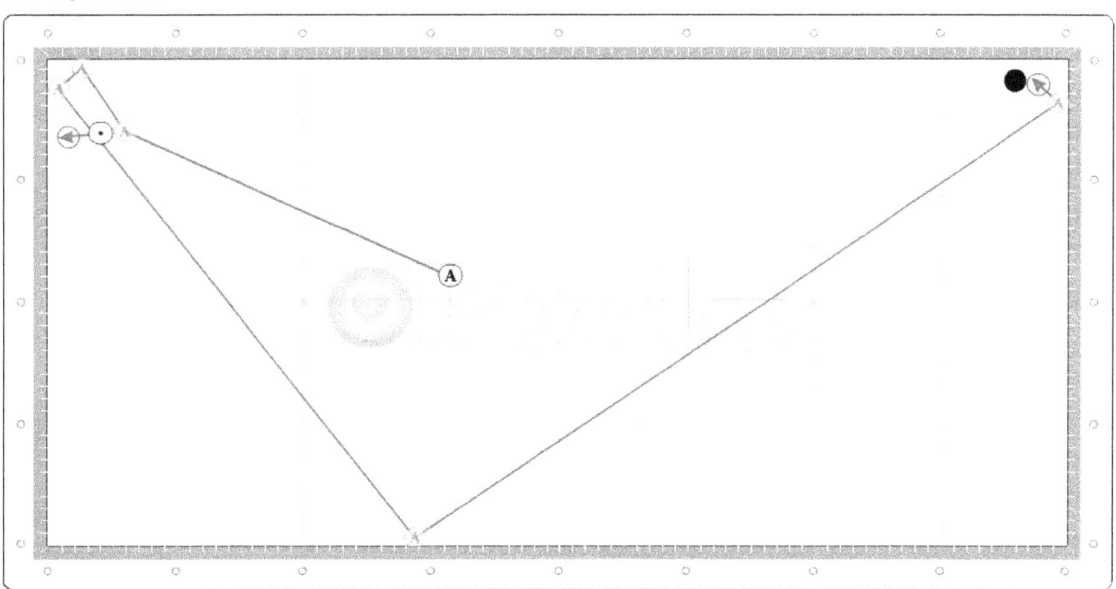

H:2b – Opstelling

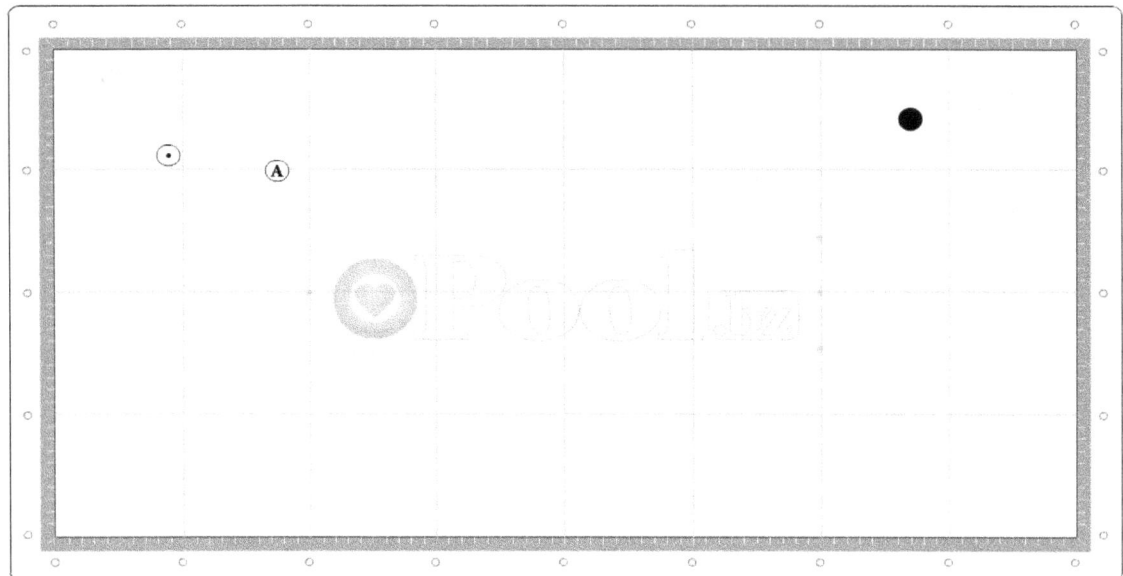

NOTAS VIR JOU IDEES:

Tabelpatroon

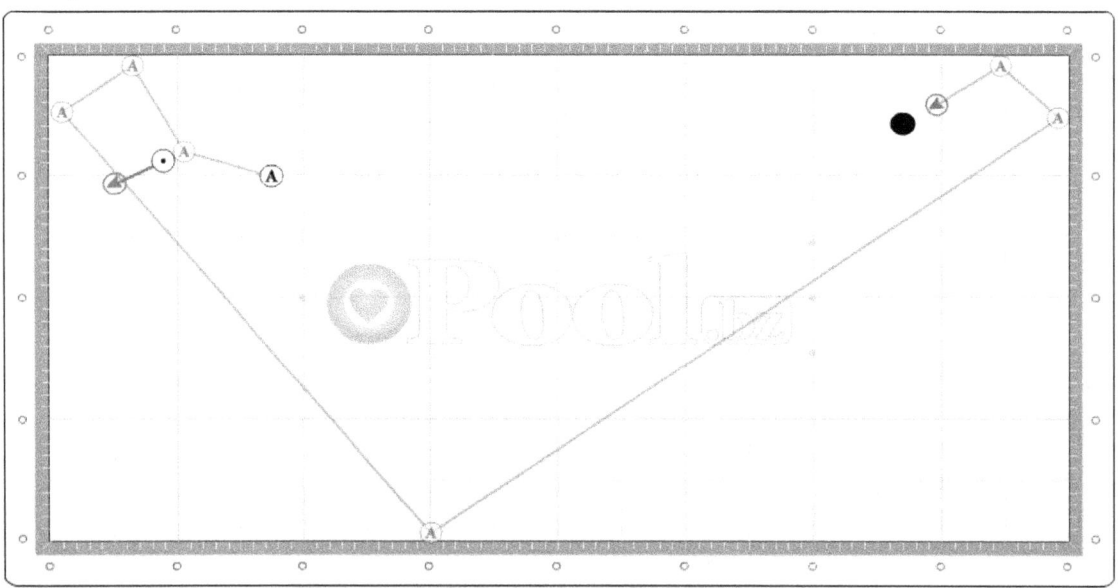

H:2c – Opstelling

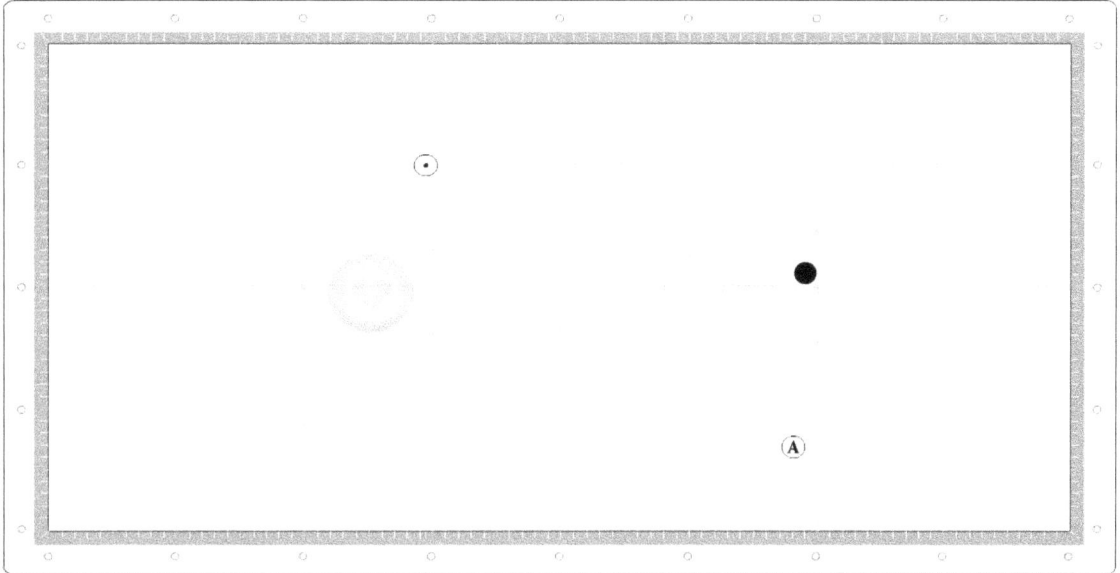

NOTAS VIR JOU IDEES:

Tabelpatroon

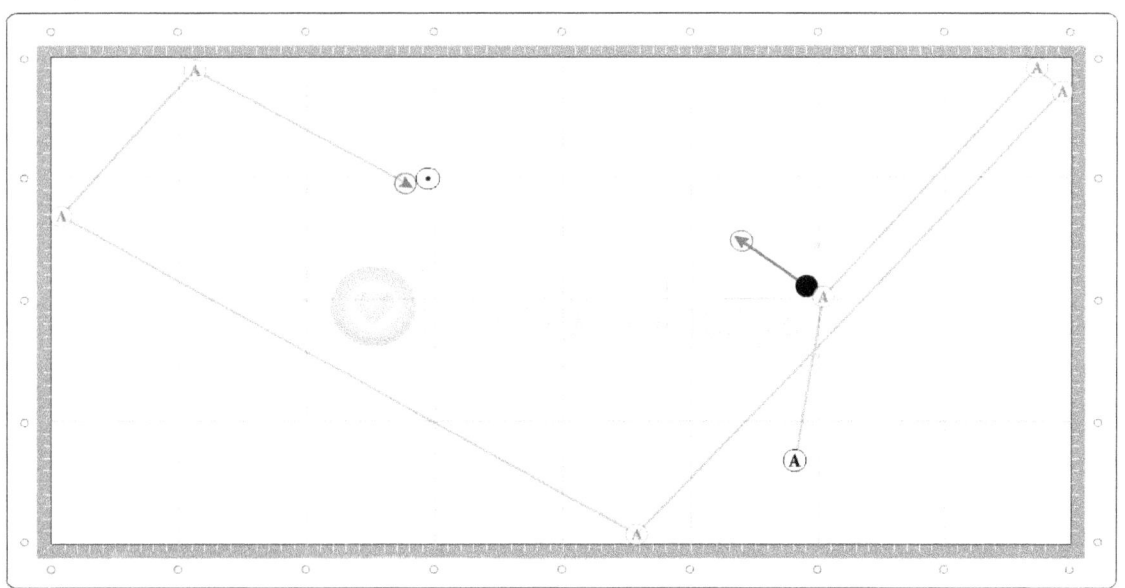

H:2d – Opstelling

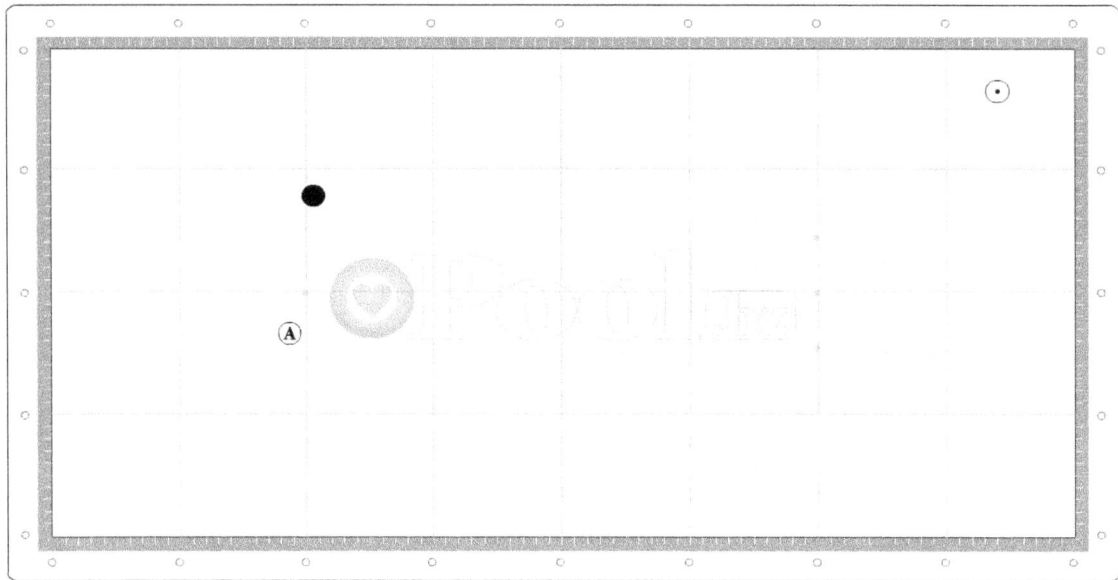

NOTAS VIR JOU IDEES:

Tabelpatroon

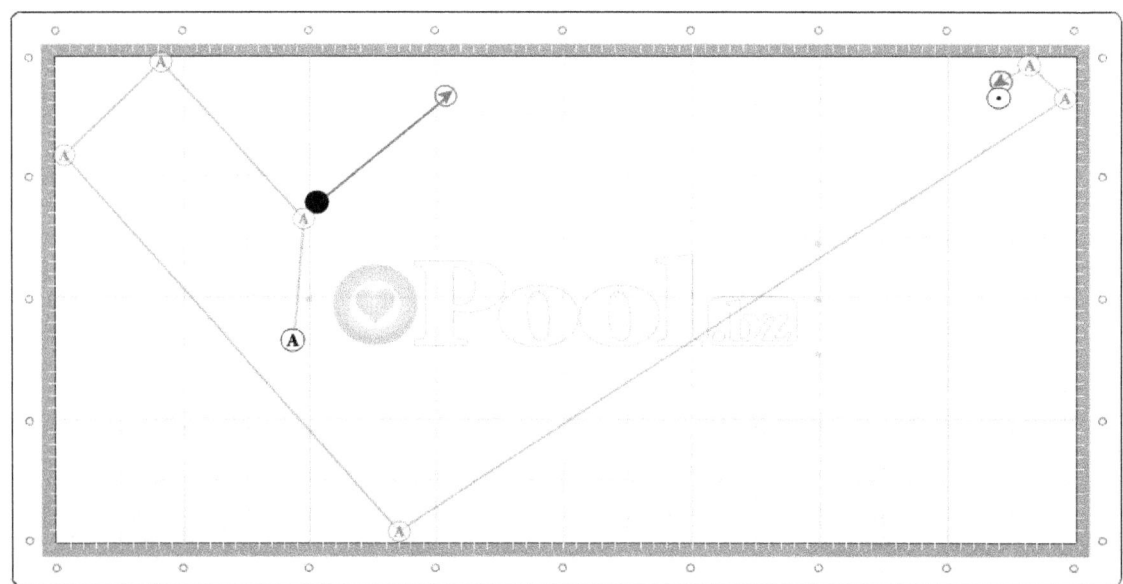

H: Groep 3

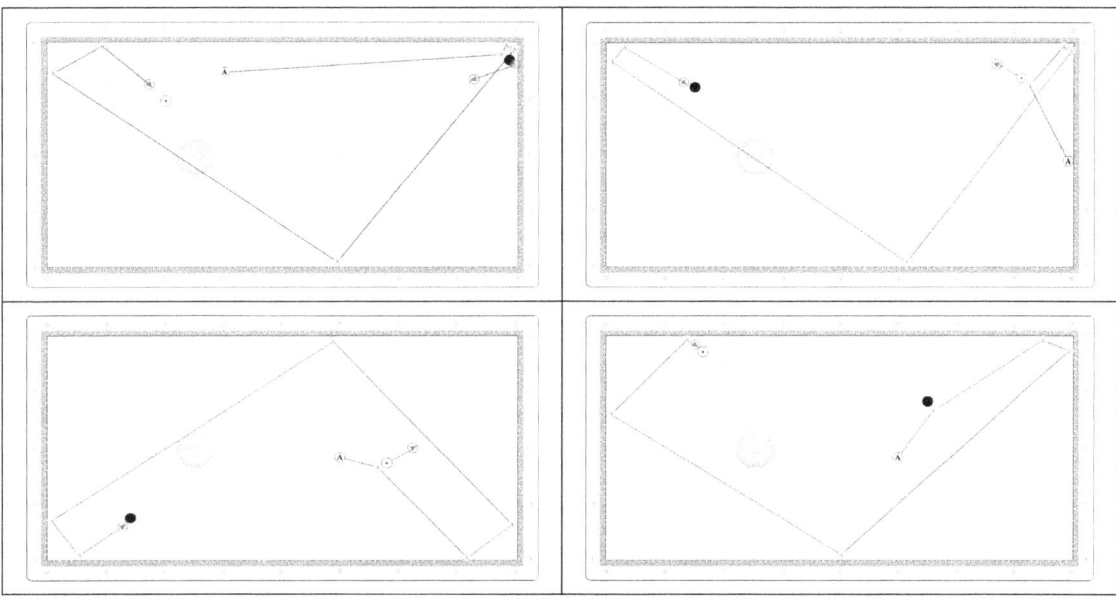

Analise:

H:3a. _____

H:3b. _____

H:3c. _____

H:3d. _____

H:3a – Opstelling

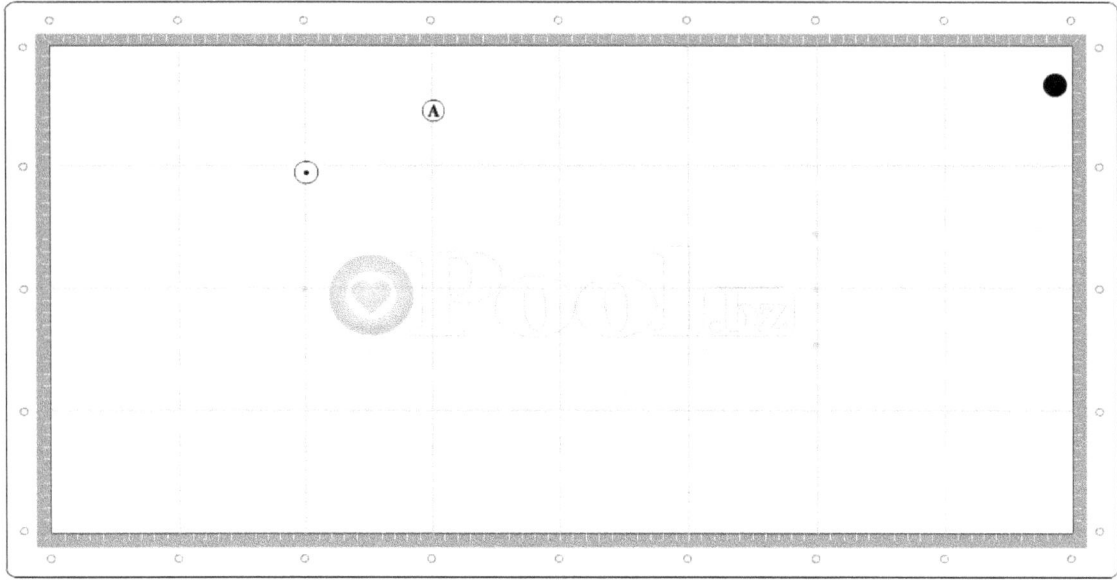

NOTAS VIR JOU IDEES:

Tabelpatroon

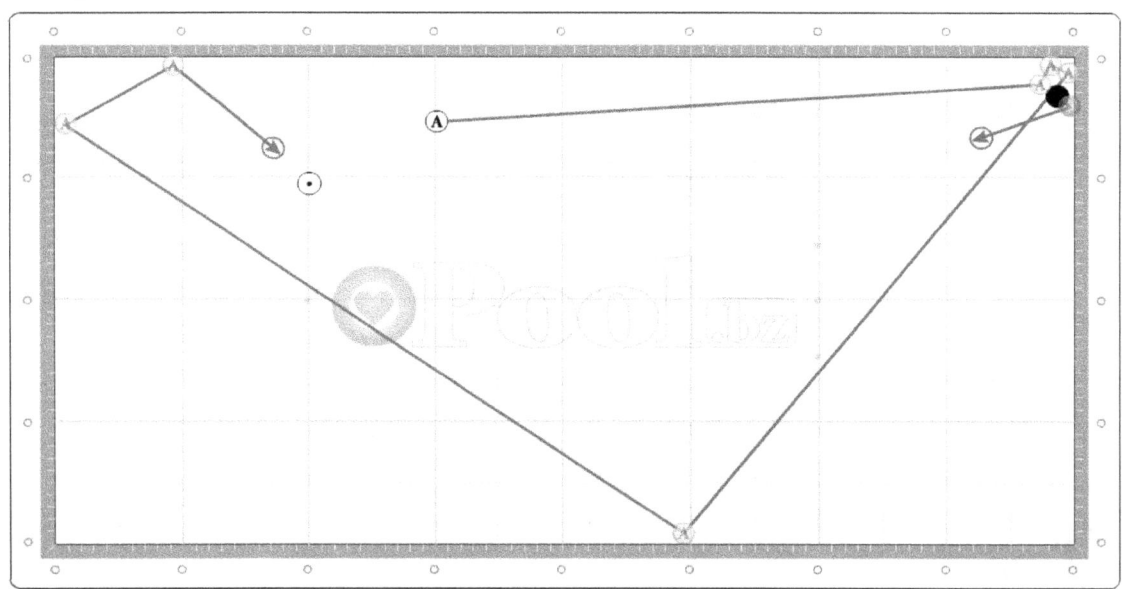

H:3b – Opstelling

NOTAS VIR JOU IDEES:

Tabelpatroon

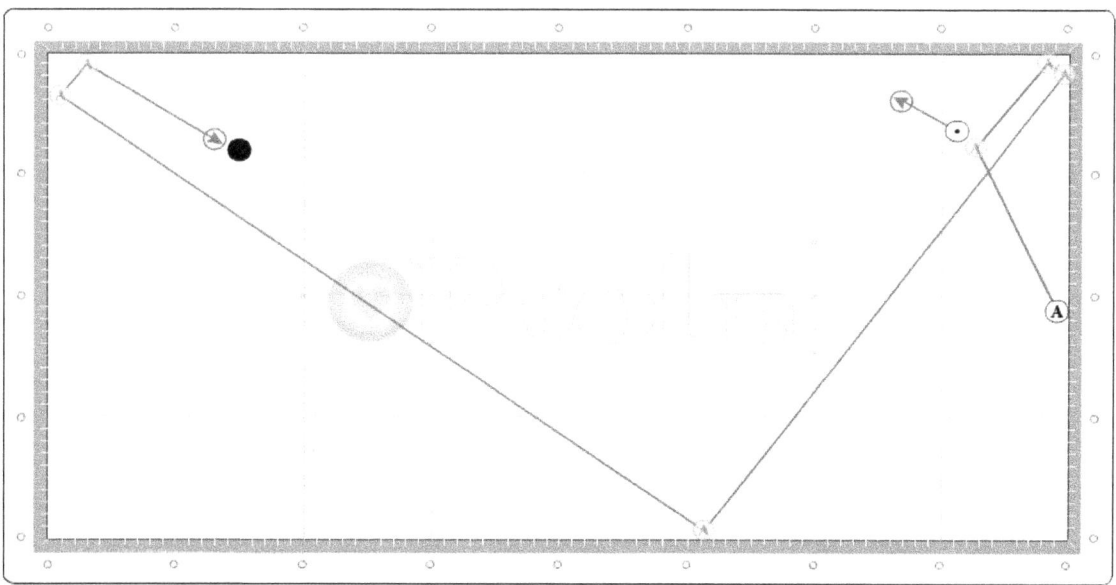

H:3c – Opstelling

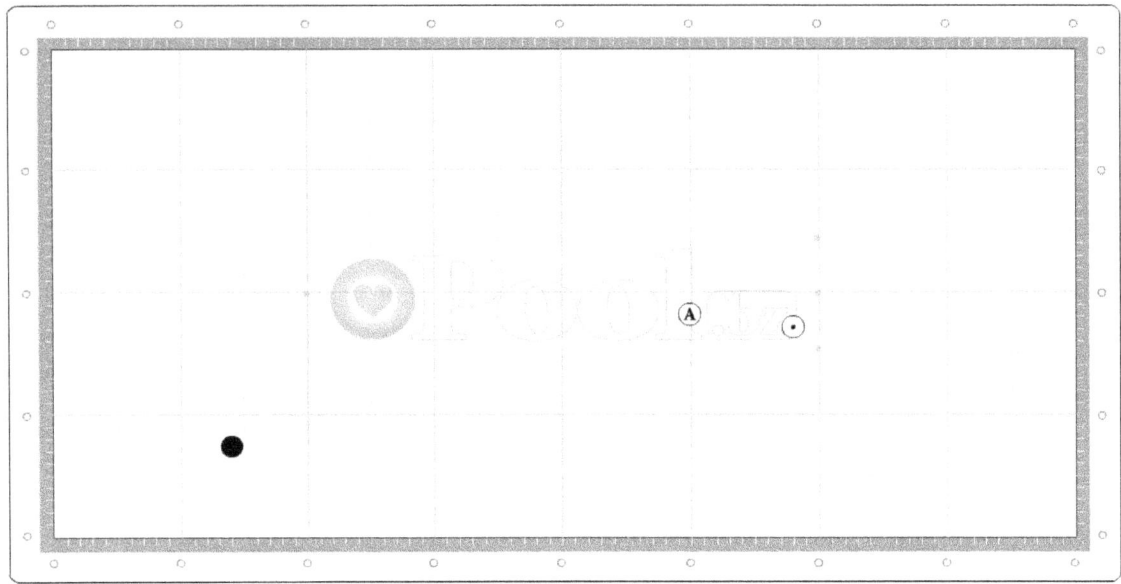

NOTAS VIR JOU IDEES:

Tabelpatroon

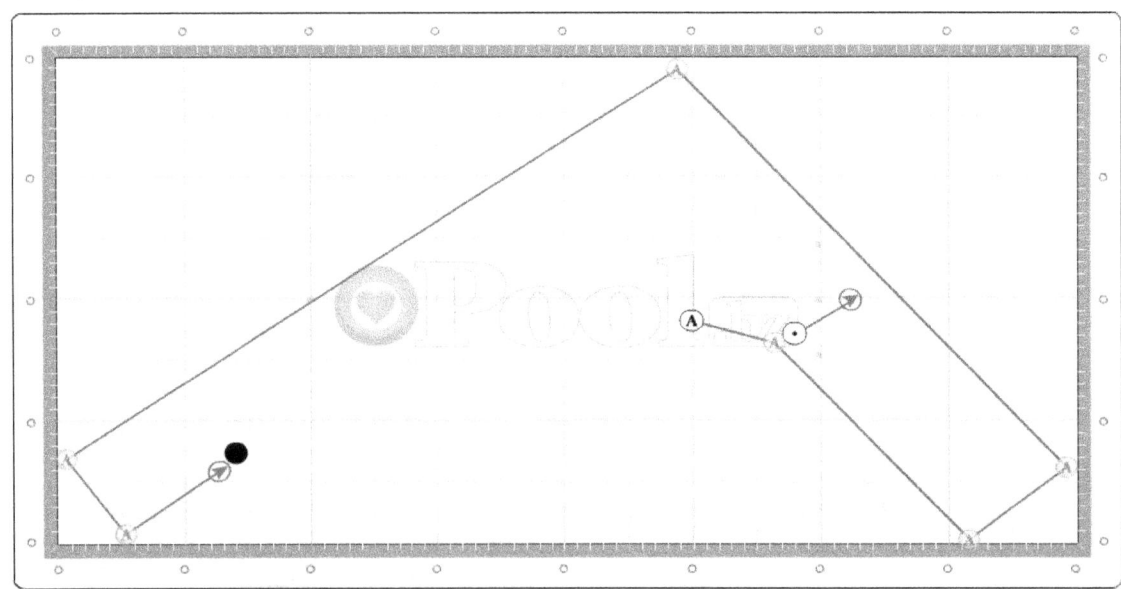

H:3d – Opstelling

NOTAS VIR JOU IDEES:

Tabelpatroon

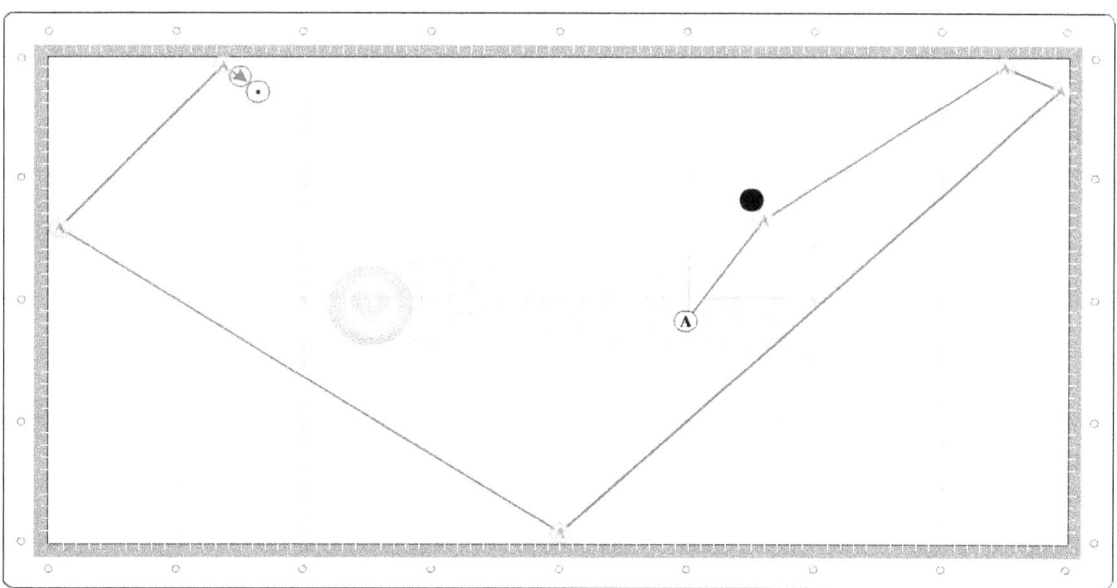

I: Uitgebreide dubbel-hake

Op hierdie patrone kom die (CB) van die eerste (OB) in die hoek - lang biljartbanden eerste. Die (CB) gaan heuwel na die middel van die teenoorgestelde lang biljartbanden. Op die afdraande kant gaan die (CB) in en uit die teenoorgestelde hoek om die tweede (OB) te kontak.

Ⓐ **(CB)** (jou biljartbal) – ⊙ **(OB)** (teenstander biljartbal) – ● **(OB)** (rooi bal)

I: Groep 1

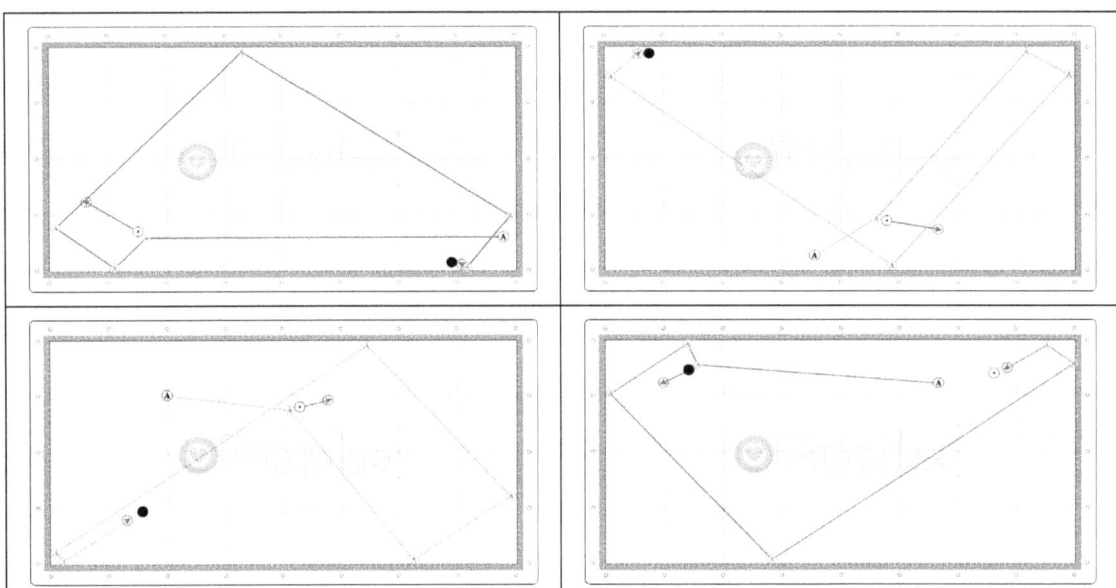

Analise:

I:1a. _____

I:1b. _____

I:1c. _____

I:1d. _____

I:1a – Opstelling

NOTAS VIR JOU IDEES:

Tabelpatroon

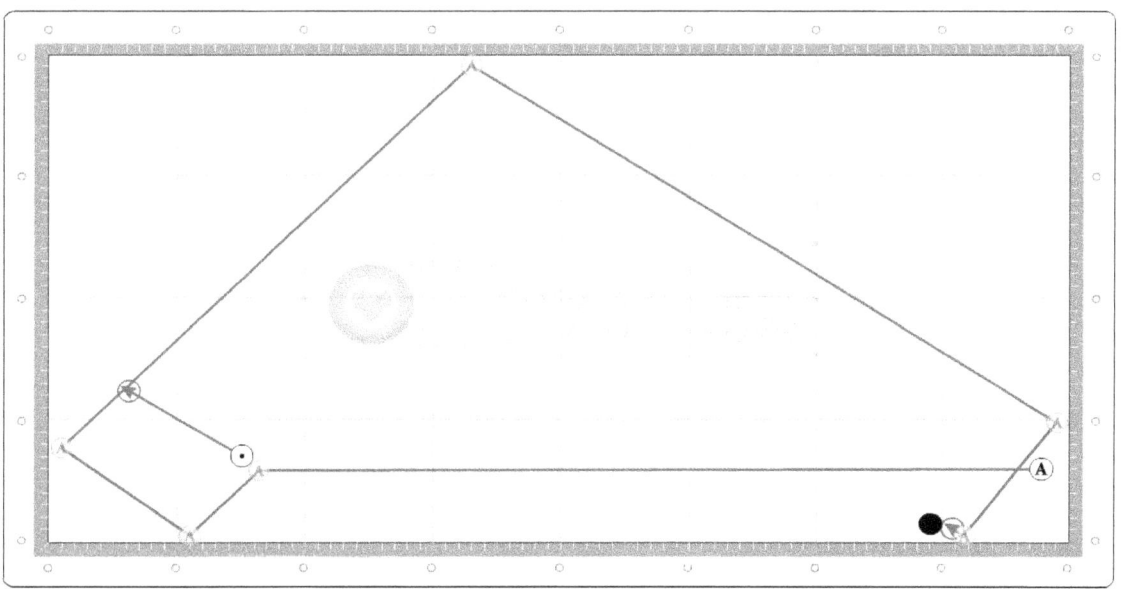

I:1b – Opstelling

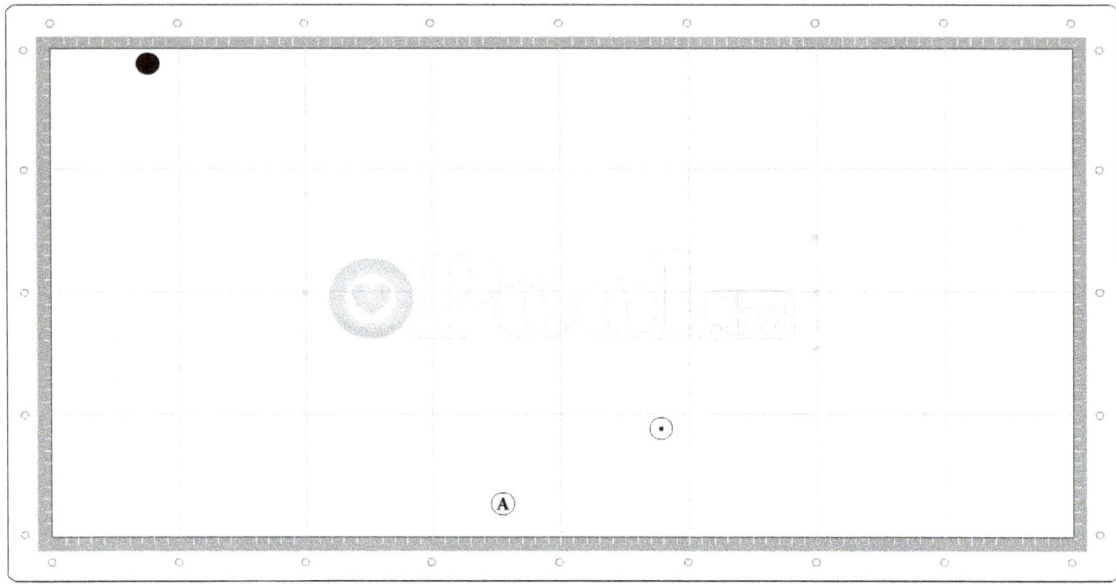

NOTAS VIR JOU IDEES:

Tabelpatroon

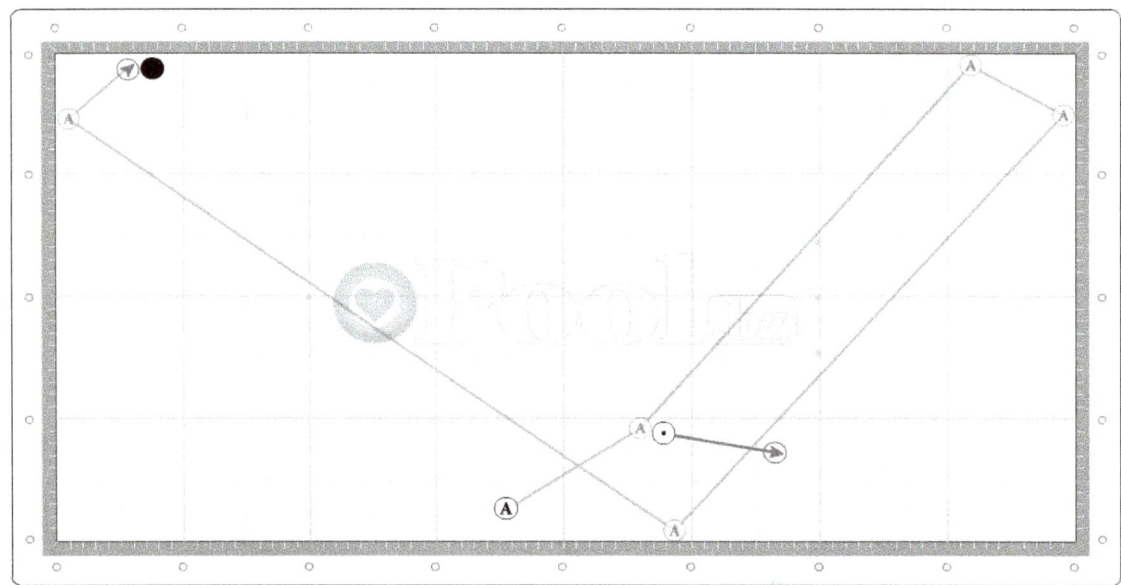

I:1c – Opstelling

NOTAS VIR JOU IDEES:

Tabelpatroon

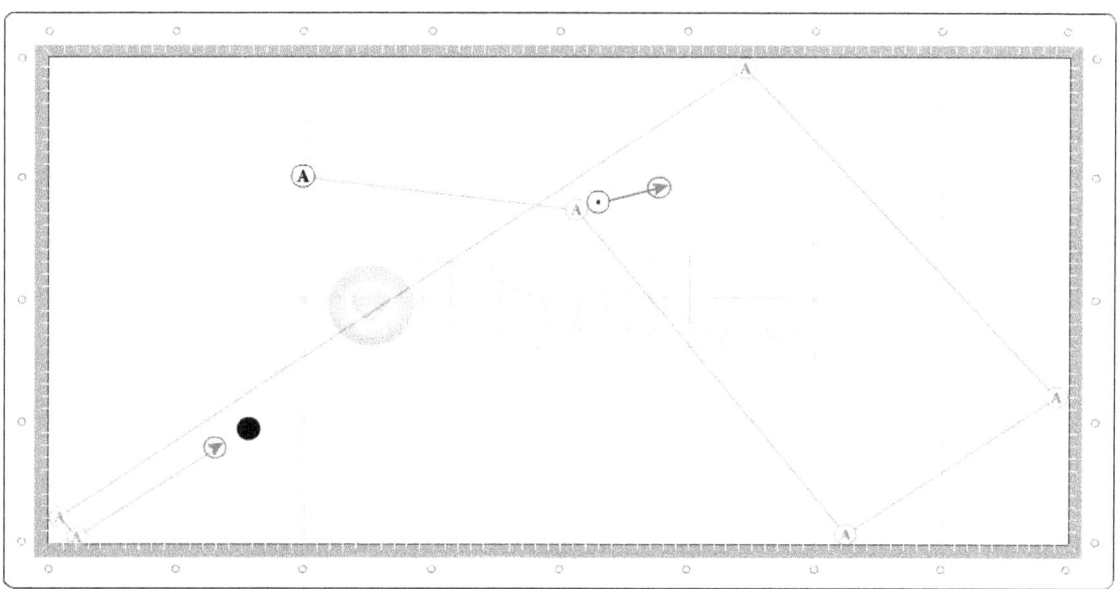

I:1d – Opstelling

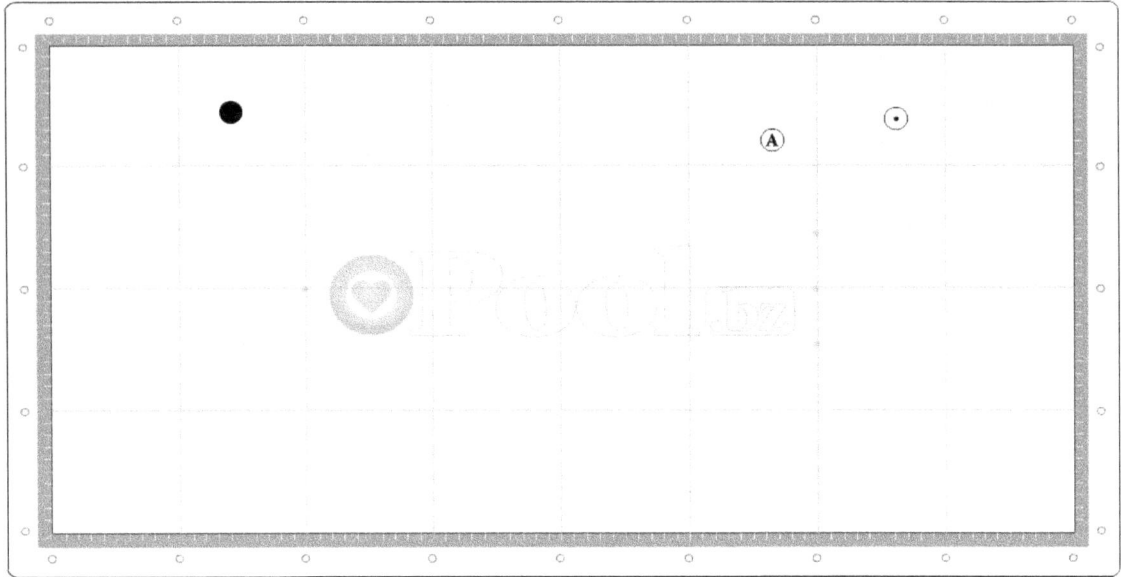

NOTAS VIR JOU IDEES:

Tabelpatroon

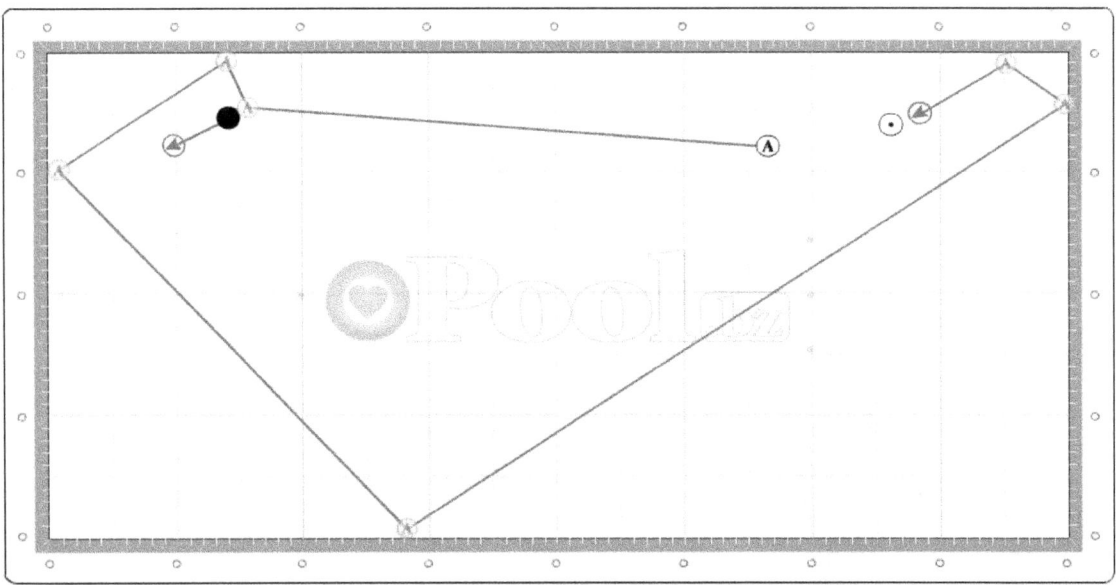

I: Groep 2

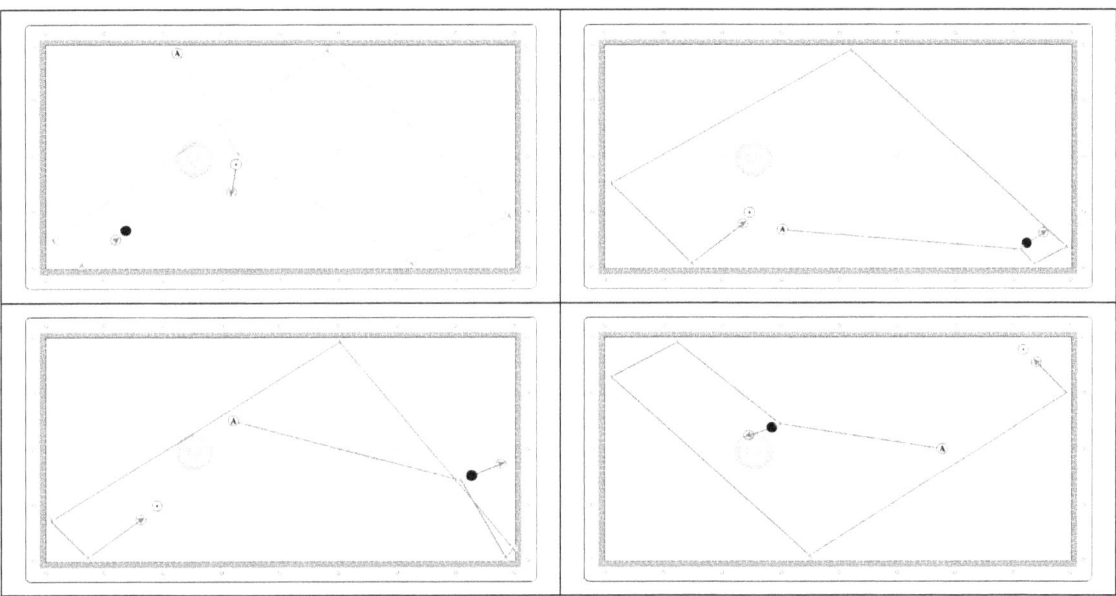

Analise:

I:2a. _____

I:2b. _____

I:2c. _____

I:2d. _____

I:2a – Opstelling

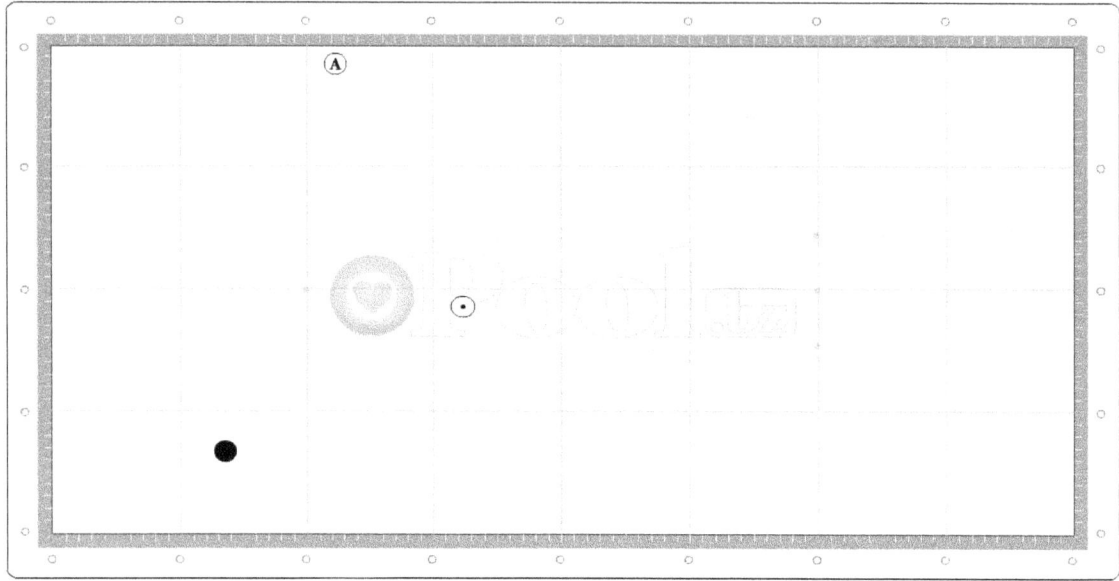

NOTAS VIR JOU IDEES:

Tabelpatroon

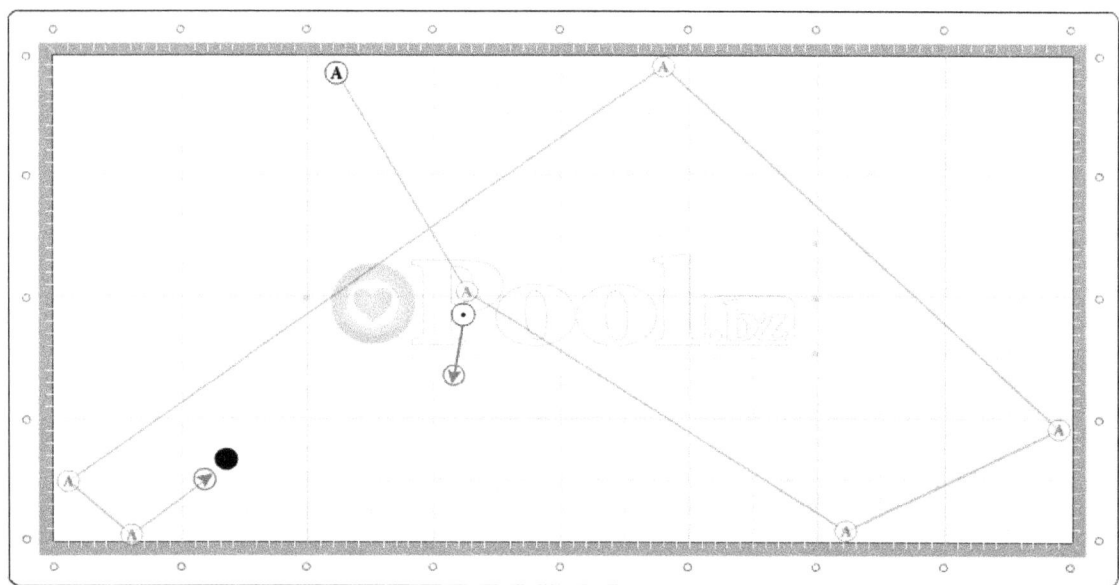

I:2b – Opstelling

NOTAS VIR JOU IDEES:

Tabelpatroon

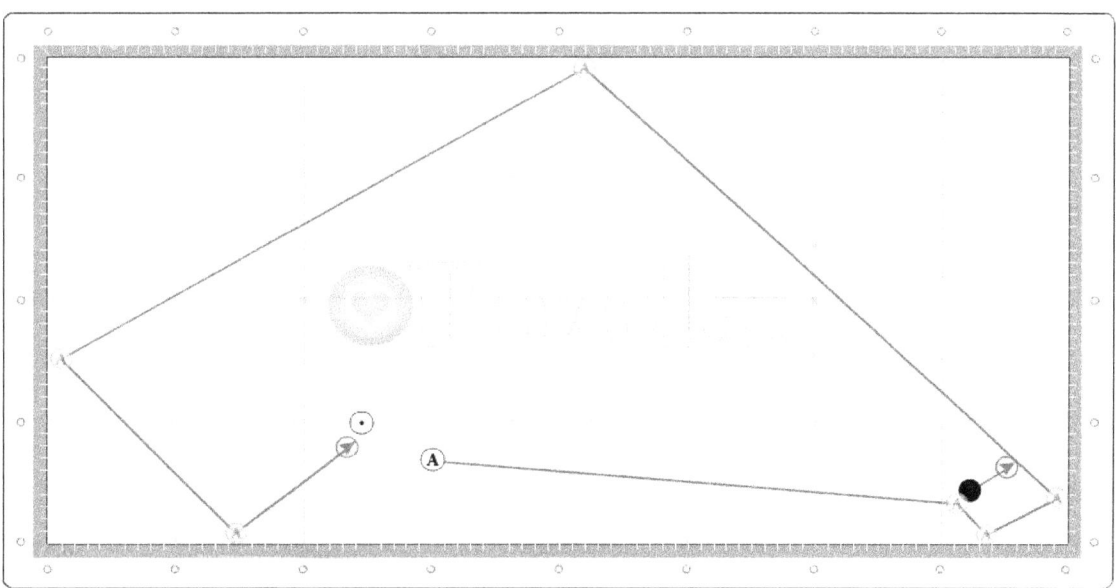

I:2c – Opstelling

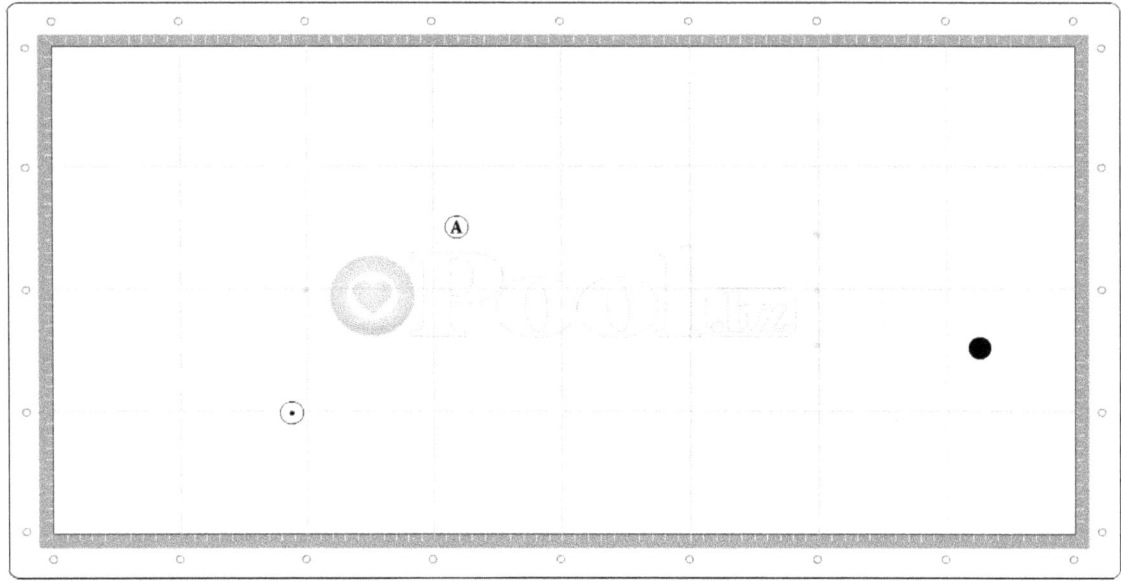

NOTAS VIR JOU IDEES:

Tabelpatroon

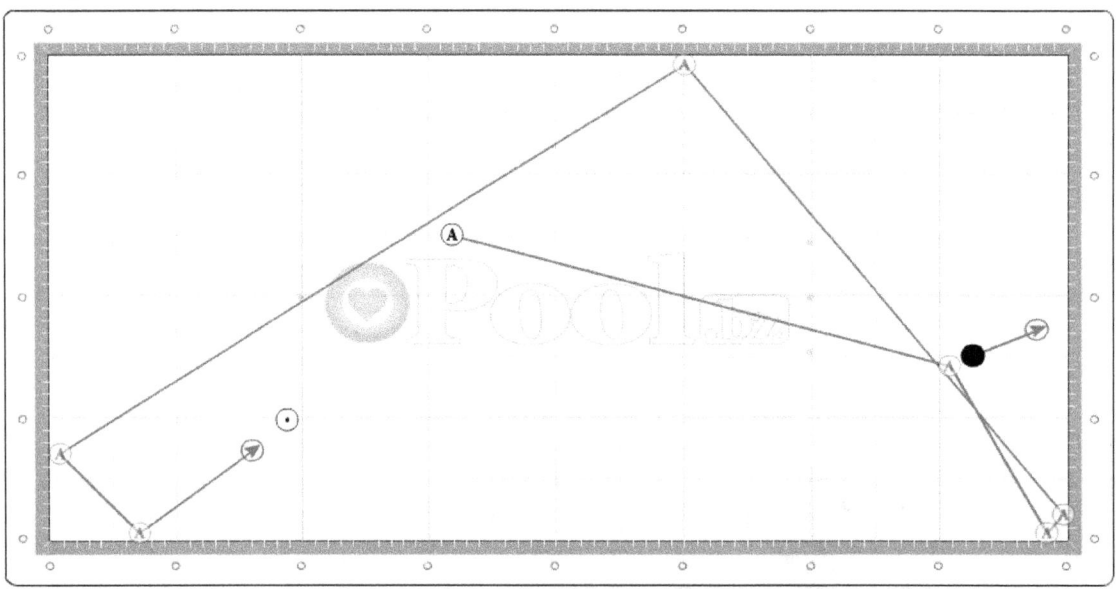

I:2d – Opstelling

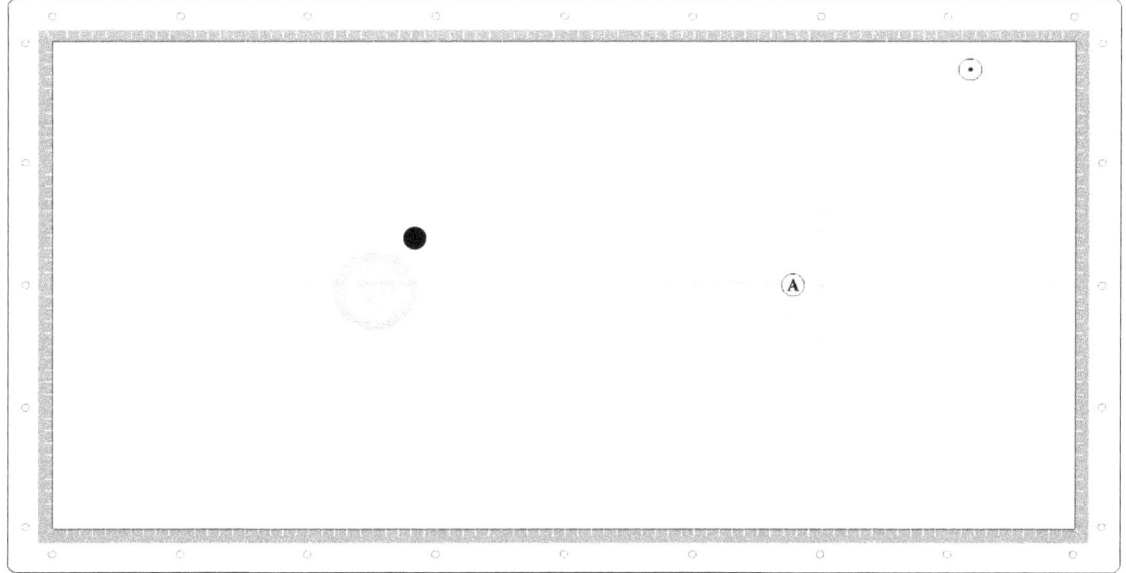

NOTAS VIR JOU IDEES:

Tabelpatroon

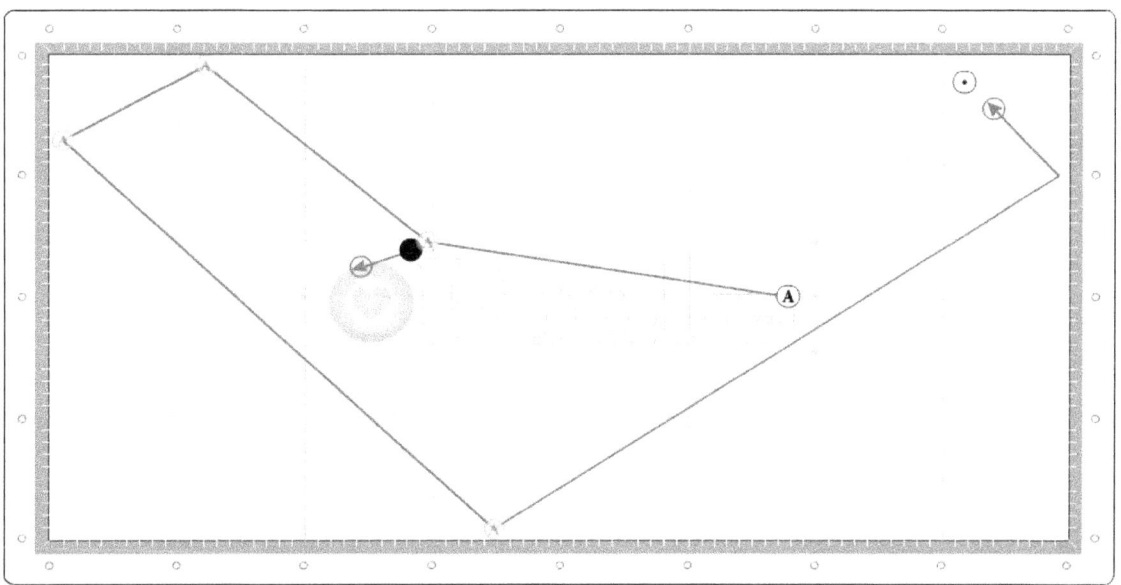

I: Groep 3

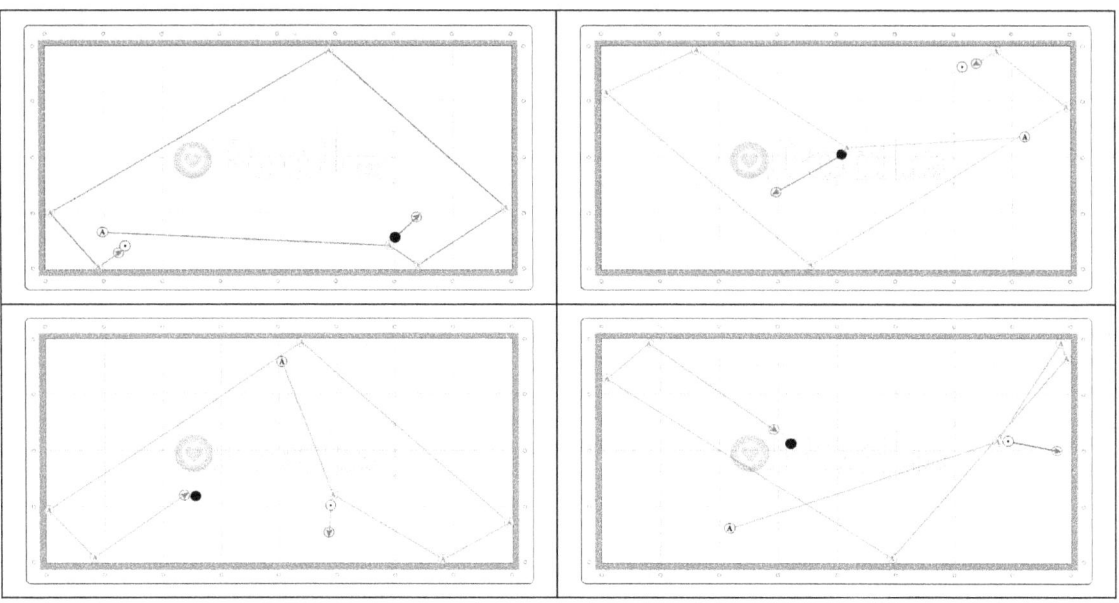

Analise:

I:3a. _____

I:3b. _____

I:3c. _____

I:3d. _____

I:3a – Opstelling

NOTAS VIR JOU IDEES:

Tabelpatroon

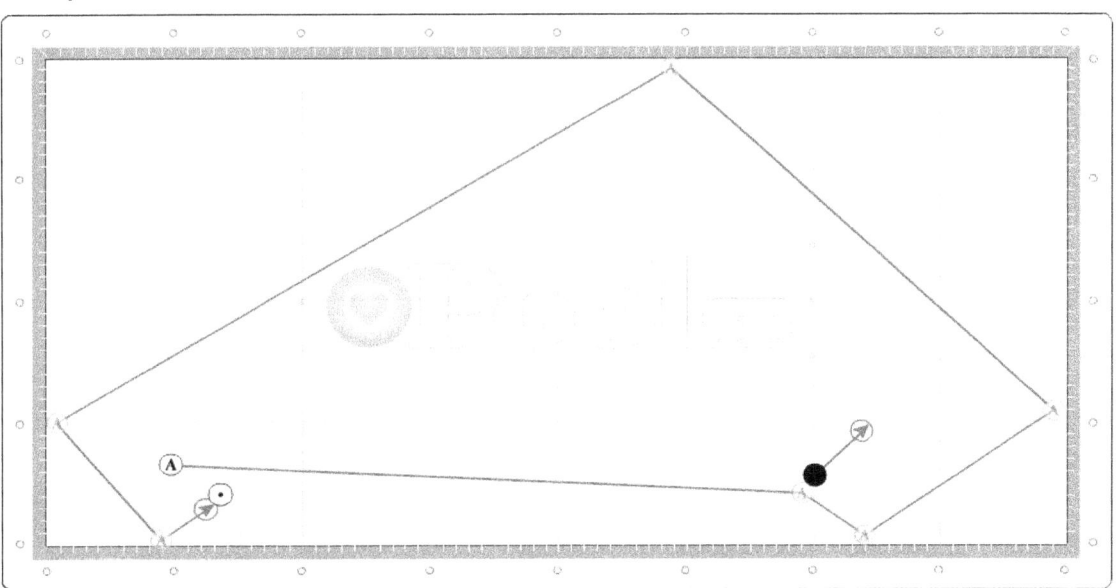

I:3b – Opstelling

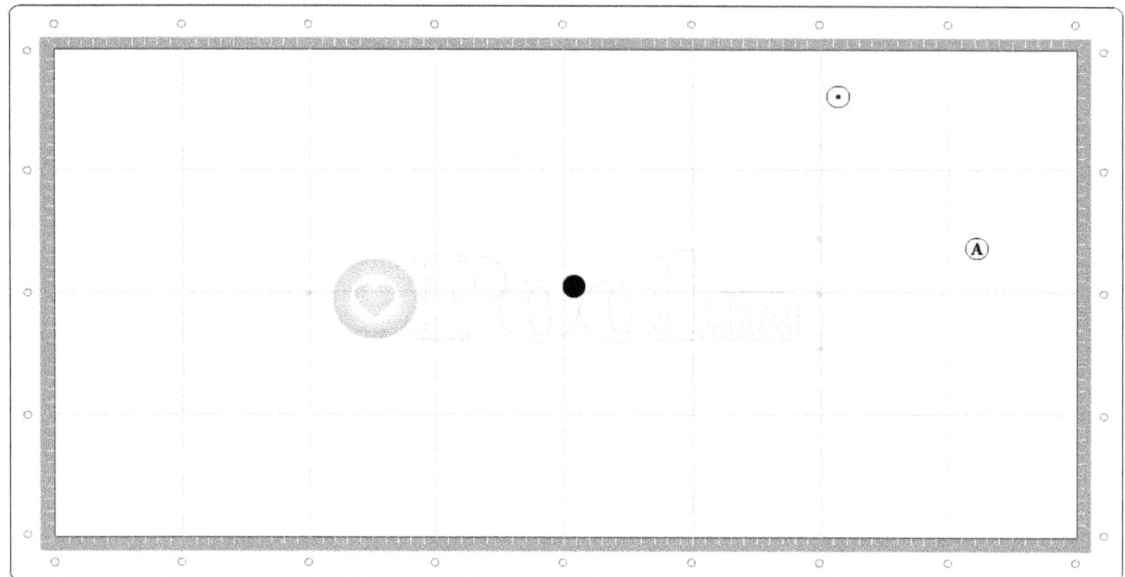

NOTAS VIR JOU IDEES:

Tabelpatroon

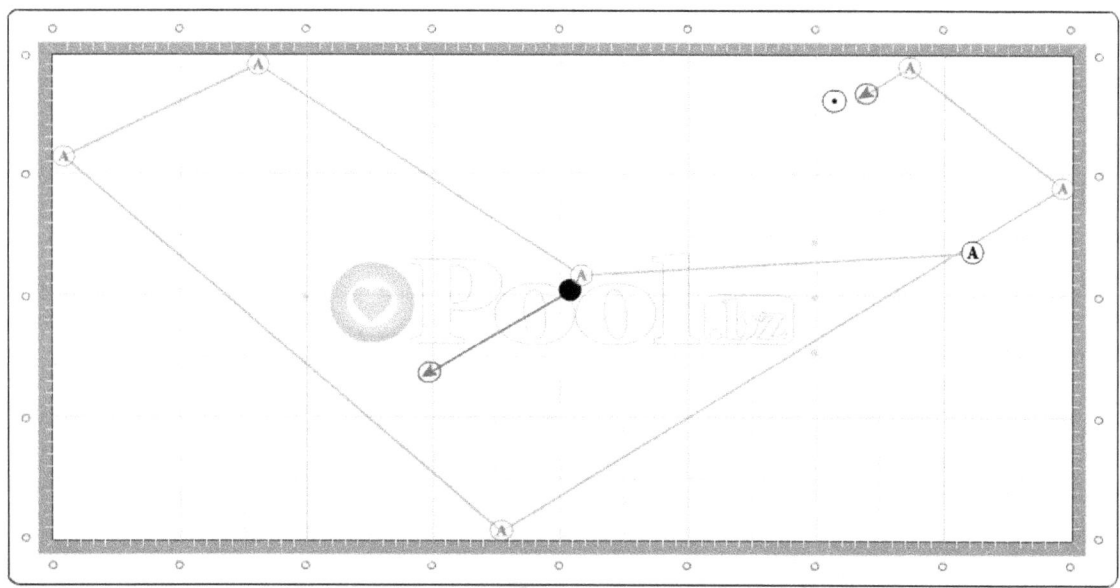

I:3c – Opstelling

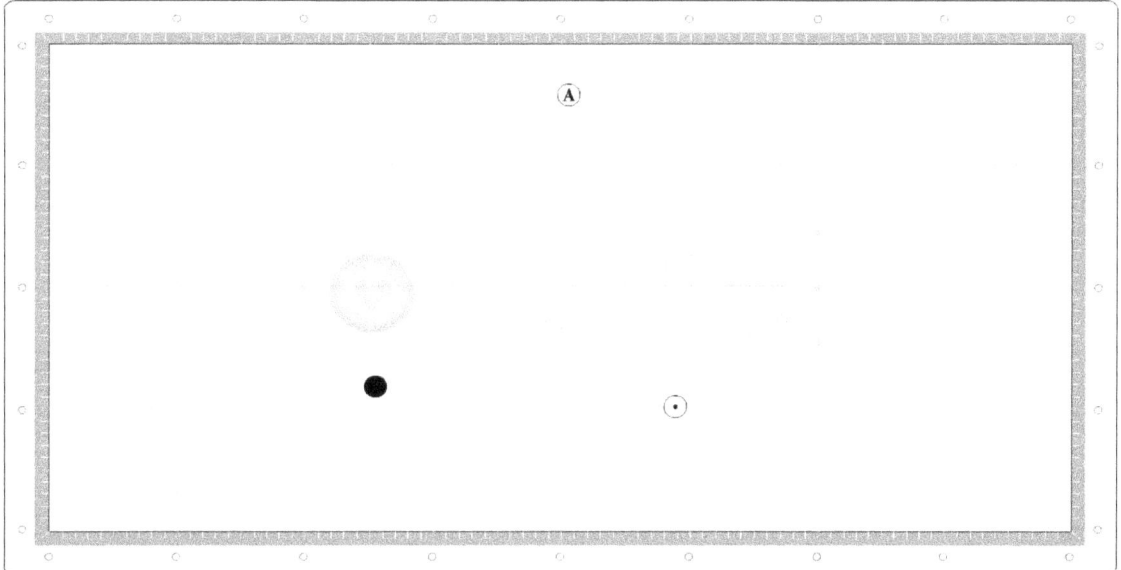

NOTAS VIR JOU IDEES:

Tabelpatroon

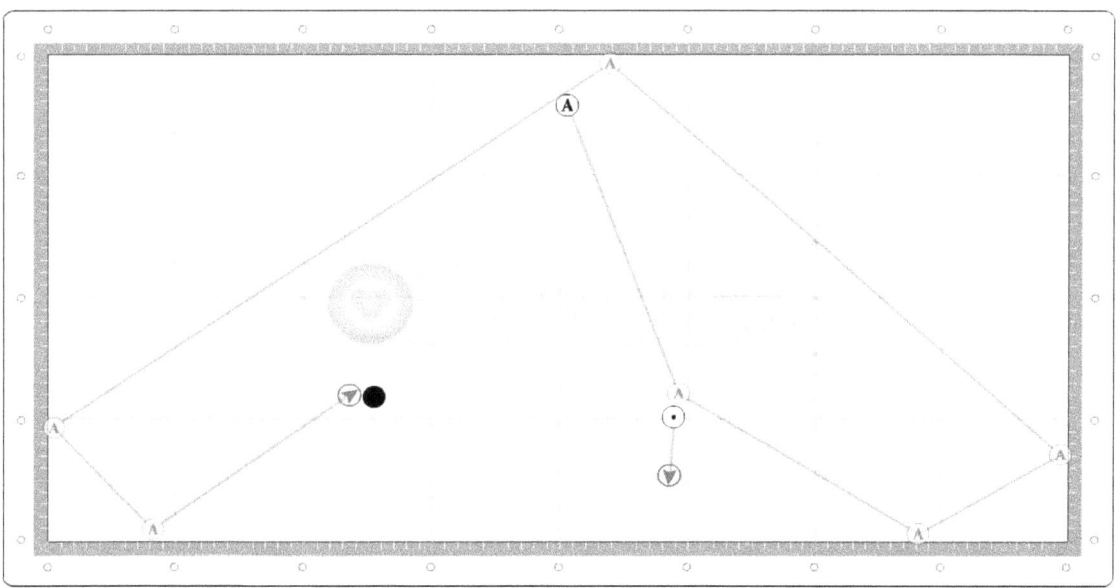

I:3d – Opstelling

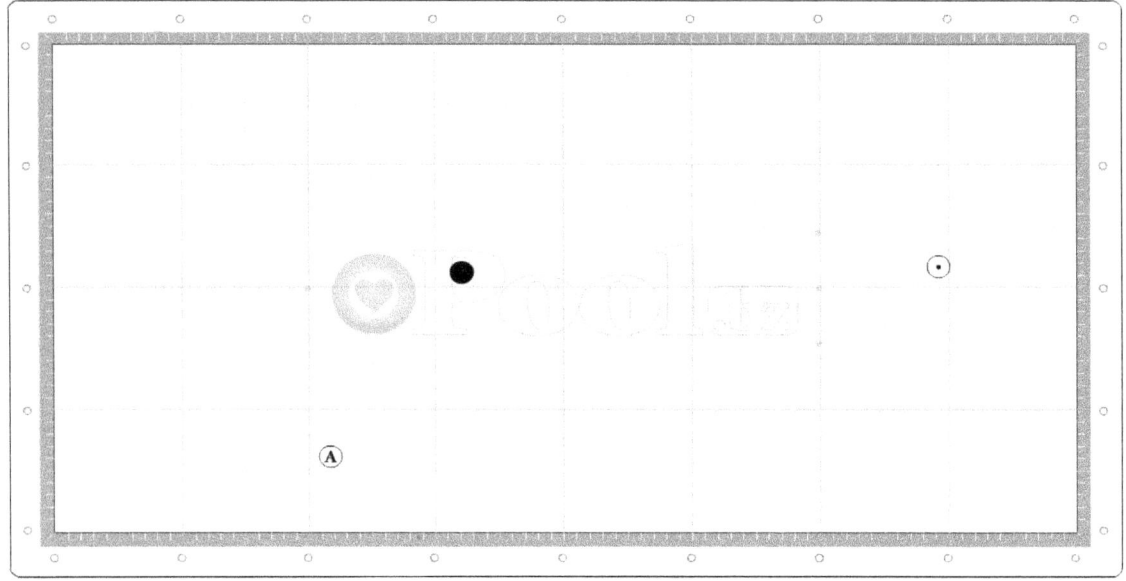

NOTAS VIR JOU IDEES:

Tabelpatroon

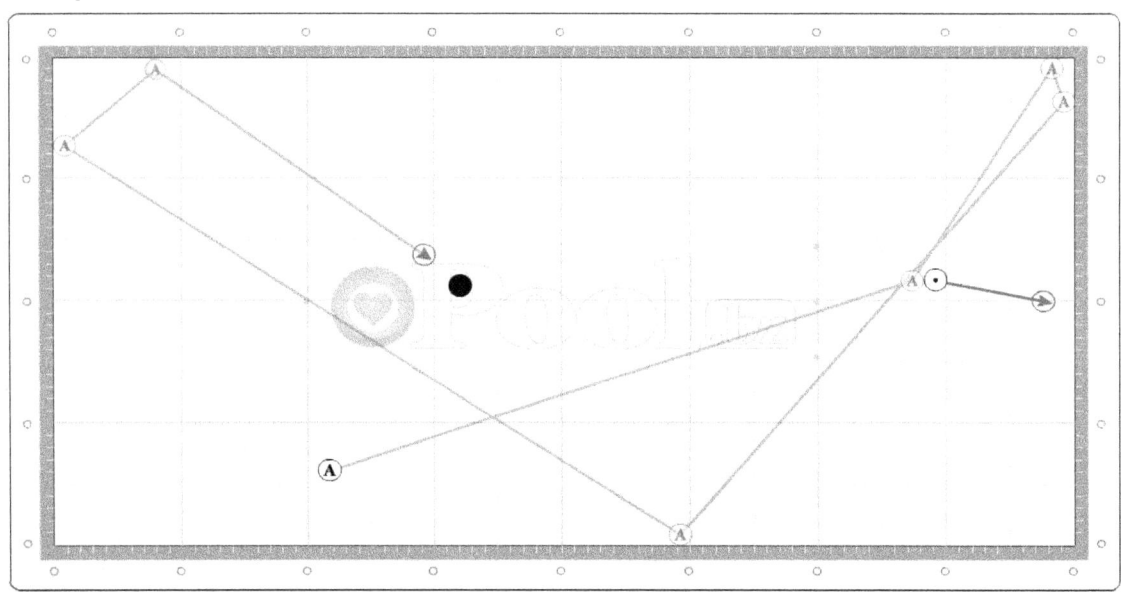

I: Groep 4

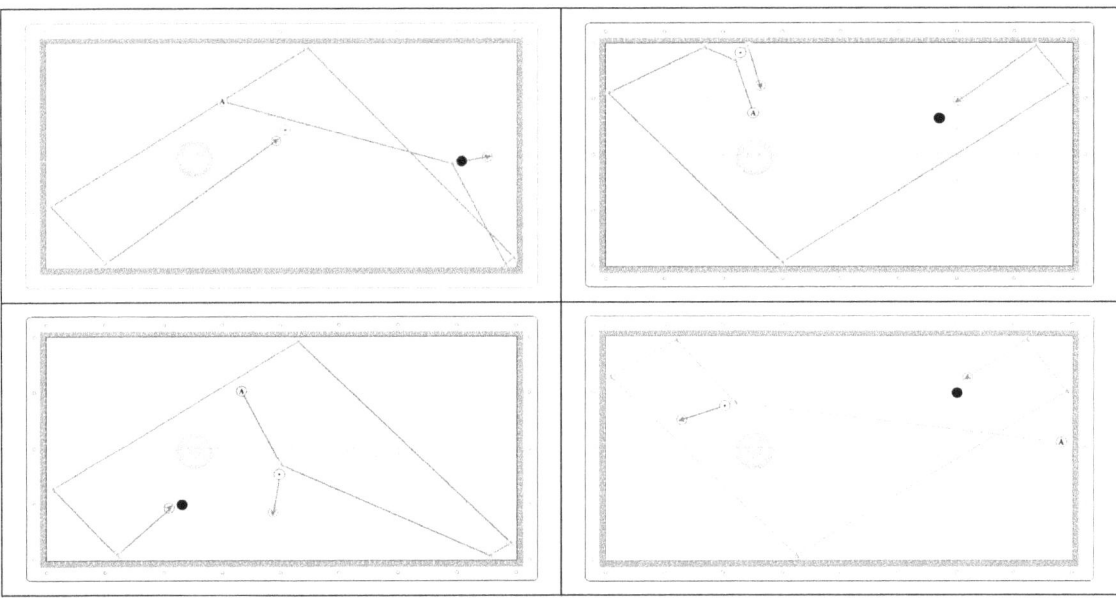

Analise:

I:4a. _____

I:4b. _____

I:4c. _____

I:4d. _____

I:4a – Opstelling

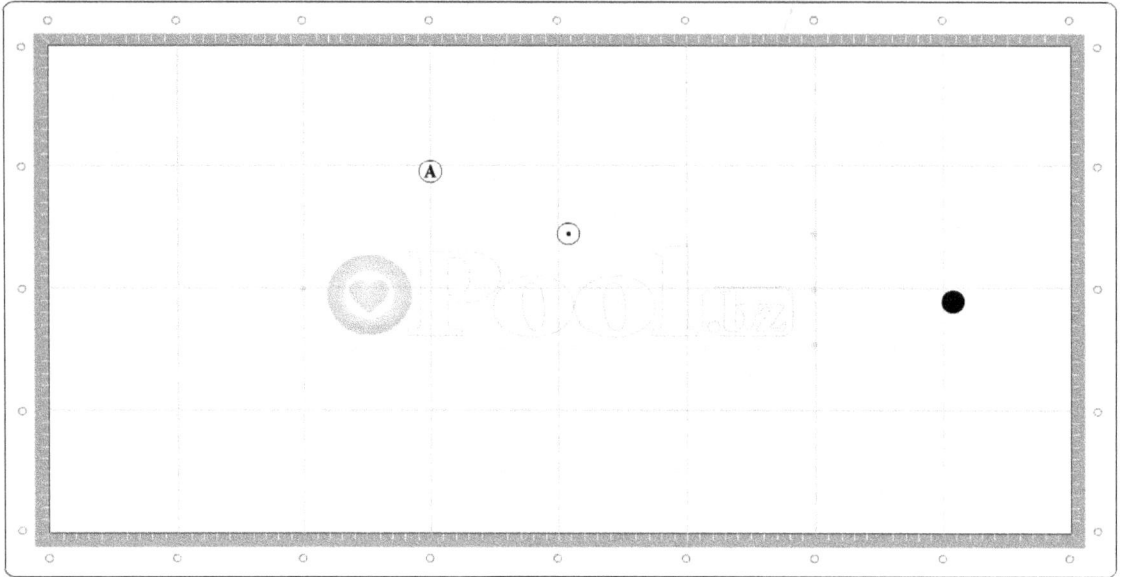

NOTAS VIR JOU IDEES:

Tabelpatroon

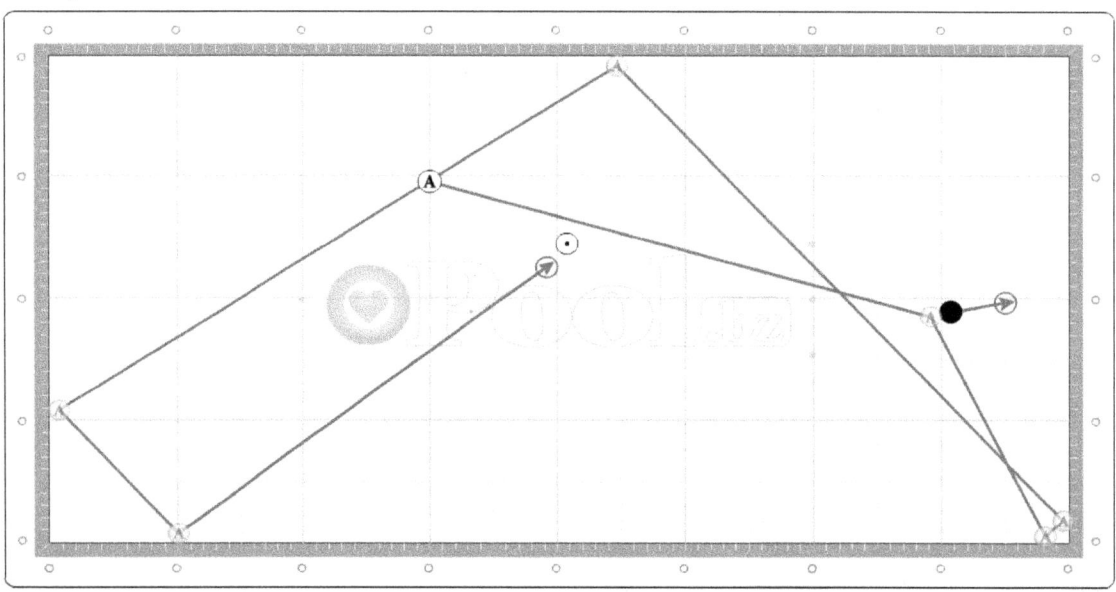

I:4b – Opstelling

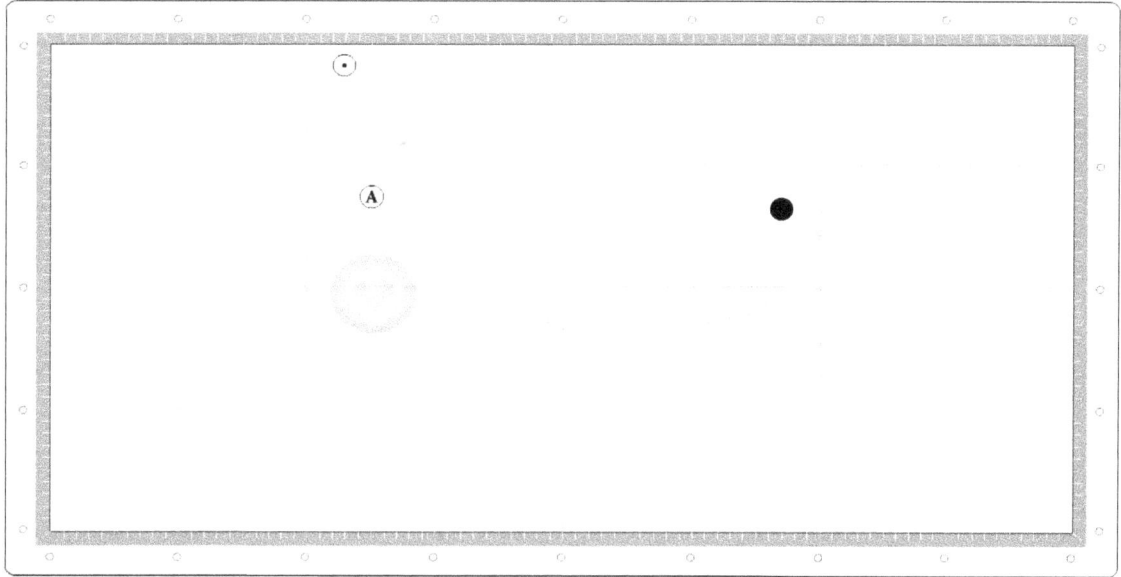

NOTAS VIR JOU IDEES:

Tabelpatroon

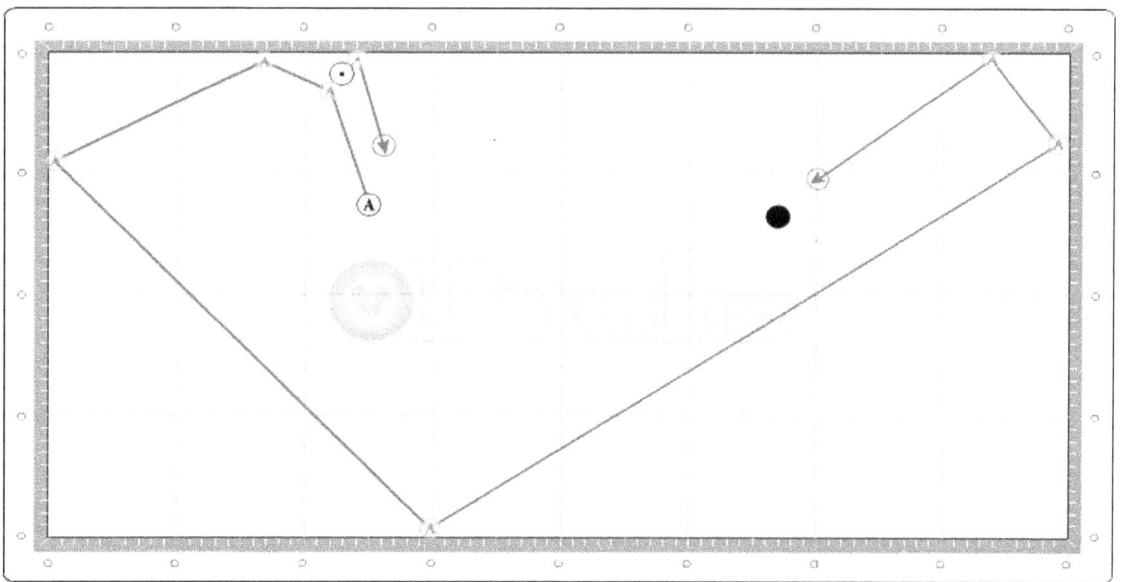

I:4c – Opstelling

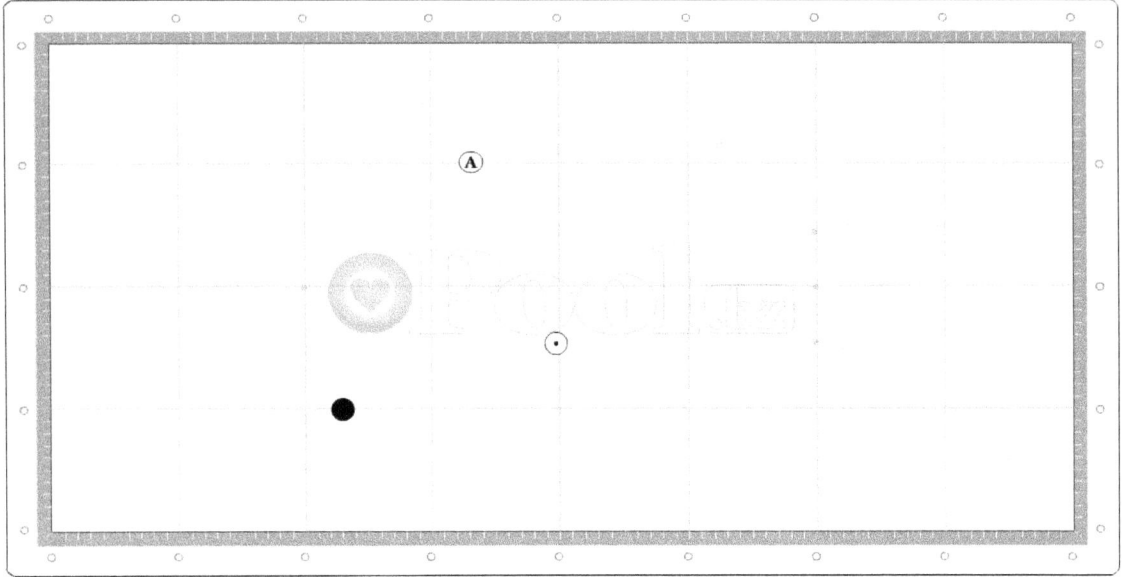

NOTAS VIR JOU IDEES:

Tabelpatroon

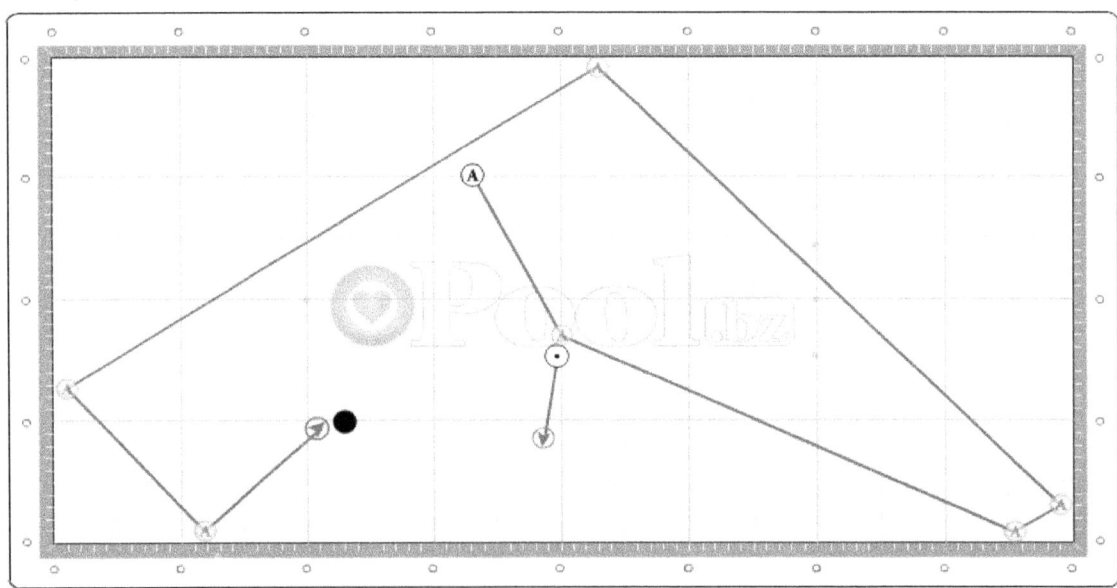

I:4d – Opstelling

NOTAS VIR JOU IDEES:

Tabelpatroon

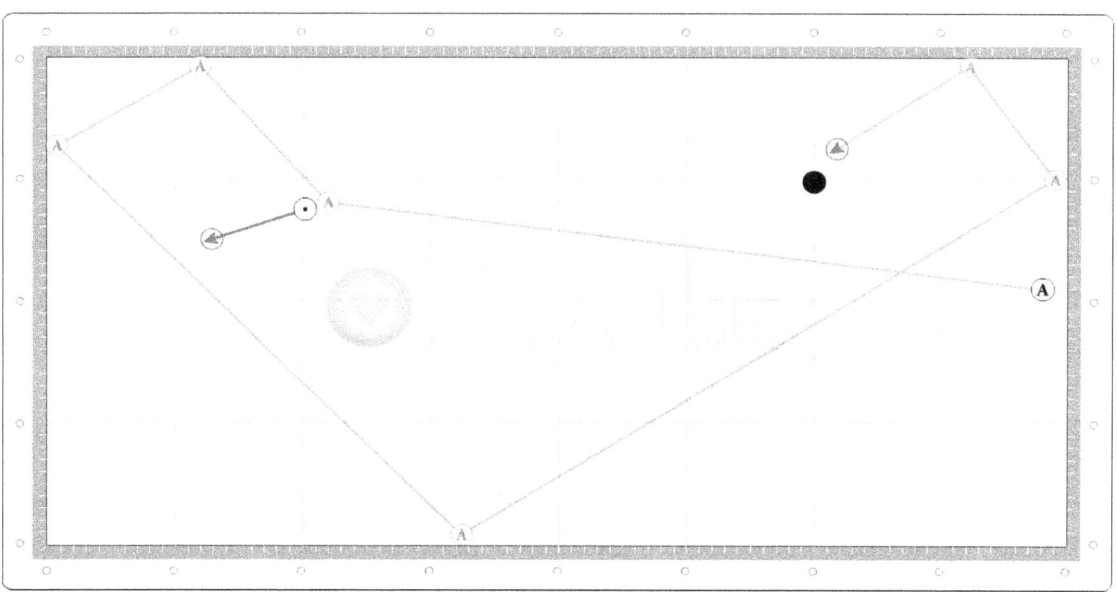

J: Dubbele haak, met diagonaal terug

Op hierdie oorheersende patrone kom die (CB) van die eerste (OB) in die hoek - lang biljartbanden eerste. Dit gaan op die heuwel na die teenoorgestelde lang biljartbanden. Dan gaan die (CB) in en uit die teenoorgestelde hoek. Die (CB) beweeg die diagonaal oor die tafel na die tweede (OB).

Ⓐ **(CB)** (jou biljartbal) – ⊙ **(OB)** (teenstander biljartbal) – ● **(OB)** (rooi bal)

J: Groep 1

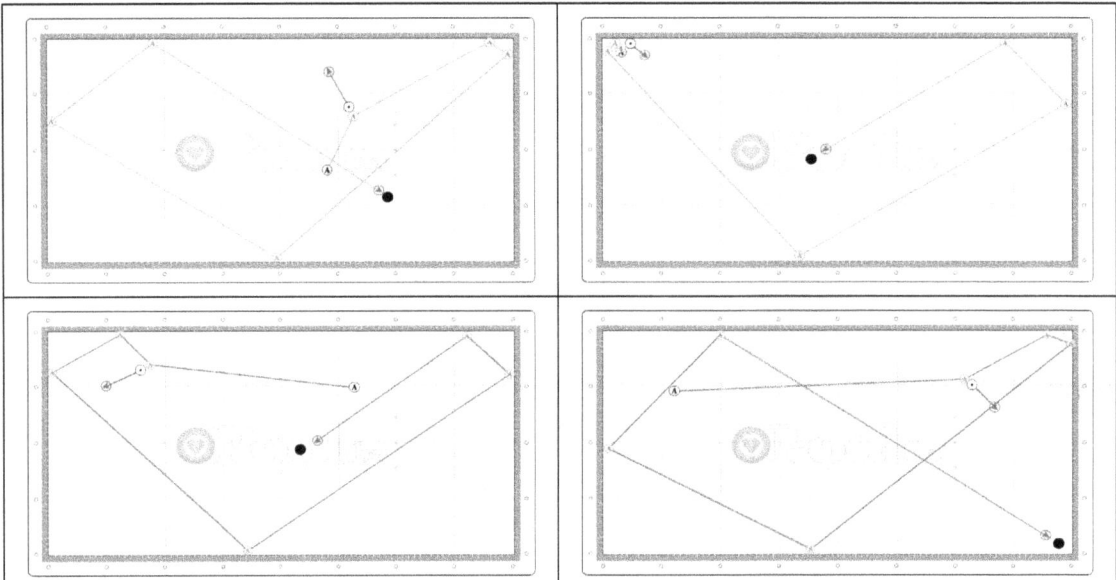

Analise:

J:1a. _____

J:1b. _____

J:1c. _____

J:1d. _____

J:1a – Opstelling

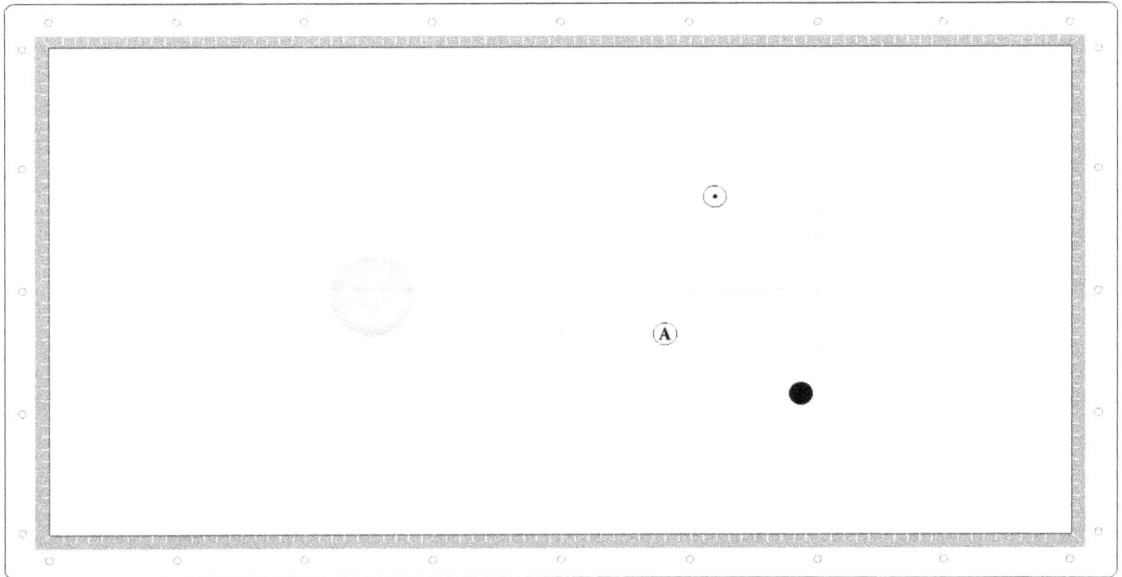

NOTAS VIR JOU IDEES:

Tabelpatroon

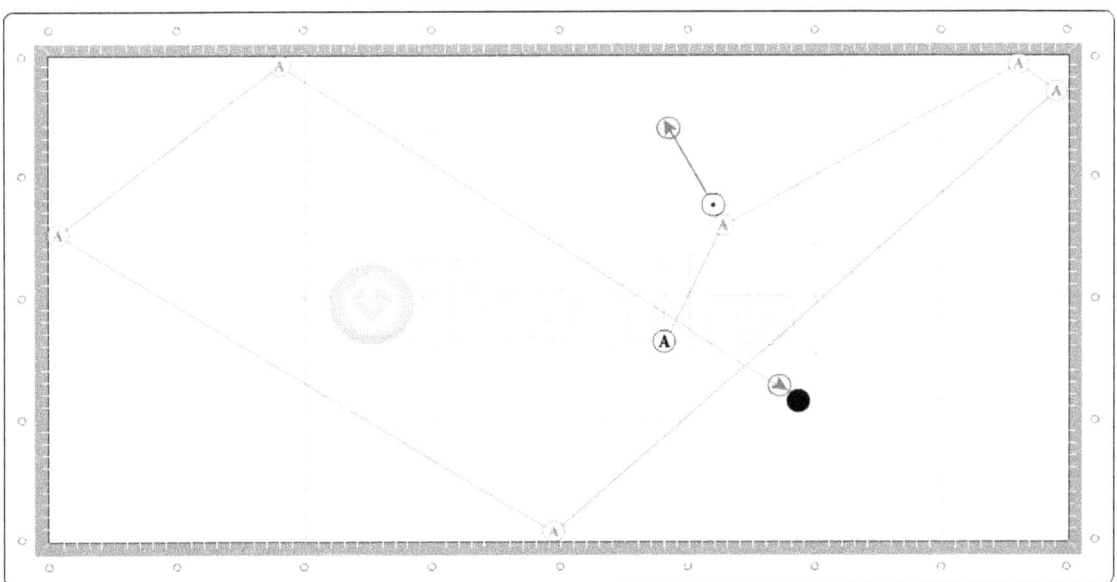

J:1b – Opstelling

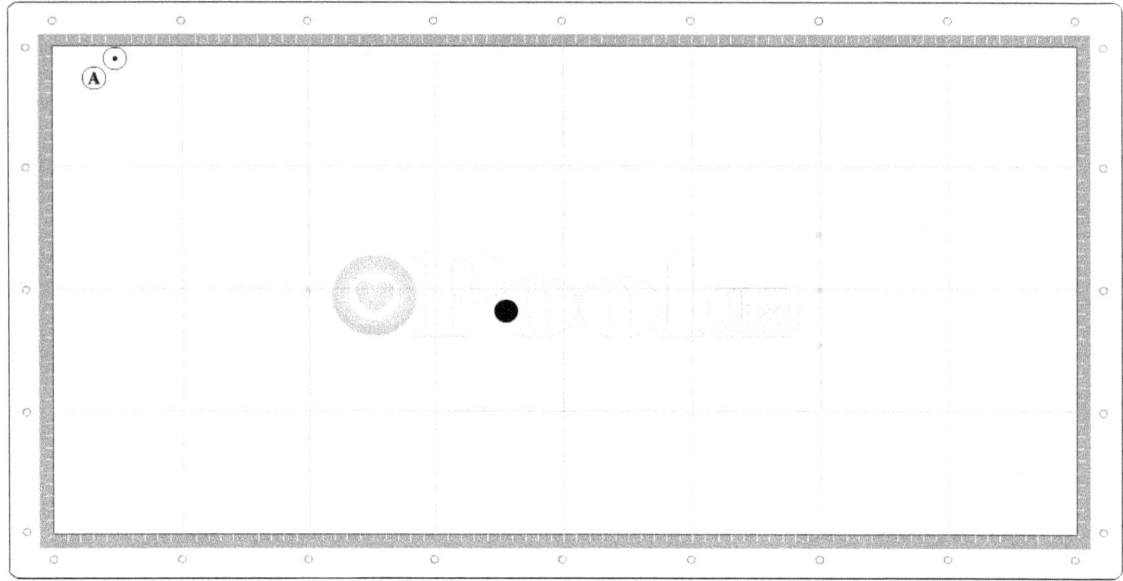

NOTAS VIR JOU IDEES:

Tabelpatroon

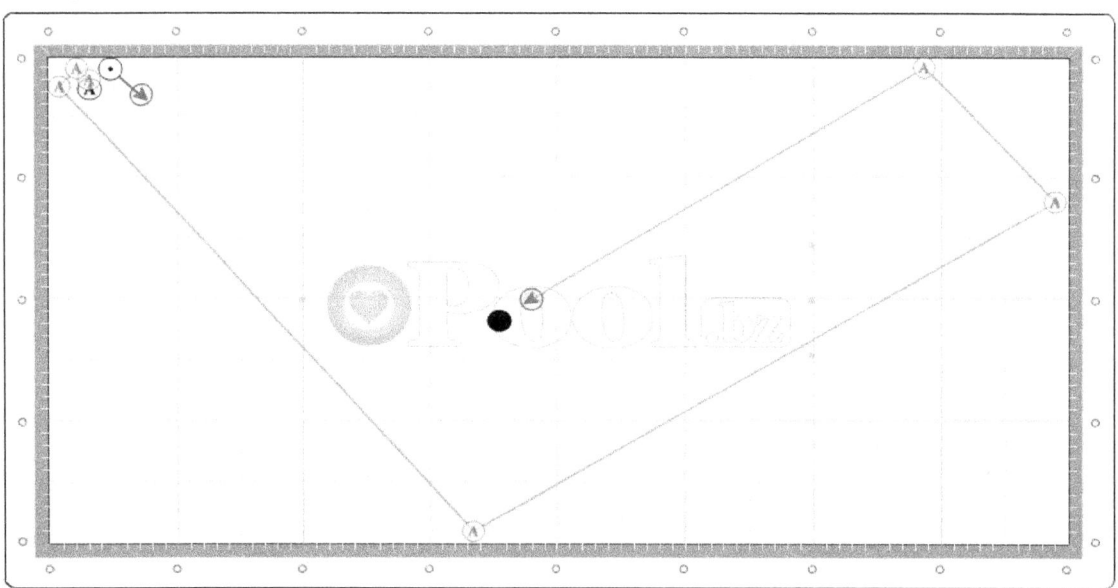

J:1c – Opstelling

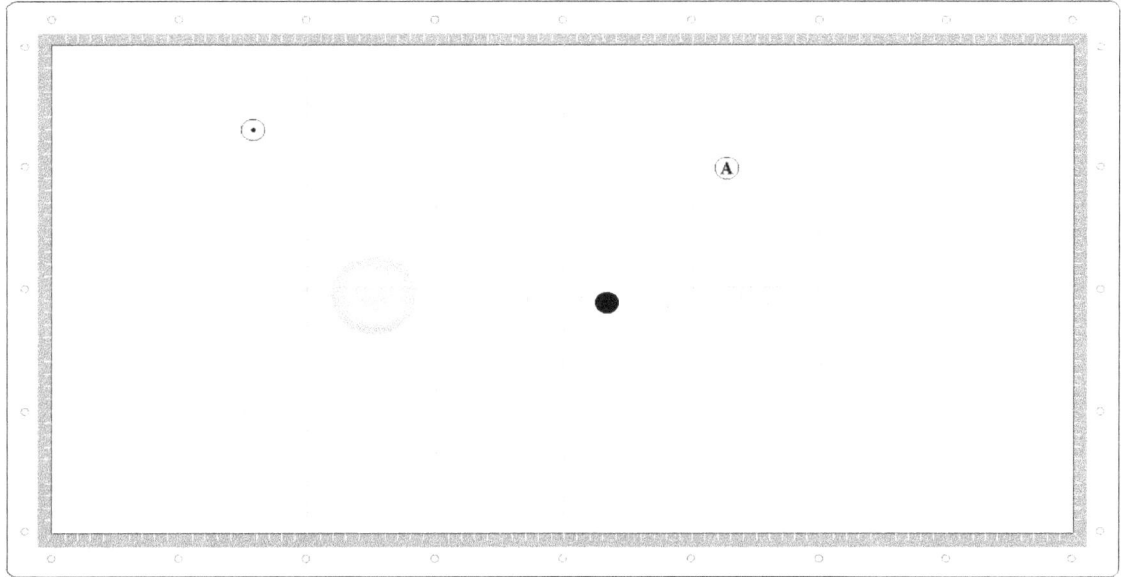

NOTAS VIR JOU IDEES:

Tabelpatroon

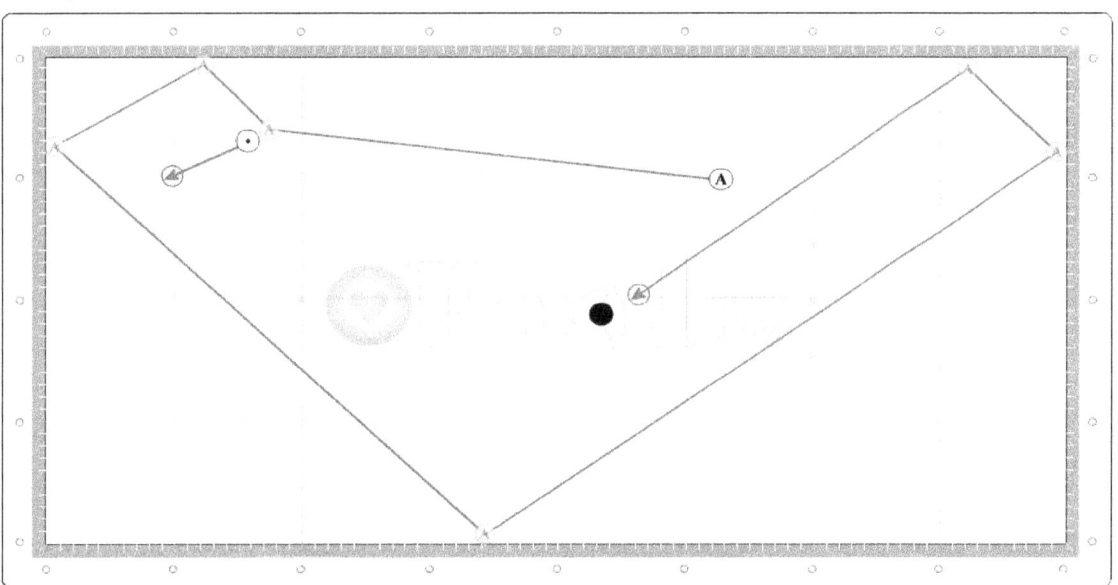

J:1d – Opstelling

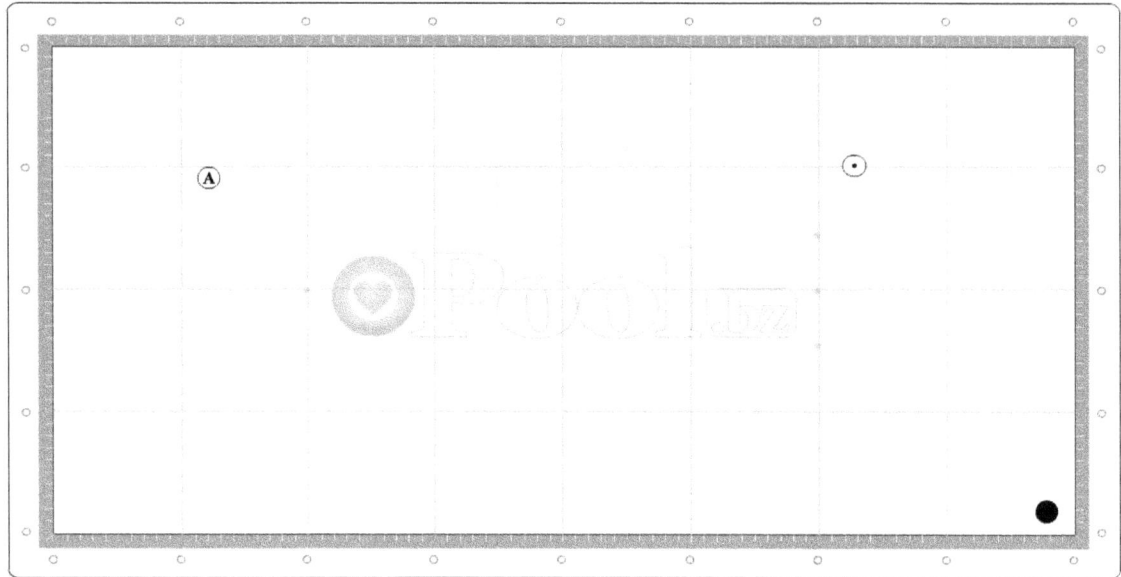

NOTAS VIR JOU IDEES:

Tabelpatroon

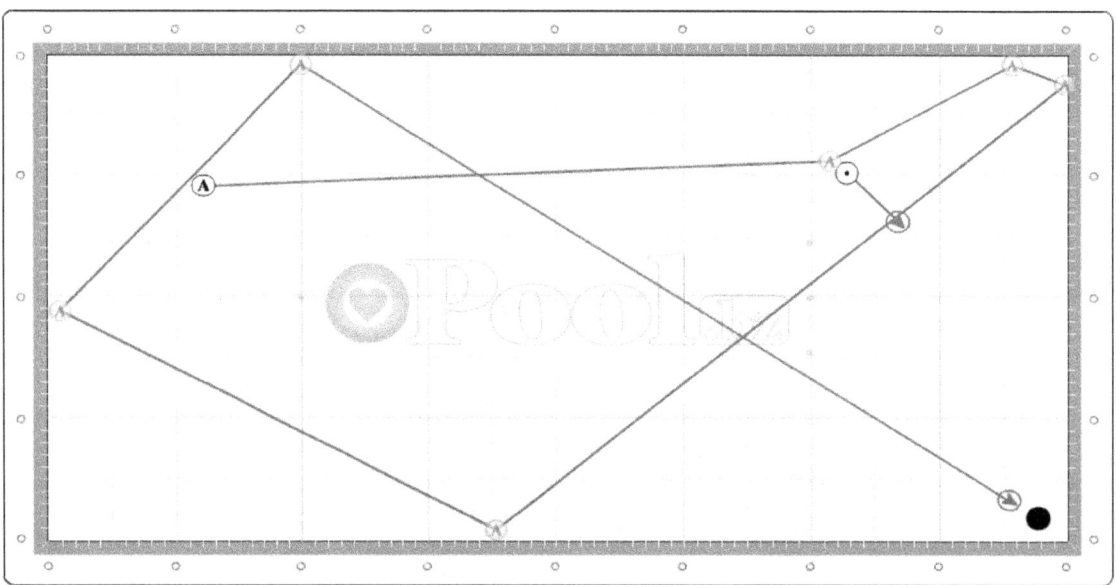

J: Groep 2

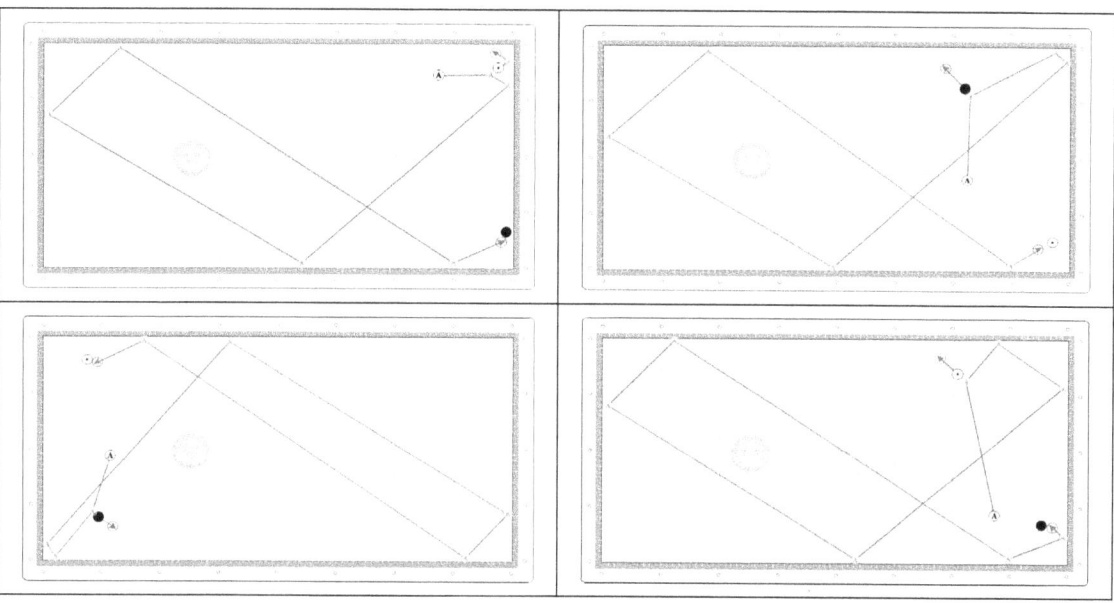

Analise:

J:2a. _____

J:2b. _____

J:2c. _____

J:2d. _____

J:2a – Opstelling

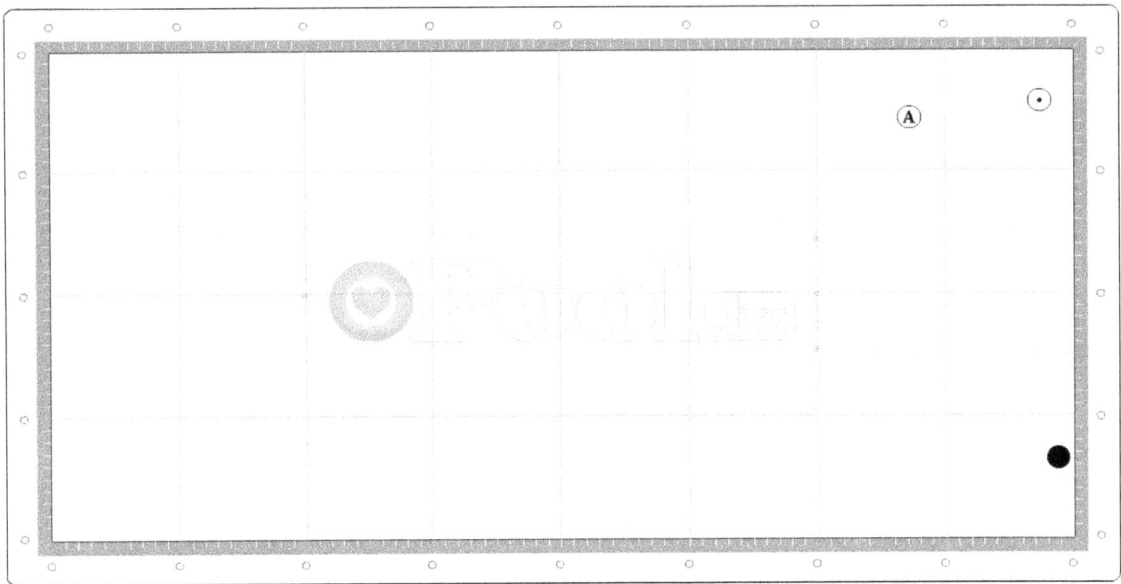

NOTAS VIR JOU IDEES:

Tabelpatroon

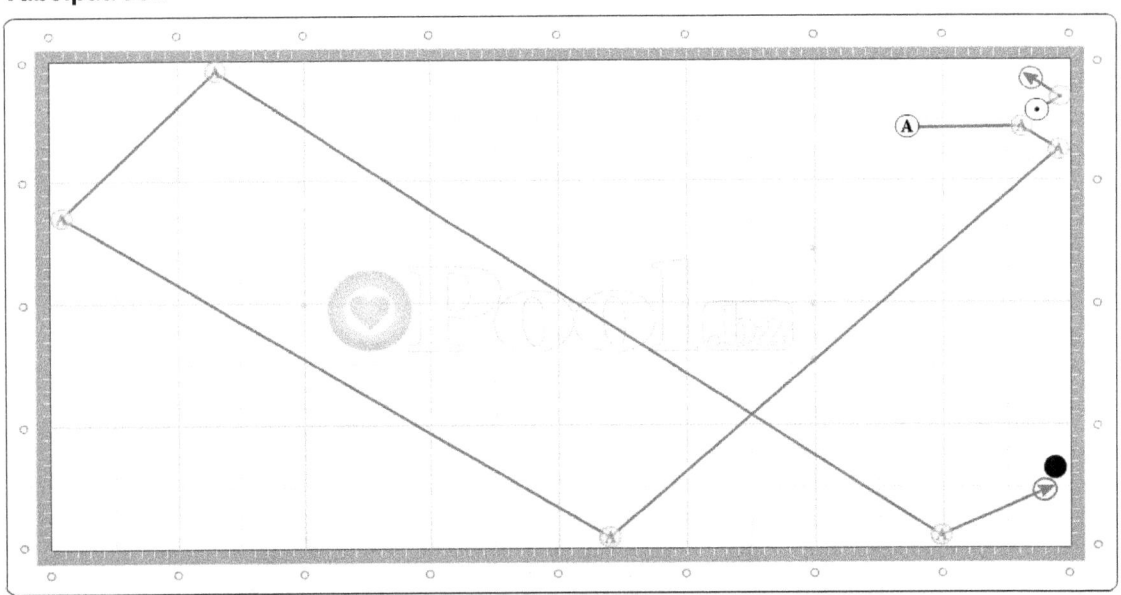

J:2b – Opstelling

NOTAS VIR JOU IDEES:

Tabelpatroon

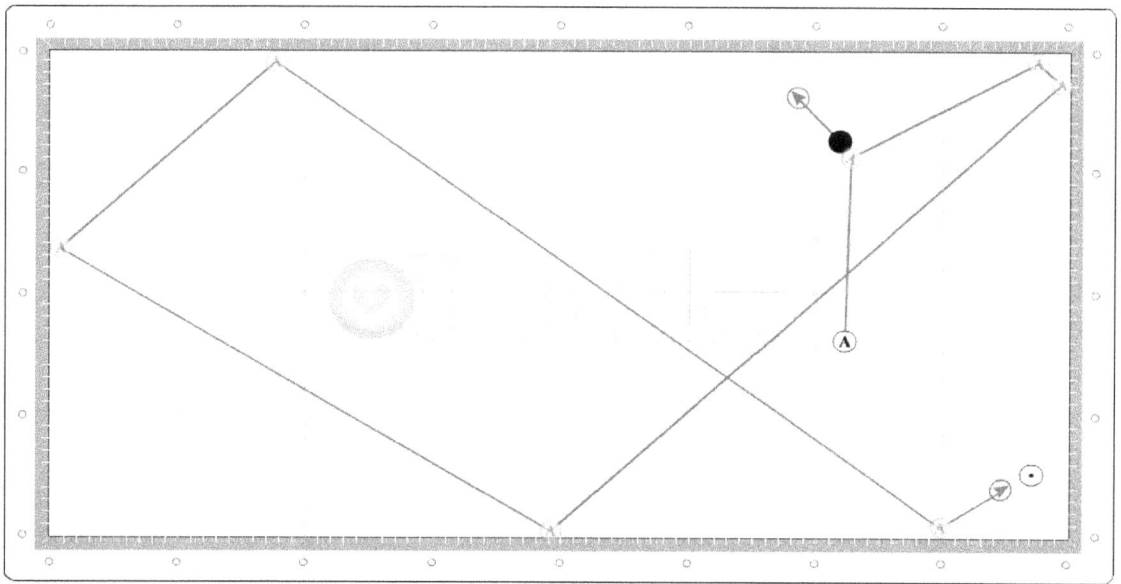

J:2c – Opstelling

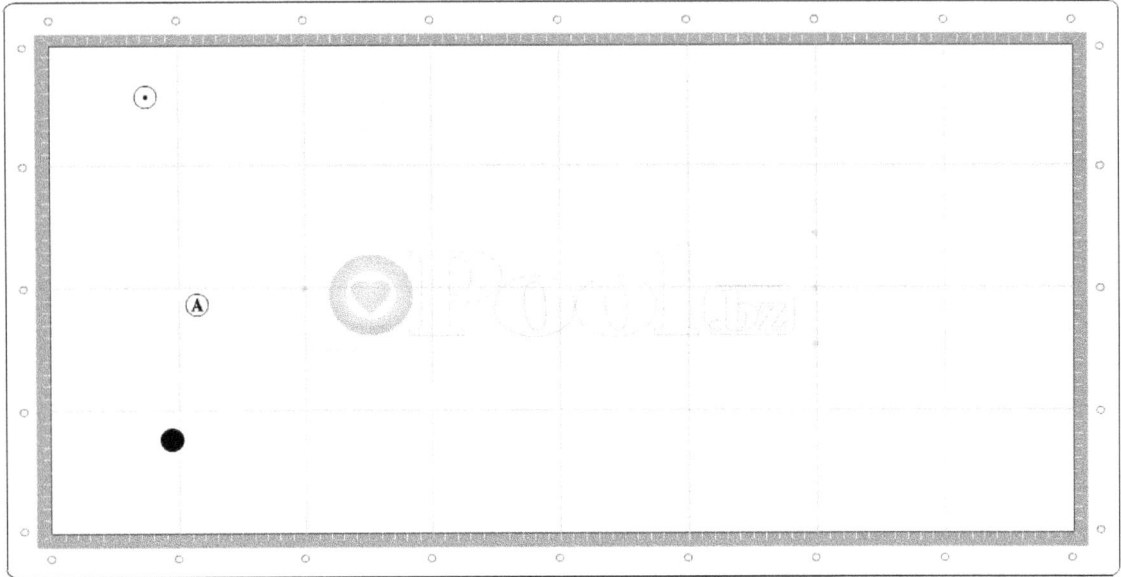

NOTAS VIR JOU IDEES:

Tabelpatroon

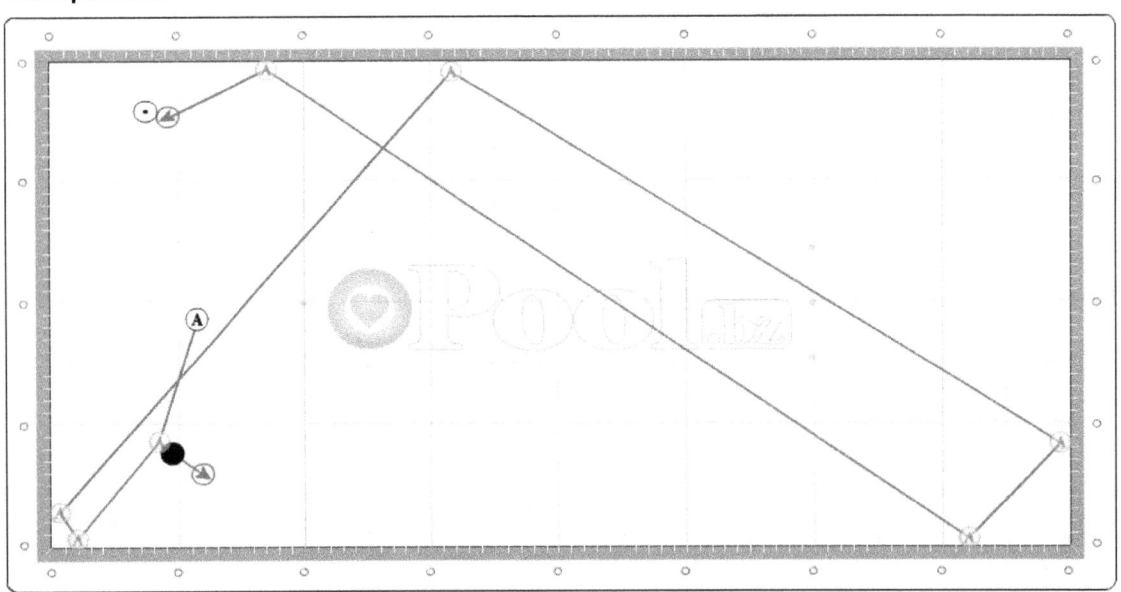

J:2d – Opstelling

NOTAS VIR JOU IDEES:

Tabelpatroon

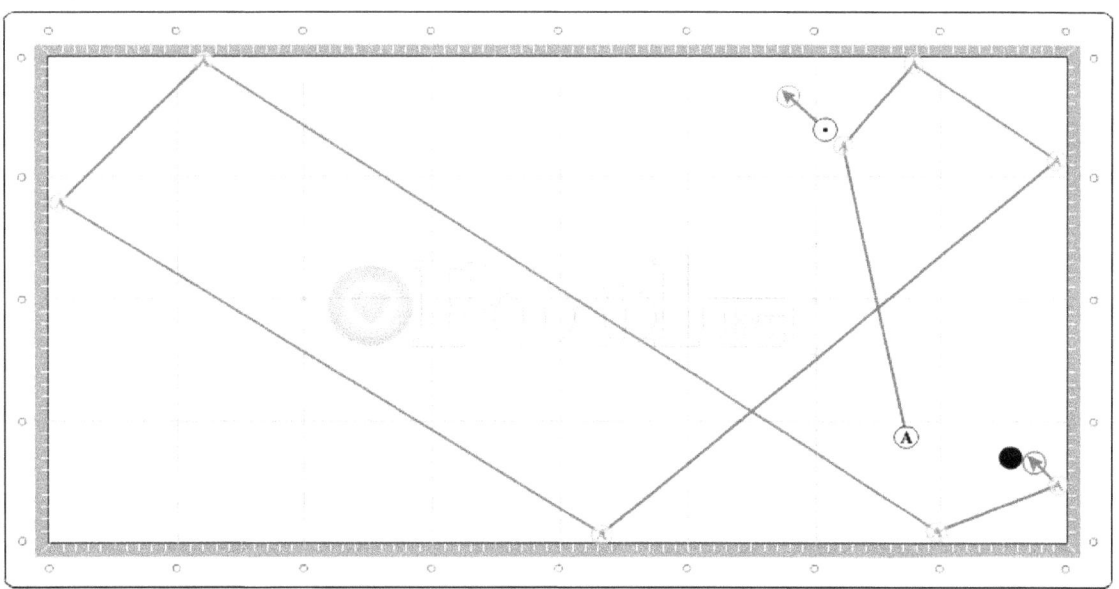

J: Groep 3

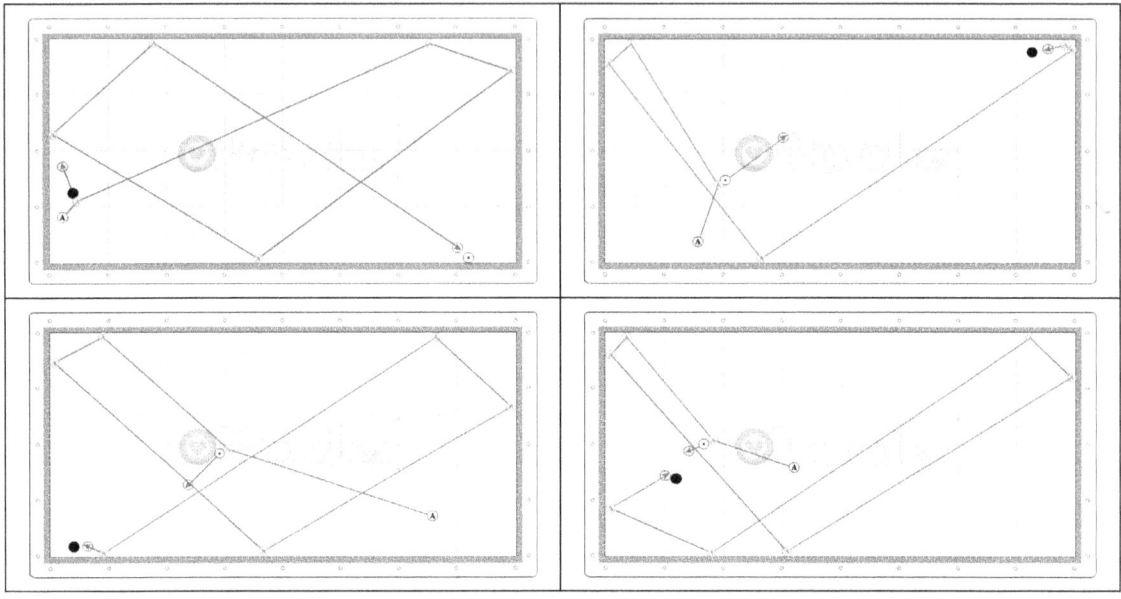

Analise:

J:3a. _____

J:3b. _____

J:3c. _____

J:3d. _____

J:3a – Opstelling

NOTAS VIR JOU IDEES:

Tabelpatroon

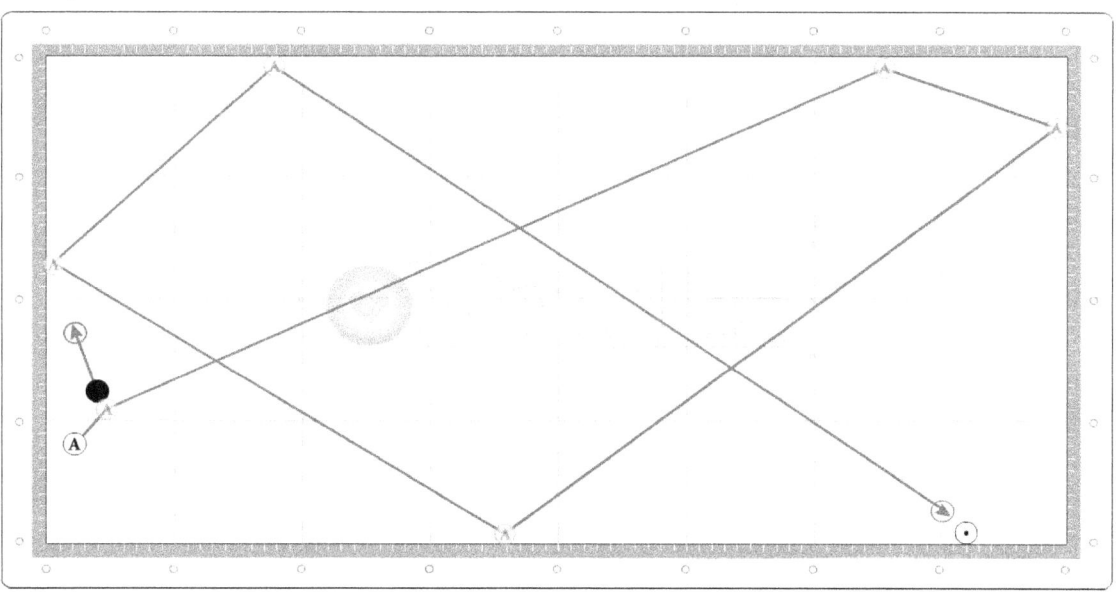

J:3b – Opstelling

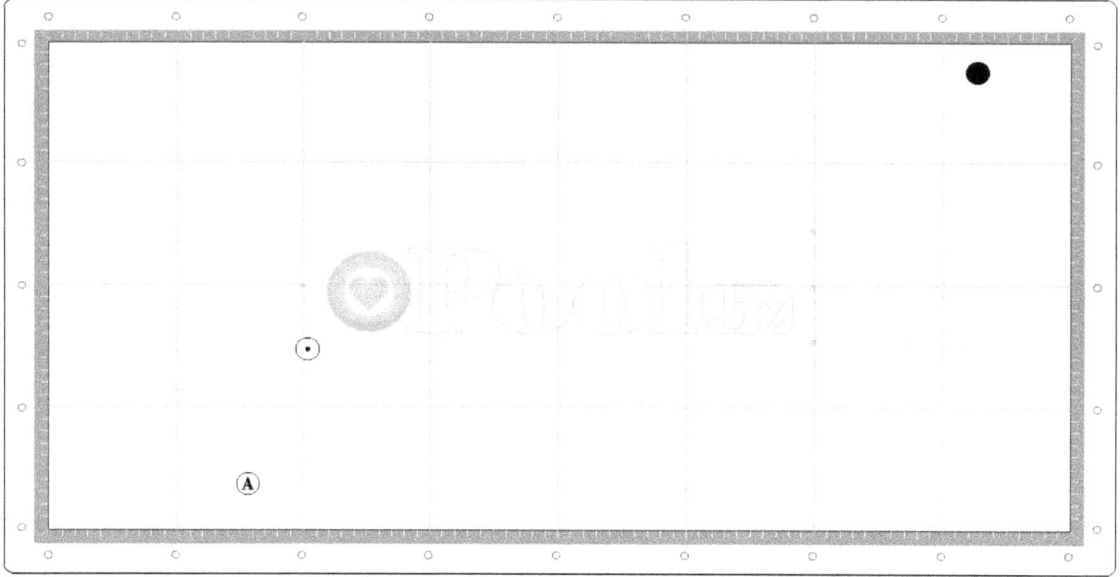

NOTAS VIR JOU IDEES:

Tabelpatroon

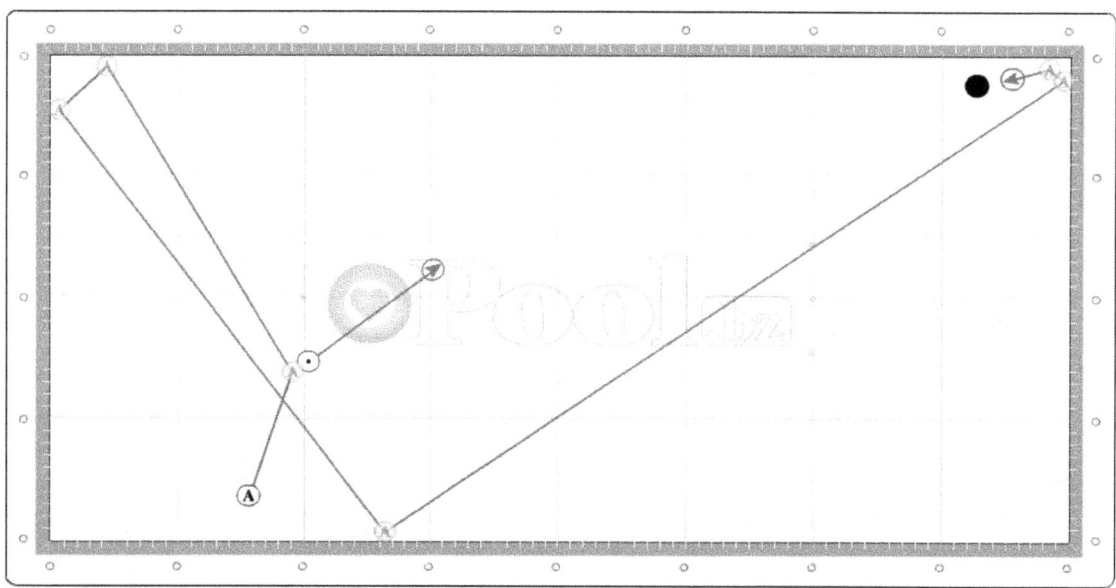

J:3c – Opstelling

NOTAS VIR JOU IDEES:

Tabelpatroon

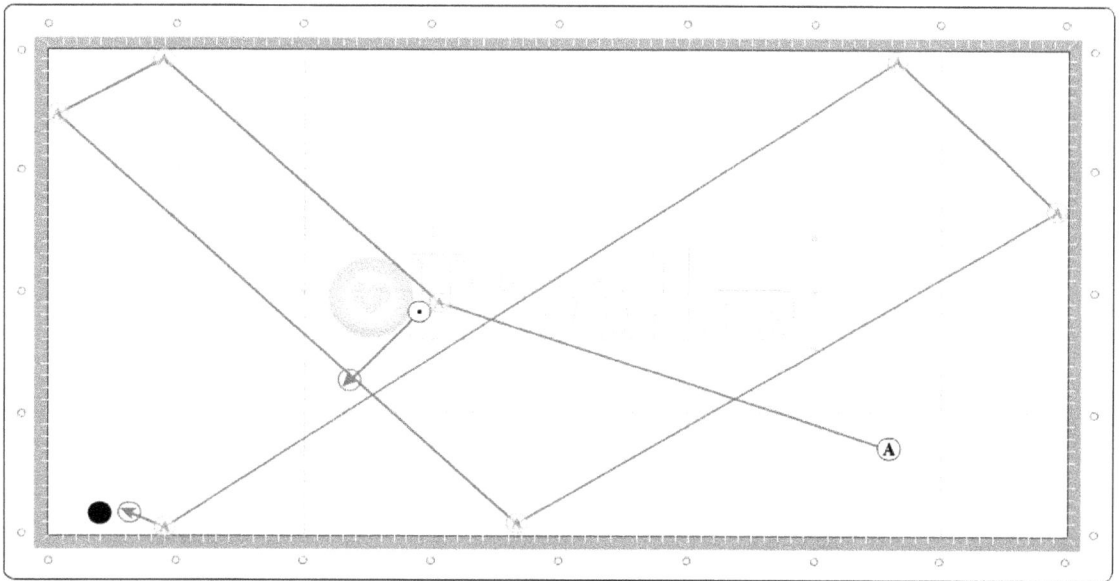

J:3d – Opstelling

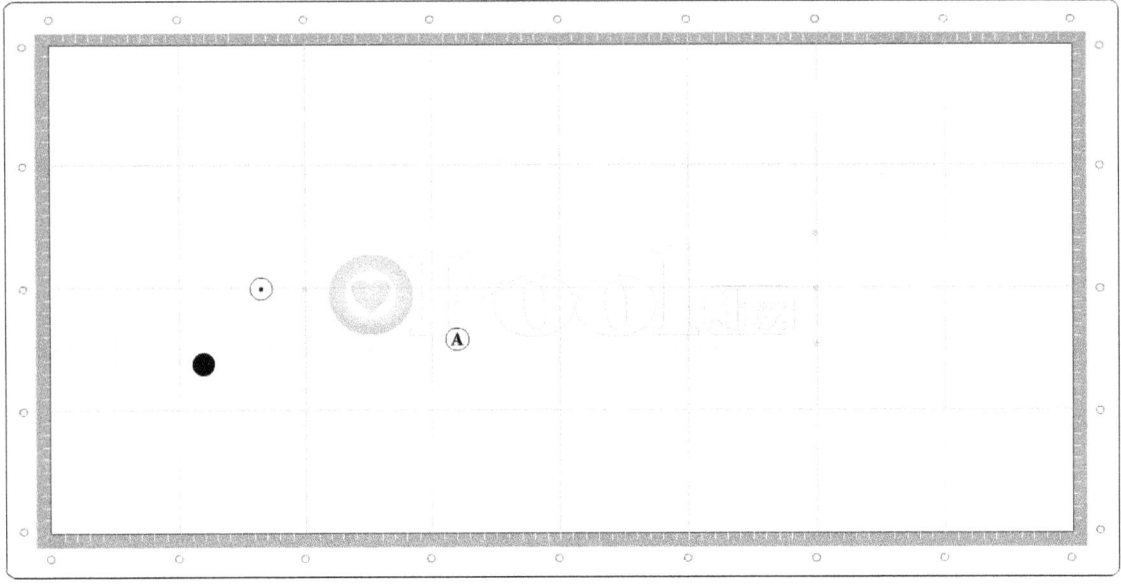

NOTAS VIR JOU IDEES:

Tabelpatroon

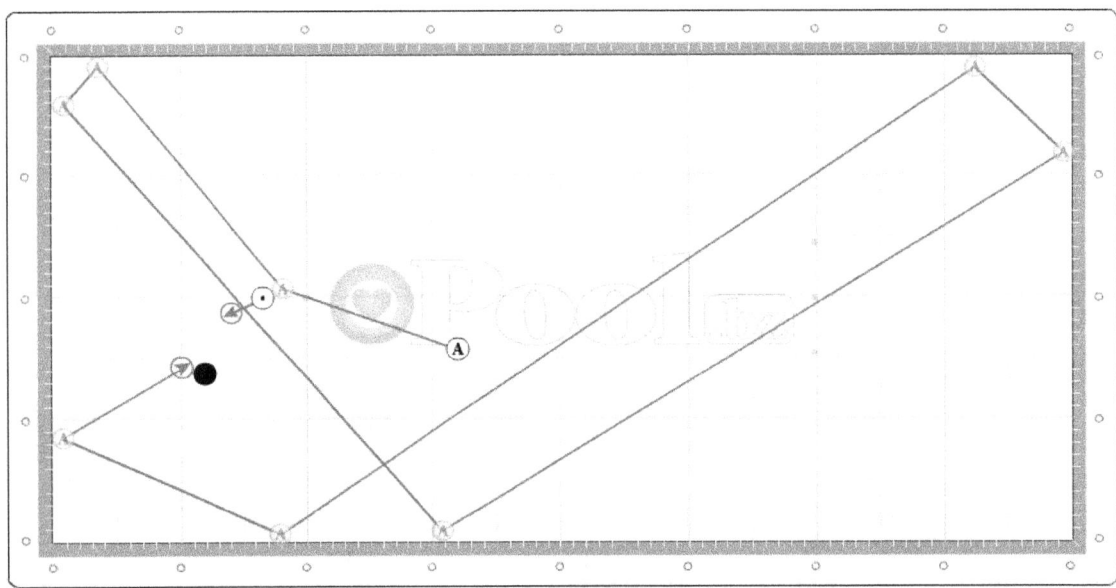

J: Groep 4

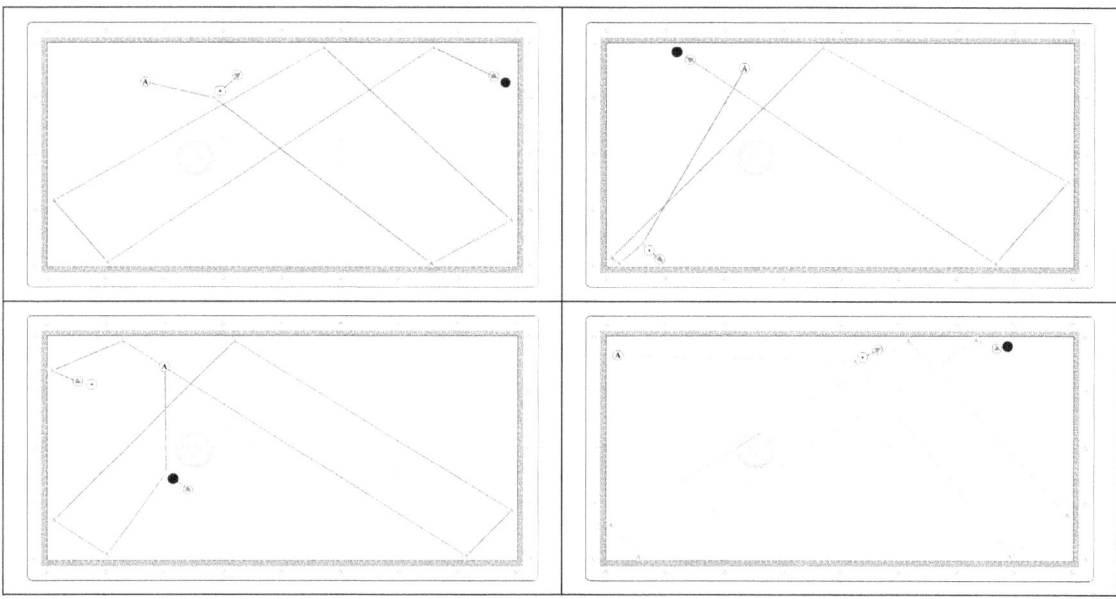

Analise:

J:4a. _____

J:4b. _____

J:4c. _____

J:4d. _____

J:4a – Opstelling

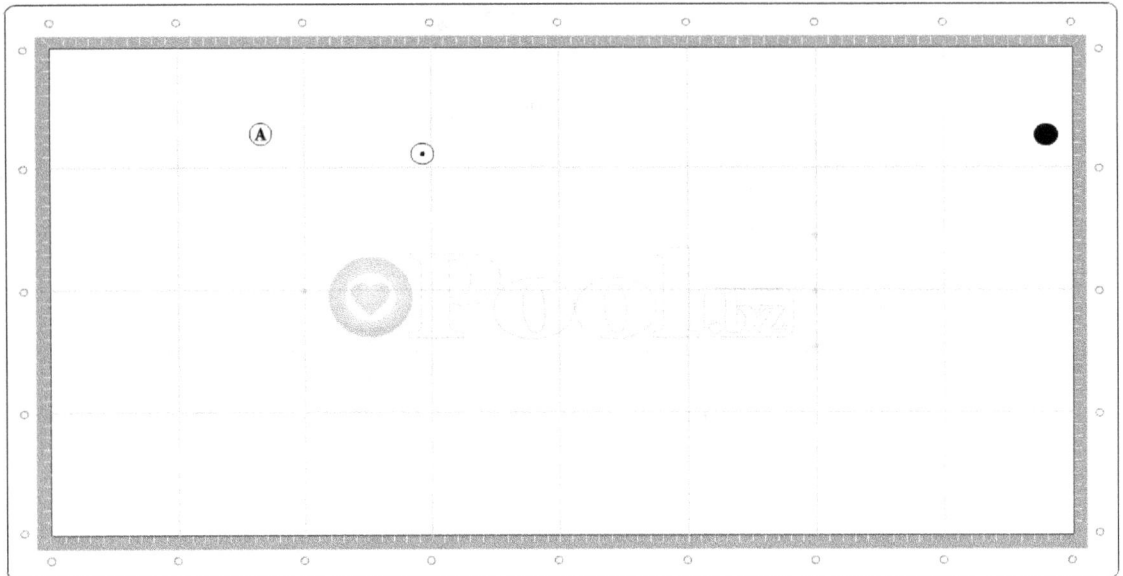

NOTAS VIR JOU IDEES:

Tabelpatroon

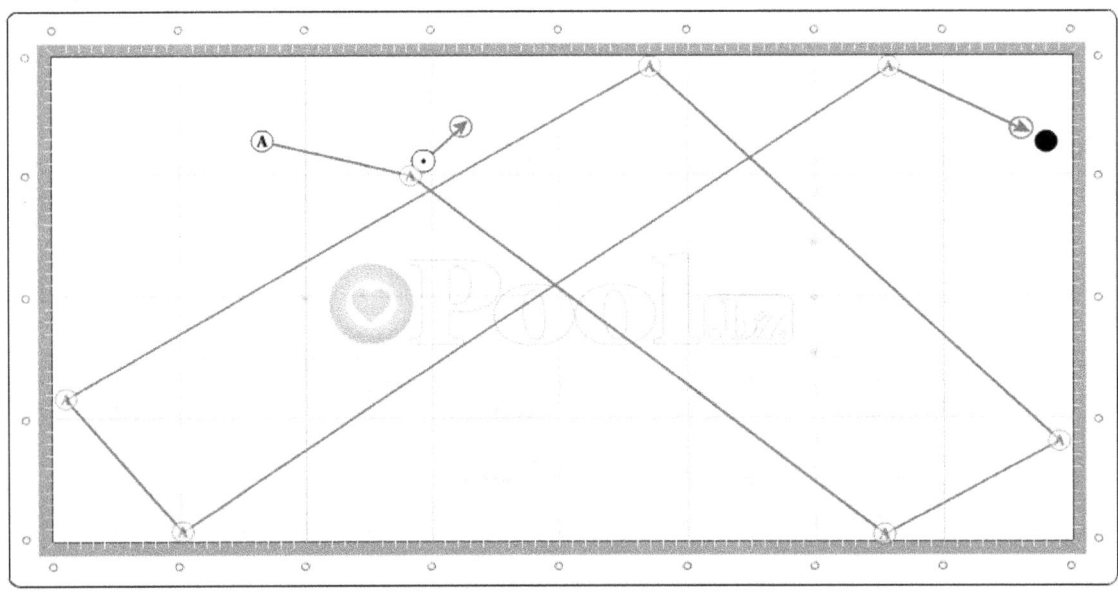

J:4b – Opstelling

NOTAS VIR JOU IDEES:

Tabelpatroon

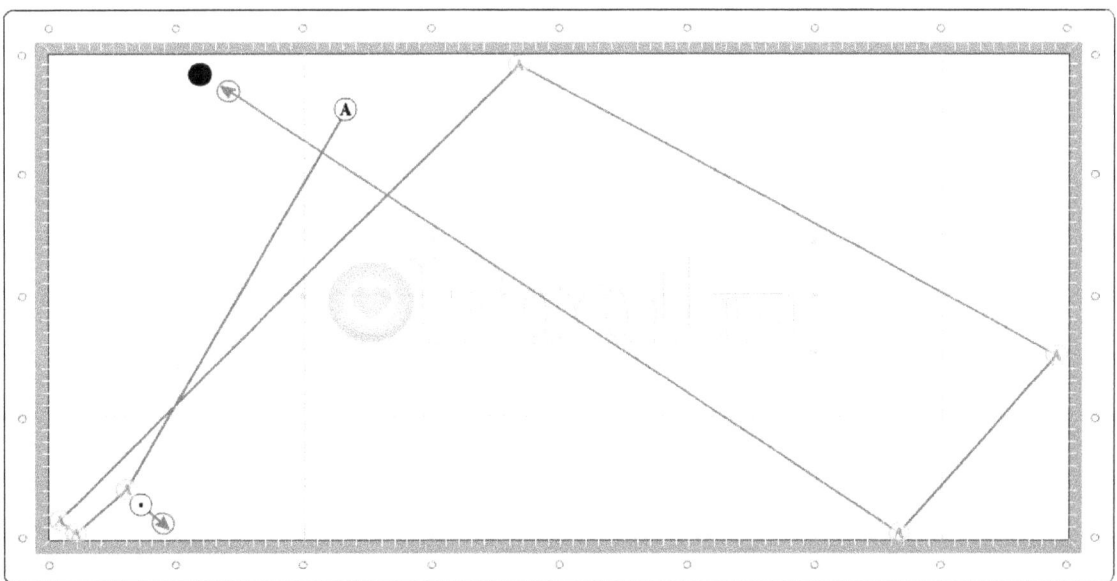

J:4c – Opstelling

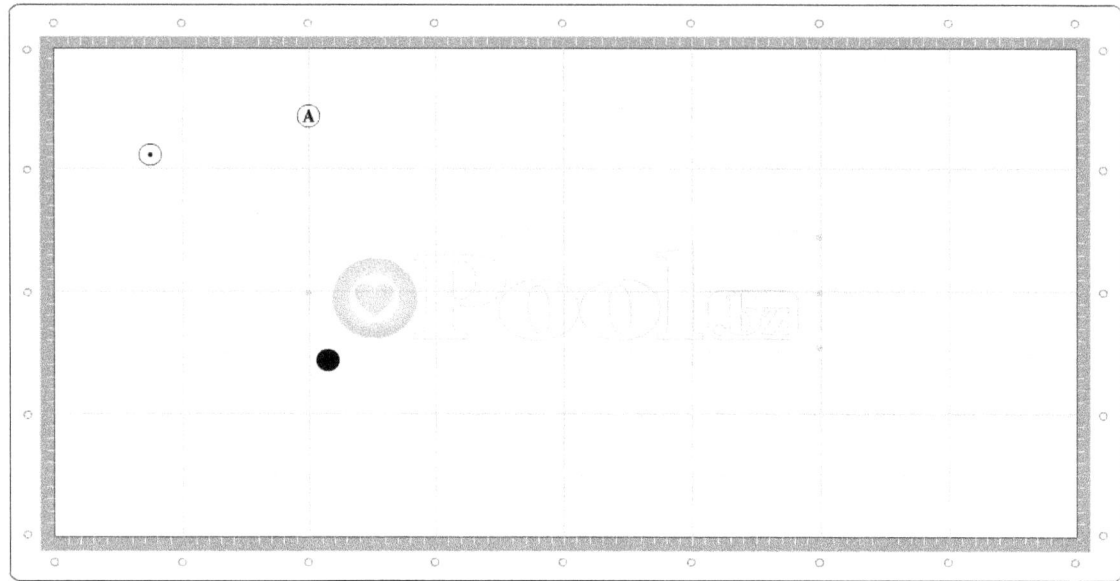

NOTAS VIR JOU IDEES:

Tabelpatroon

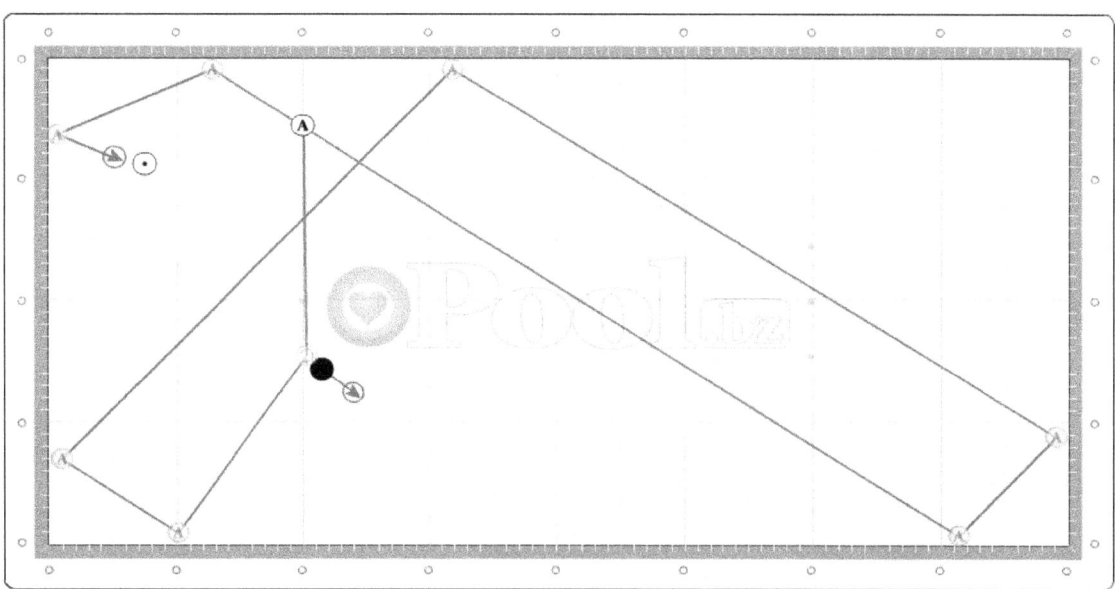

J:4d – Opstelling

NOTAS VIR JOU IDEES:

Tabelpatroon

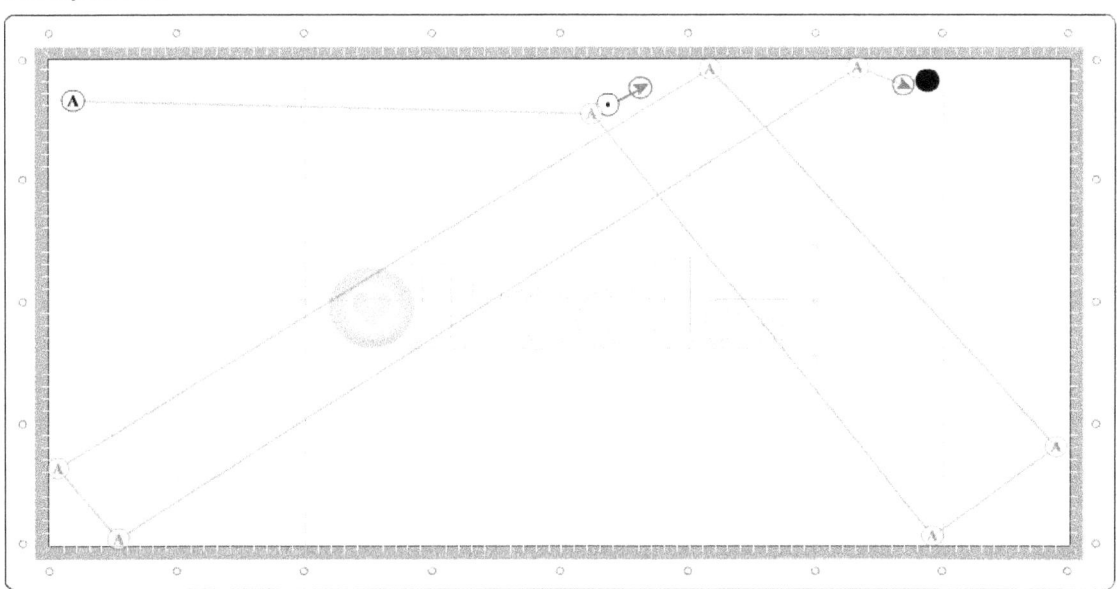

K: Dubbel bo-op die heuwel

Dit is interessante situasies. Die (CB) het 'n dubbele oor die heuwelpatroon

Ⓐ **(CB)** (jou biljartbal) – ⊙ **(OB)** (teenstander biljartbal) – ● **(OB)** (rooi bal)

K: Groep 1

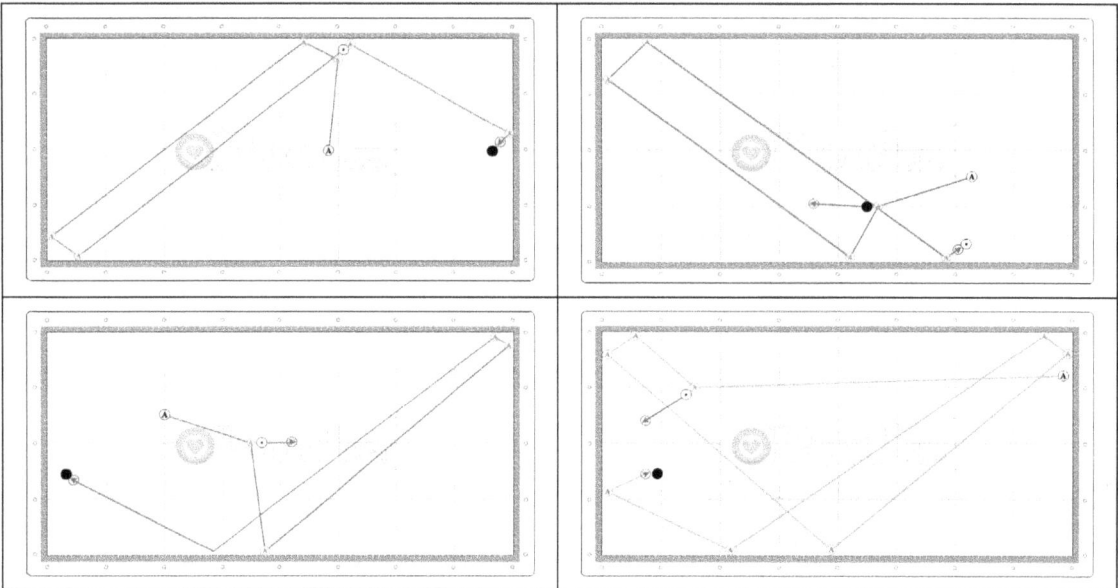

Analise:

K:1a. _____

K:1b. _____

K:1c. _____

K:1d. _____

K:1a – Opstelling

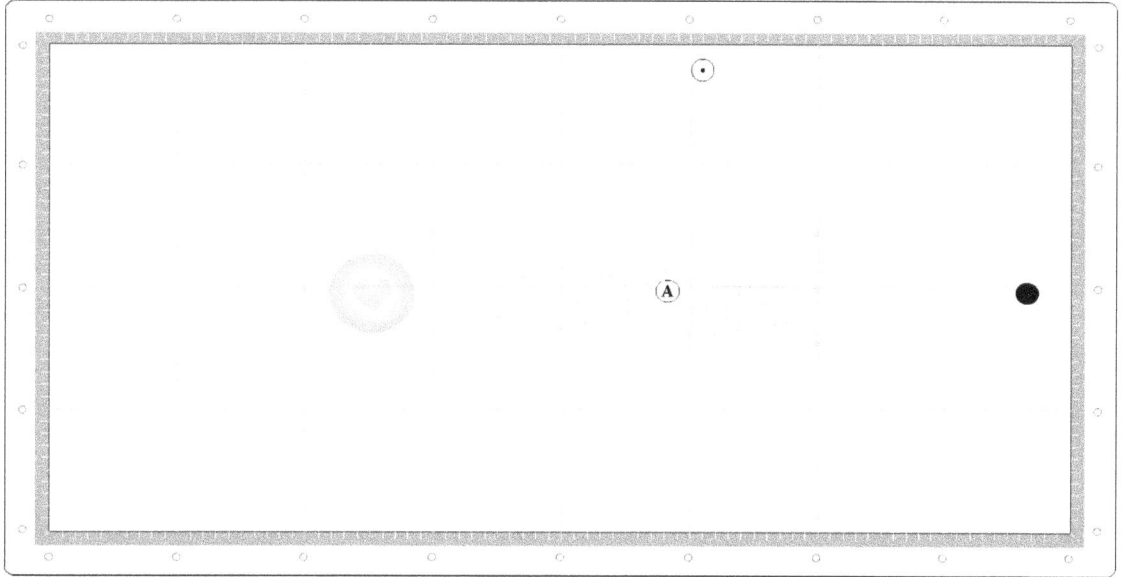

NOTAS VIR JOU IDEES:

Tabelpatroon

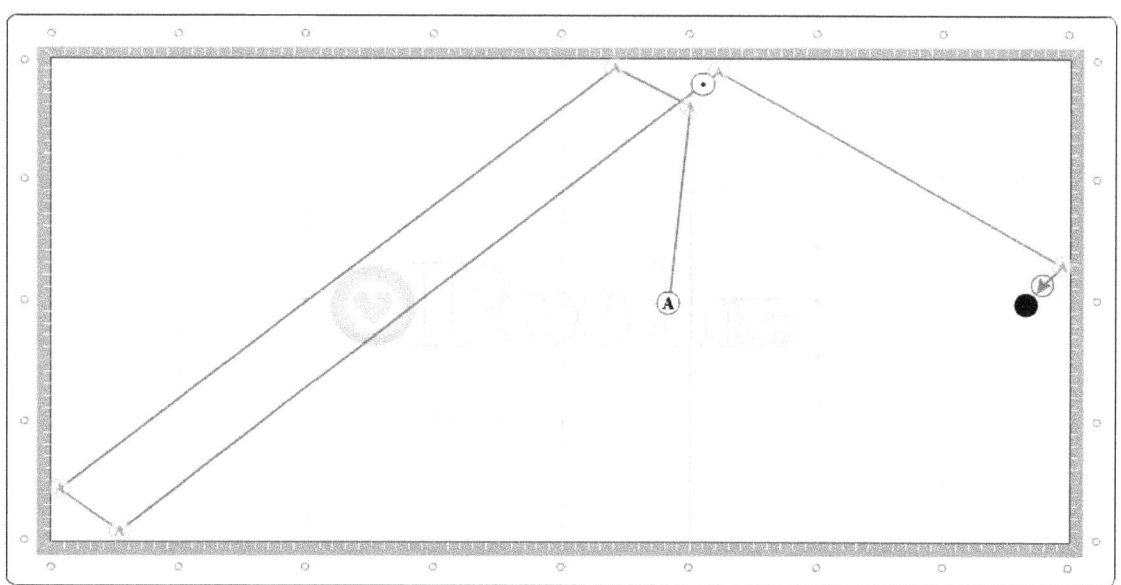

K:1b – Opstelling

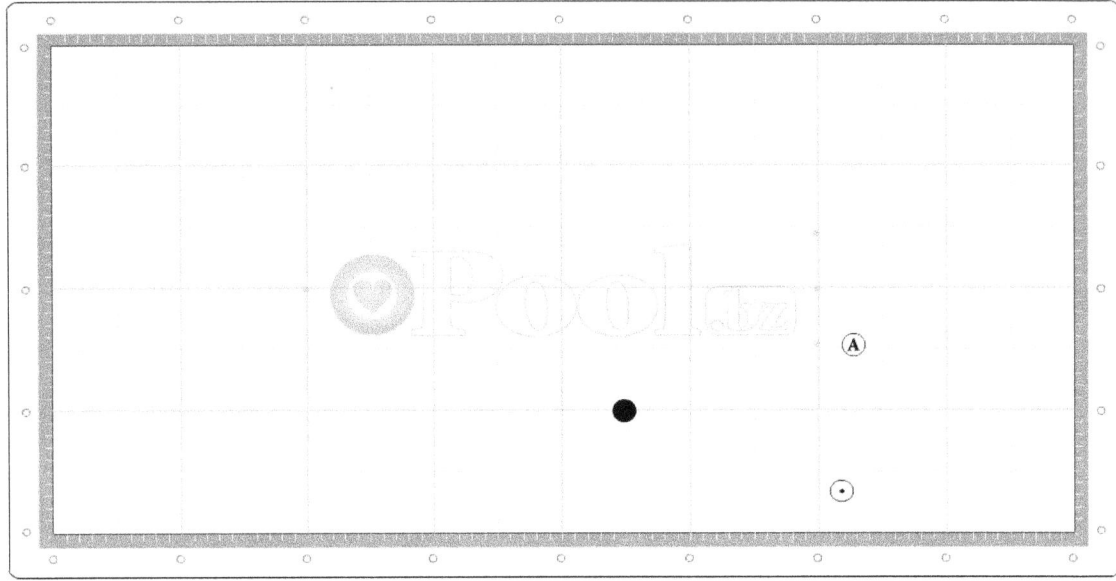

NOTAS VIR JOU IDEES:

Tabelpatroon

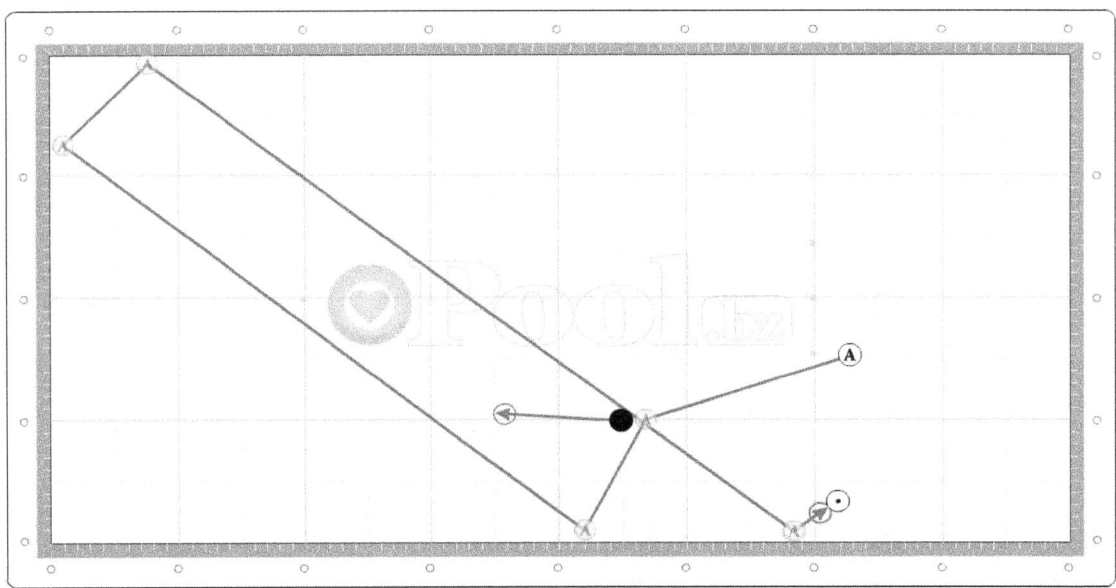

K:1c – Opstelling

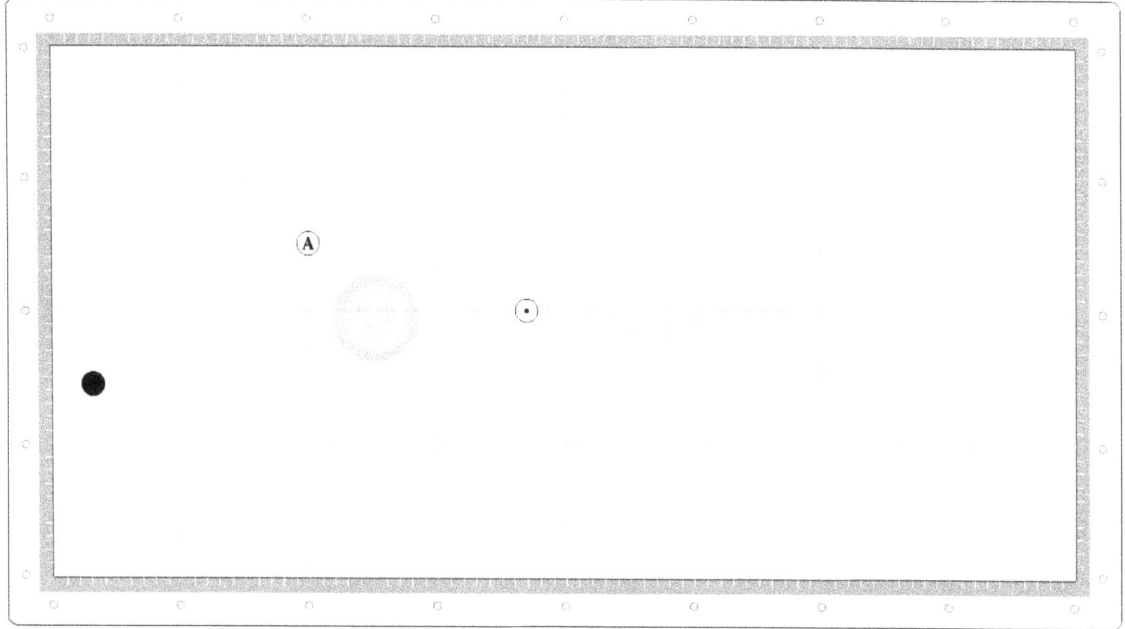

NOTAS VIR JOU IDEES:

Tabelpatroon

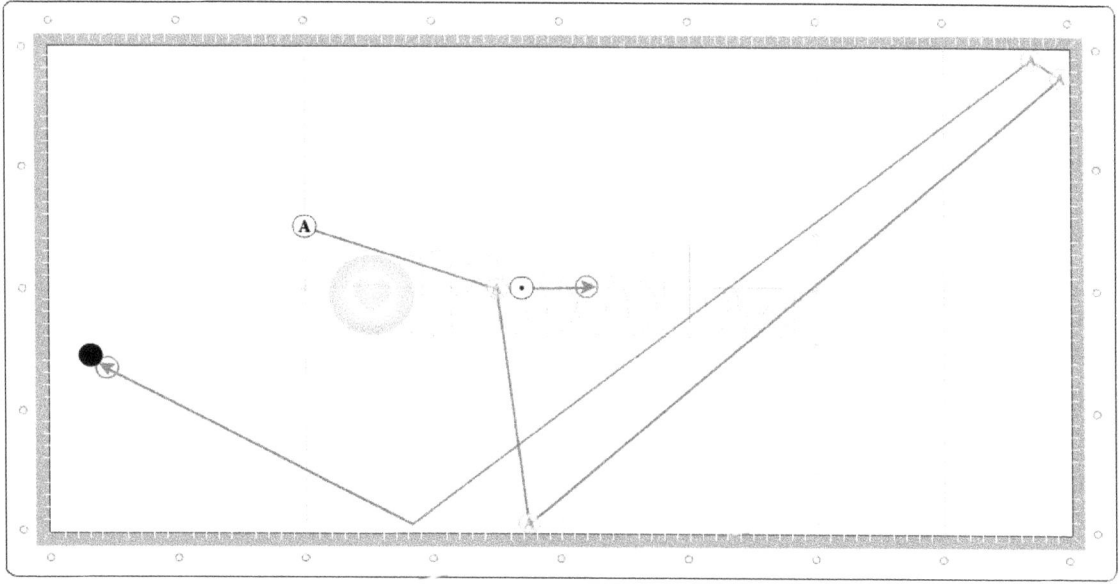

K:1d – Opstelling

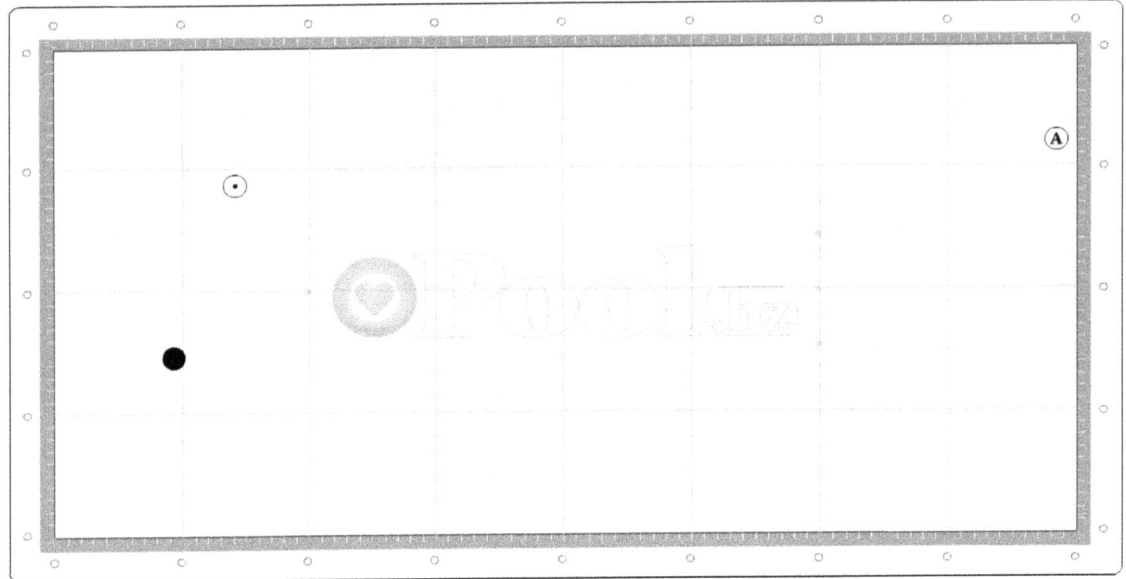

NOTAS VIR JOU IDEES:

Tabelpatroon

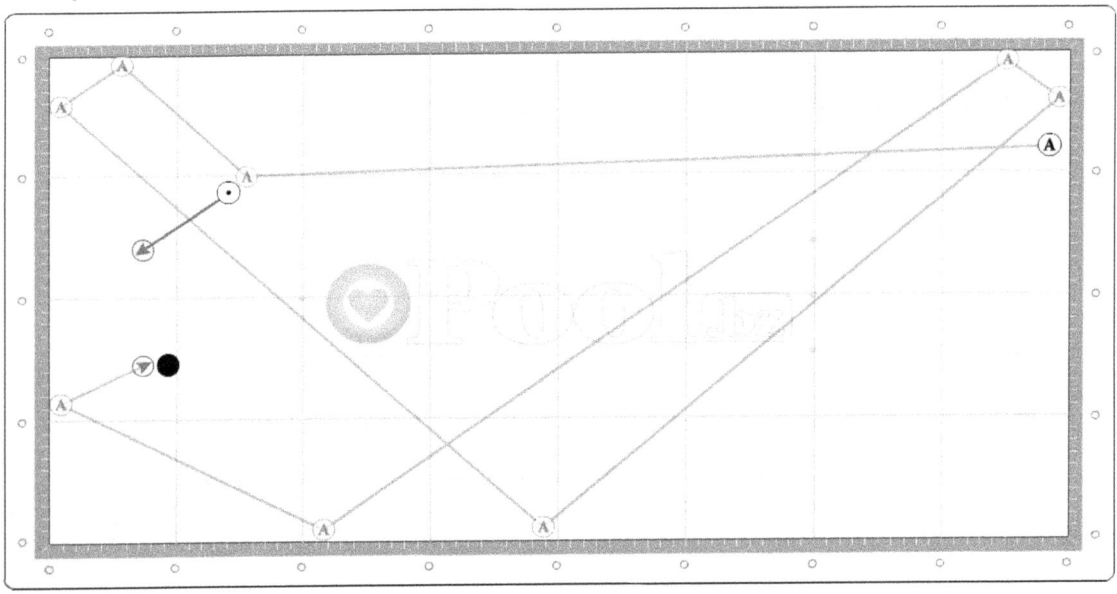

L: Buitekant Retour

Die (CB) kontak die eerste (OB) en gaan in die middel van die lang biljartbanden. Die (CB) reis dan eers in die hoek, lank biljartbanden. Dan kontak die (CB) die tweede (OB).

(A) **(CB)** (jou biljartbal) – (•) **(OB)** (teenstander biljartbal) – ● **(OB)** (rooi bal)

L: Groep 1

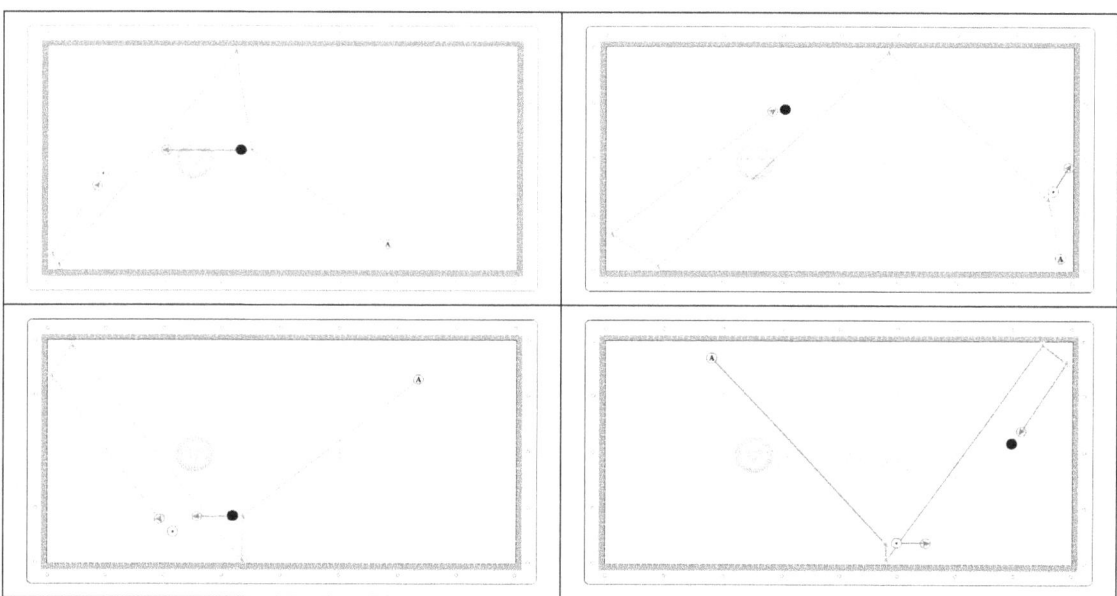

Analise:

L:1a. _____

L:1b. _____

L:1c. _____

L:1d. _____

L:1a – Opstelling

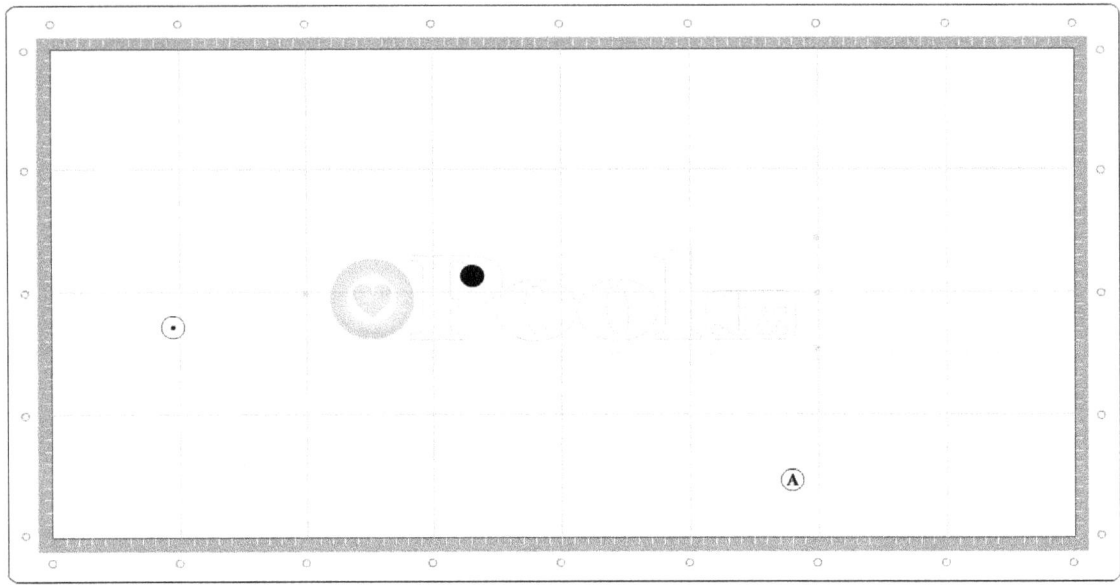

NOTAS VIR JOU IDEES:

Tabelpatroon

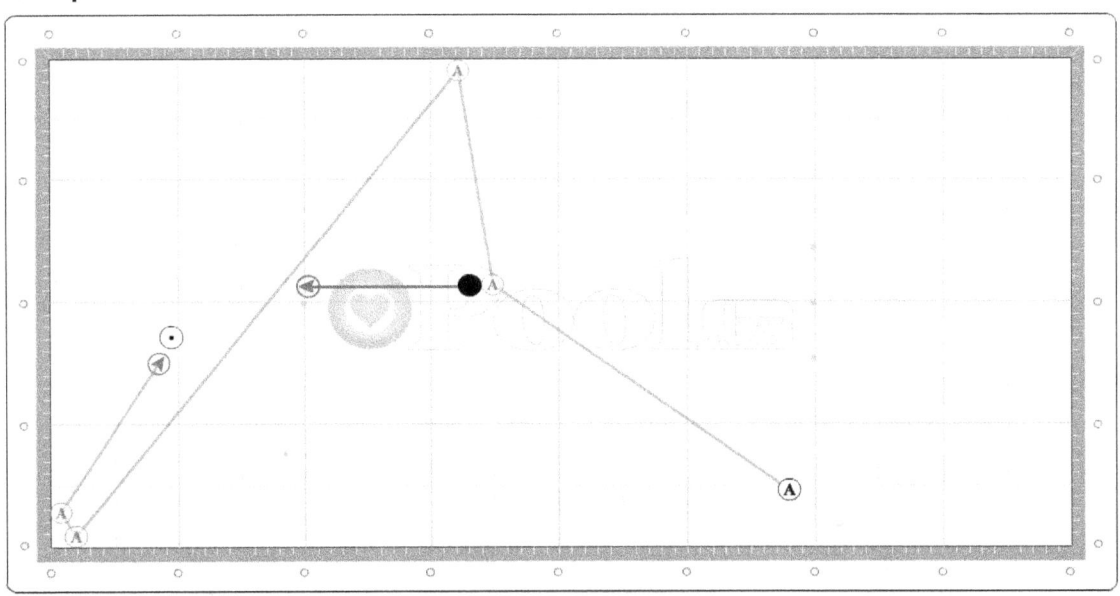

L:1b – Opstelling

NOTAS VIR JOU IDEES:

Tabelpatroon

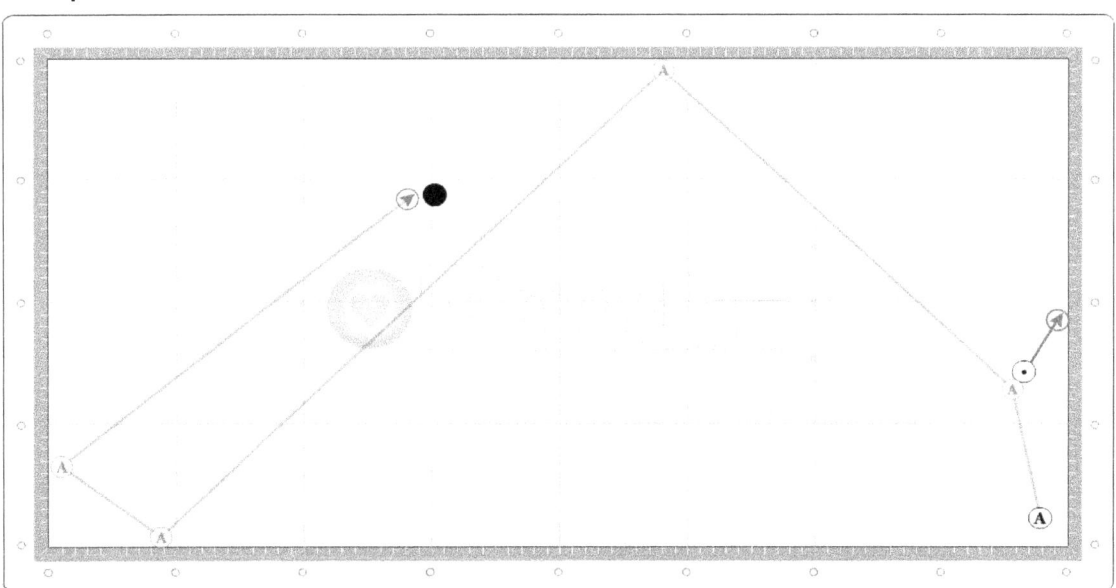

L:1c – Opstelling

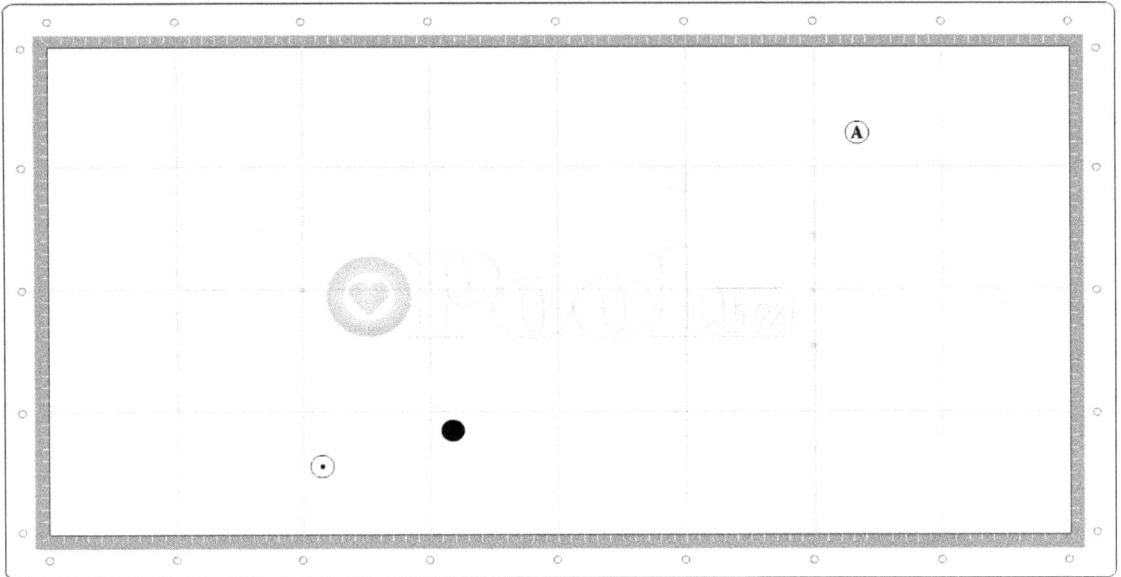

NOTAS VIR JOU IDEES:

Tabelpatroon

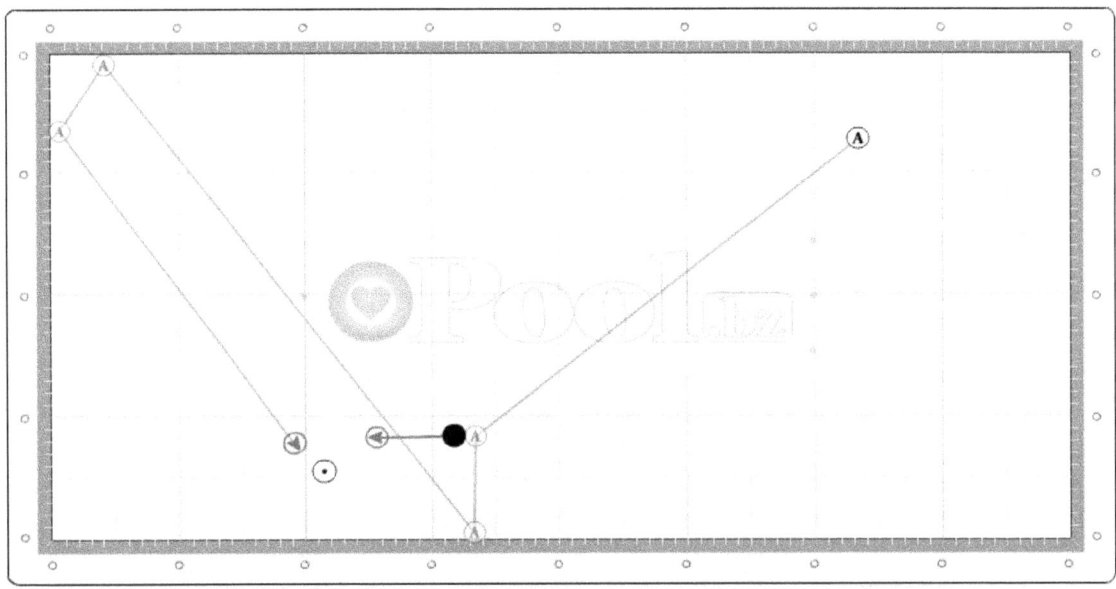

L:1d – Opstelling

NOTAS VIR JOU IDEES:

Tabelpatroon

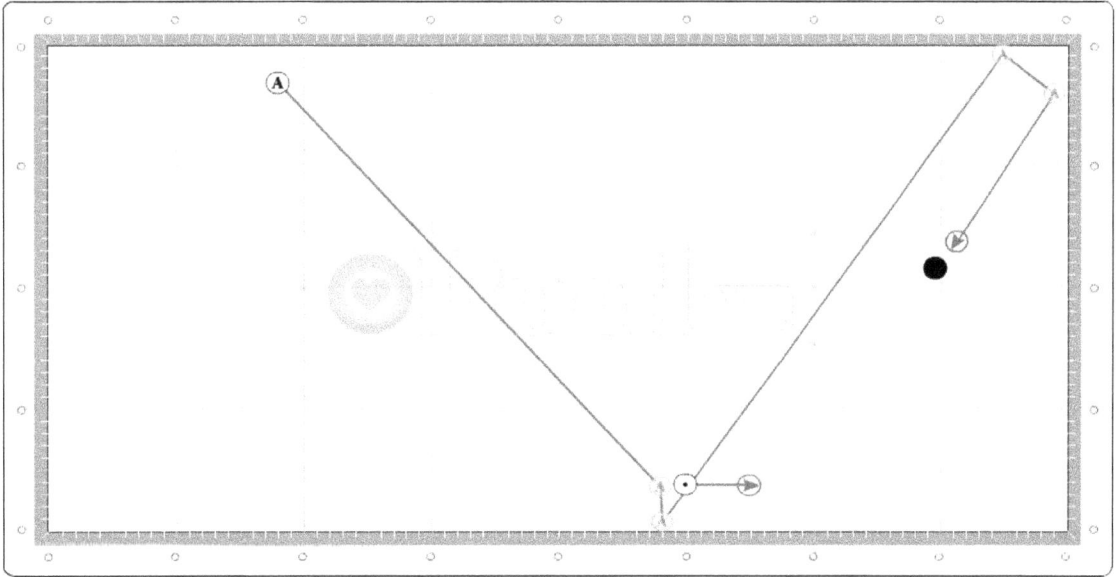

L: Groep 2

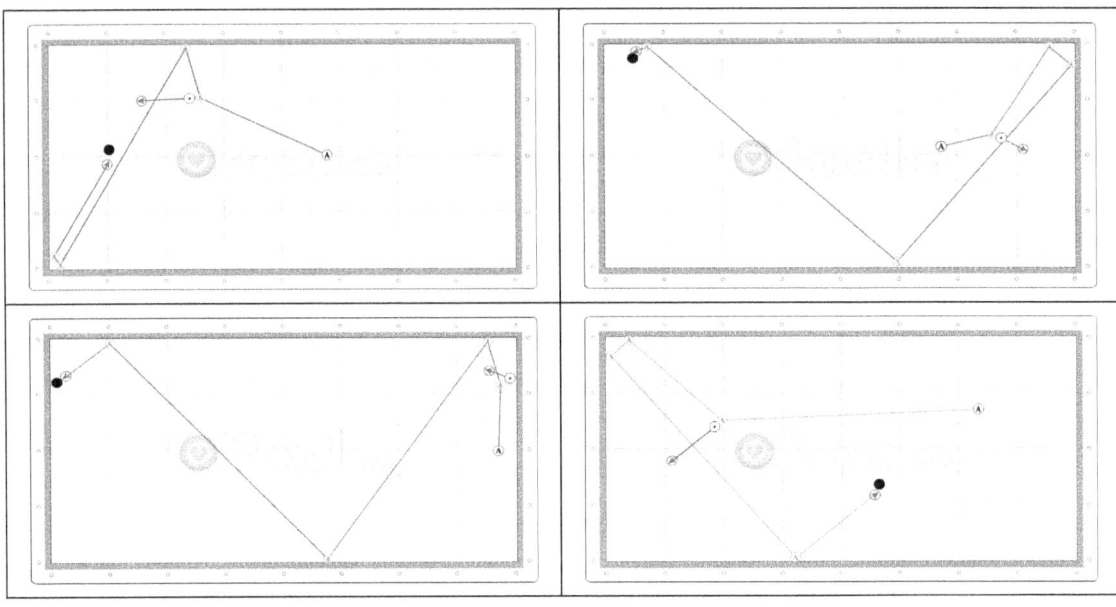

Analise:

L:2a. _____

L:2b. _____

L:2c. _____

L:2d. _____

L:2a – Opstelling

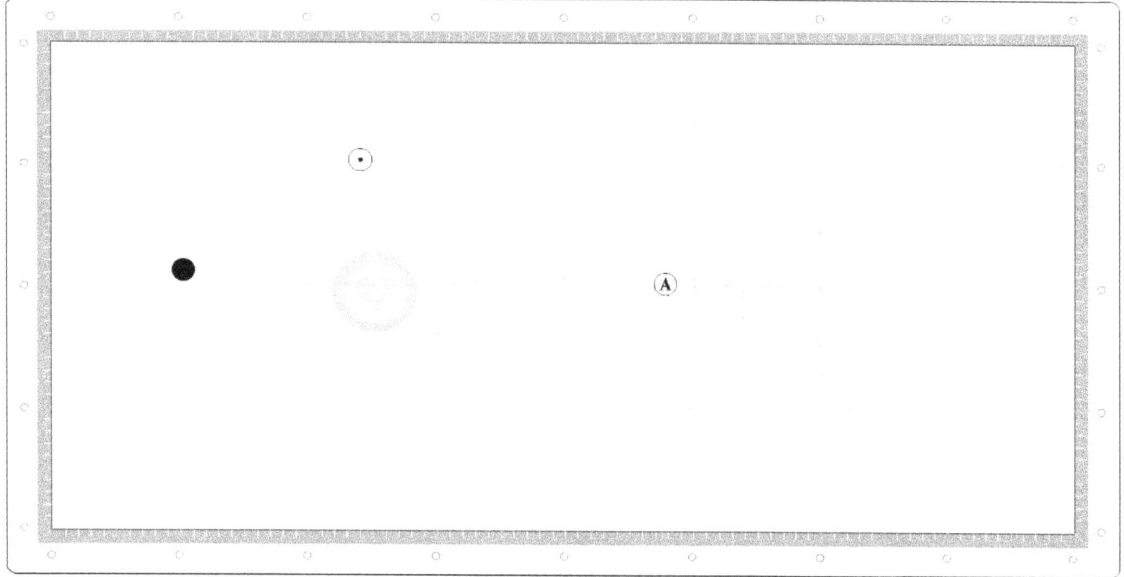

NOTAS VIR JOU IDEES:

Tabelpatroon

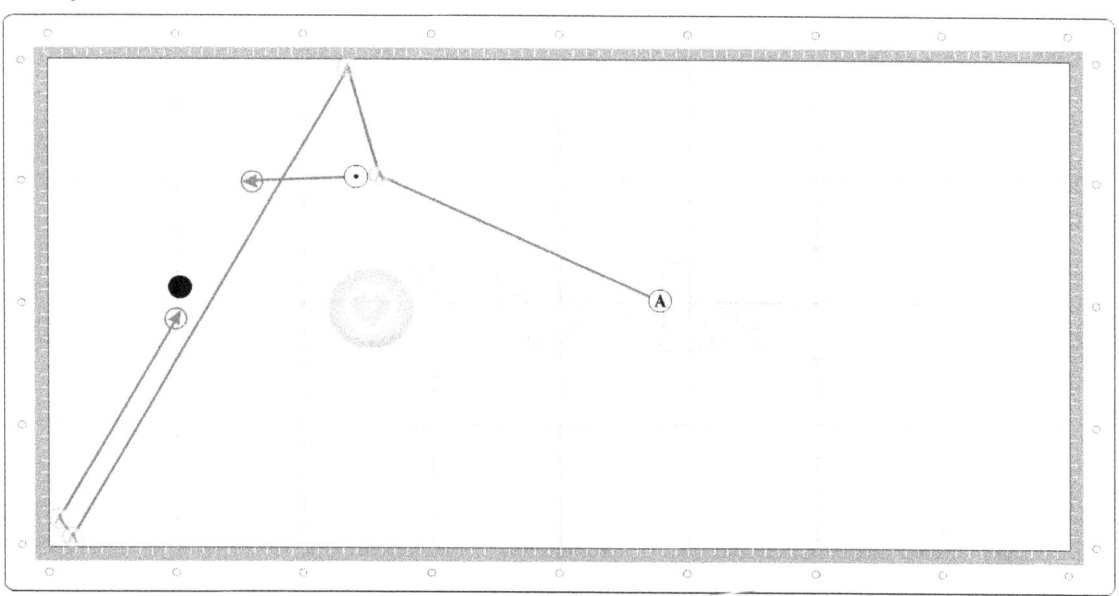

L:2b – Opstelling

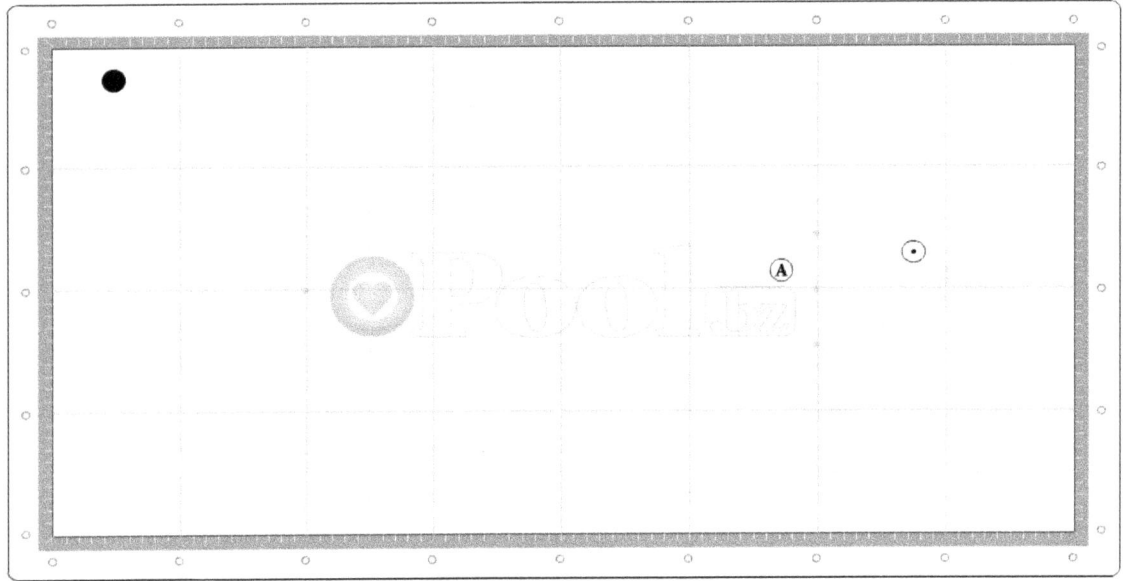

NOTAS VIR JOU IDEES:

Tabelpatroon

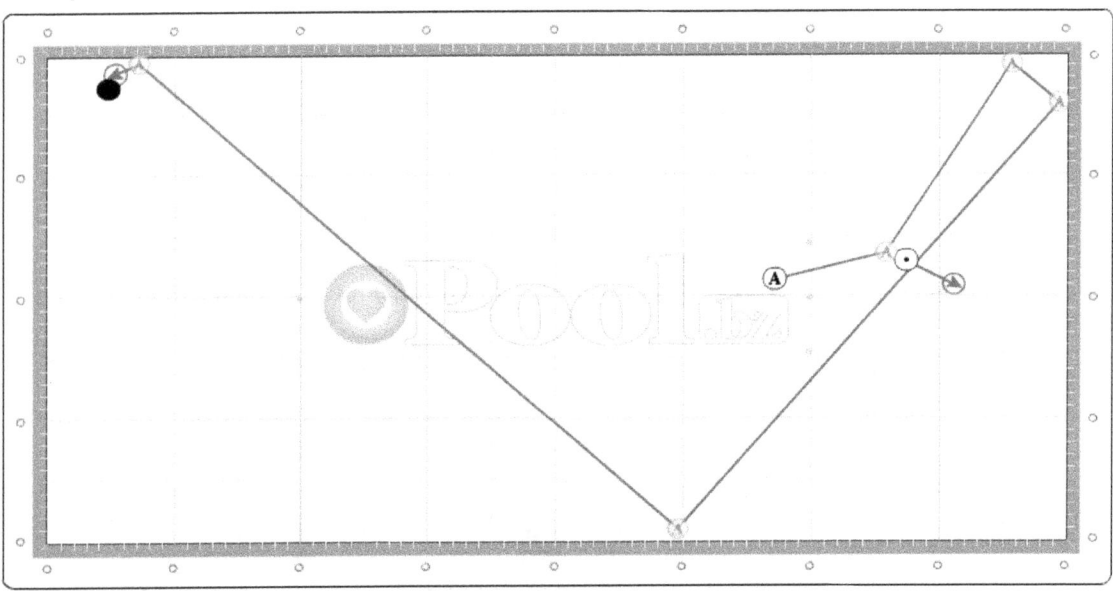

L:1c – Opstelling

NOTAS VIR JOU IDEES:

Tabelpatroon

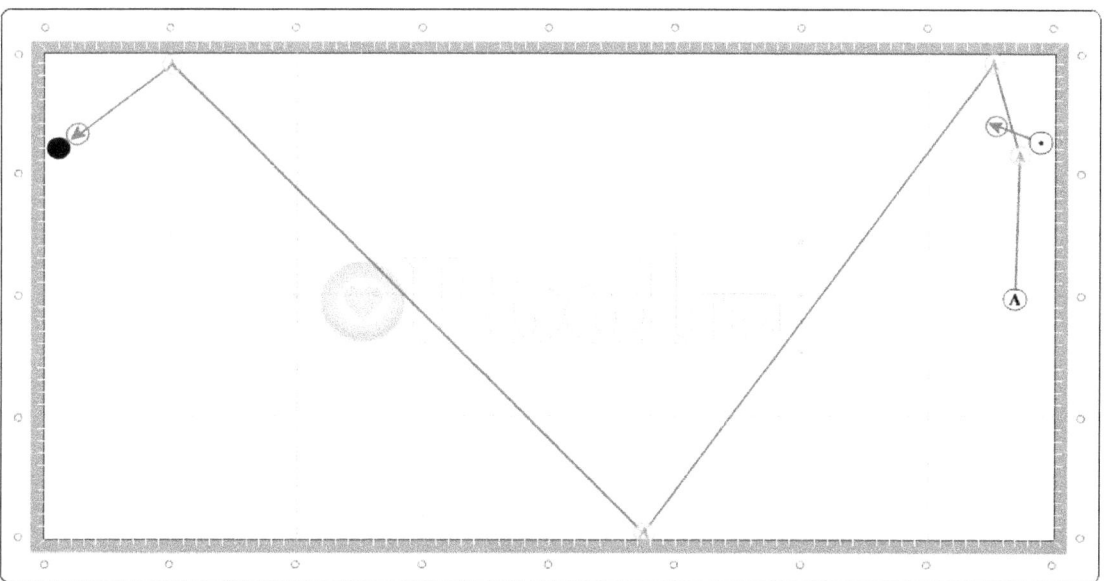

L:2d – Opstelling

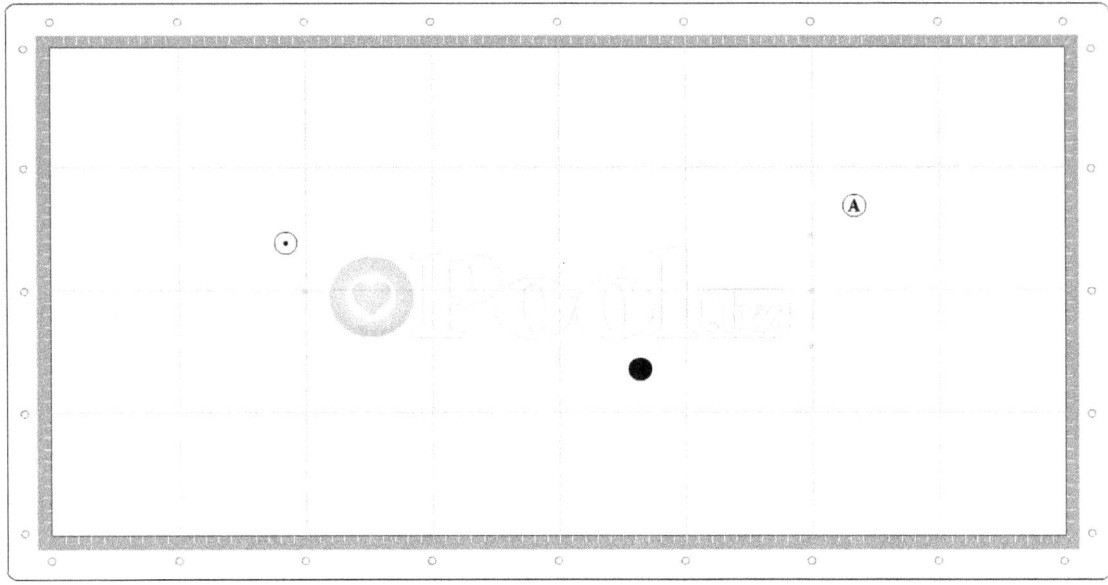

NOTAS VIR JOU IDEES:

Tabelpatroon

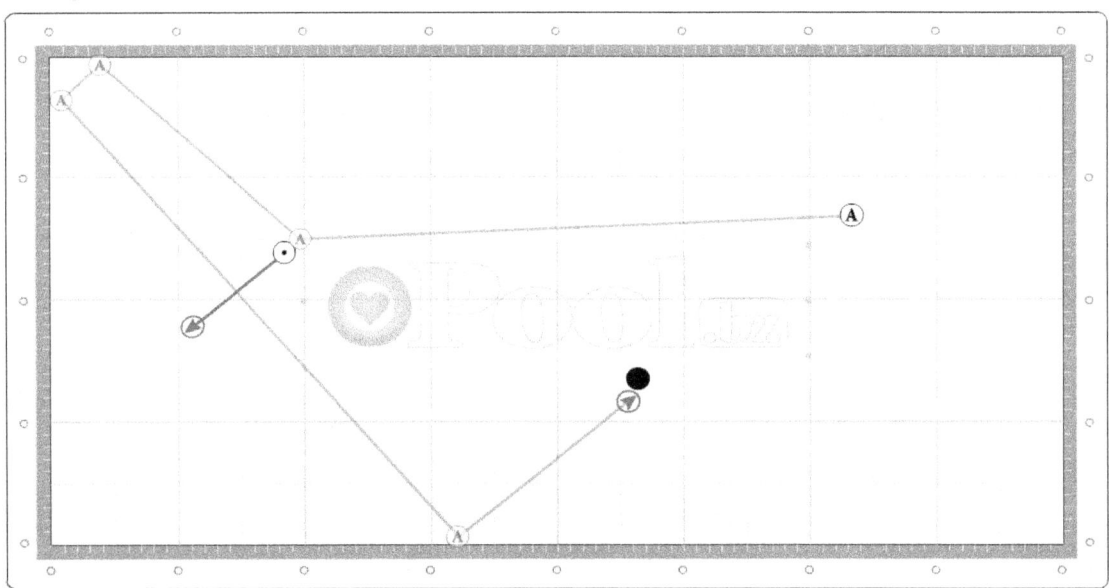

M: Buitekant terugkeer (kort biljartbanden)

Die (CB) kom van die eerste (OB) en dan in die hoek, kort biljartbanden eerste. Die (CB) klim die heuwel. Aan die ander kant, die (CB) kontak met die tweede (OB).

(A) **(CB)** (jou biljartbal) – (•) **(OB)** (teenstander biljartbal) – ● **(OB)** (rooi bal)

M: Groep 1

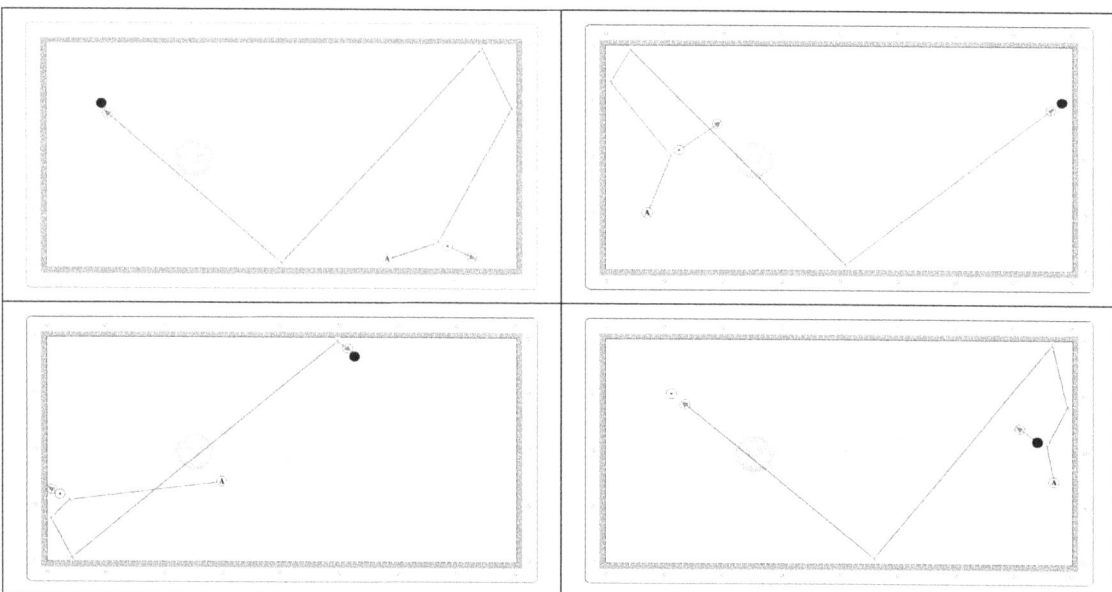

Analise:

M:1a. _____

M:1b. _____

M:1c. _____

M:1d. _____

M:1a – Opstelling

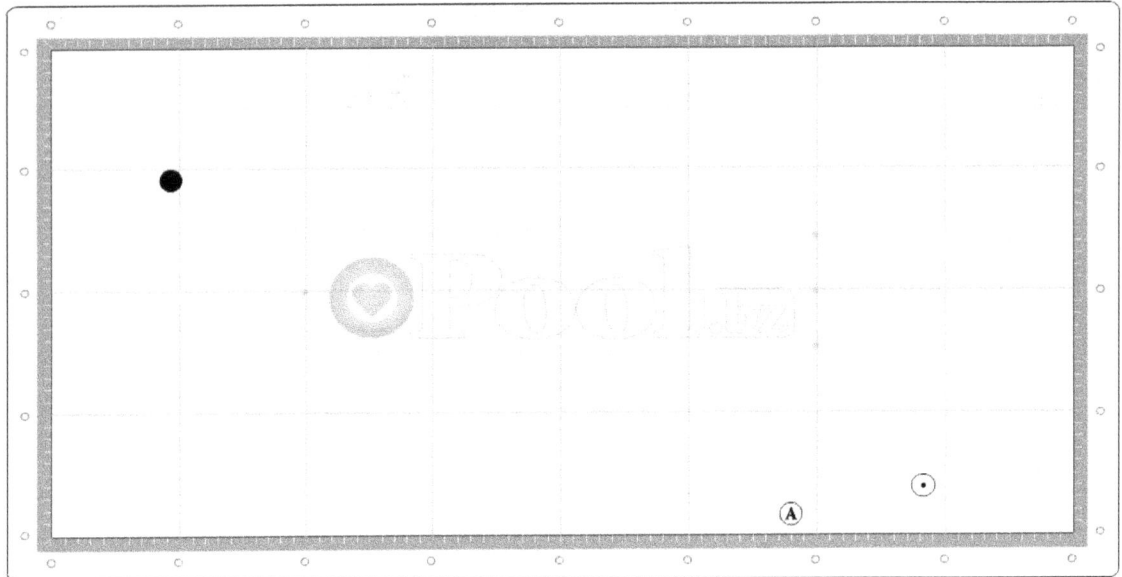

NOTAS VIR JOU IDEES:

Tabelpatroon

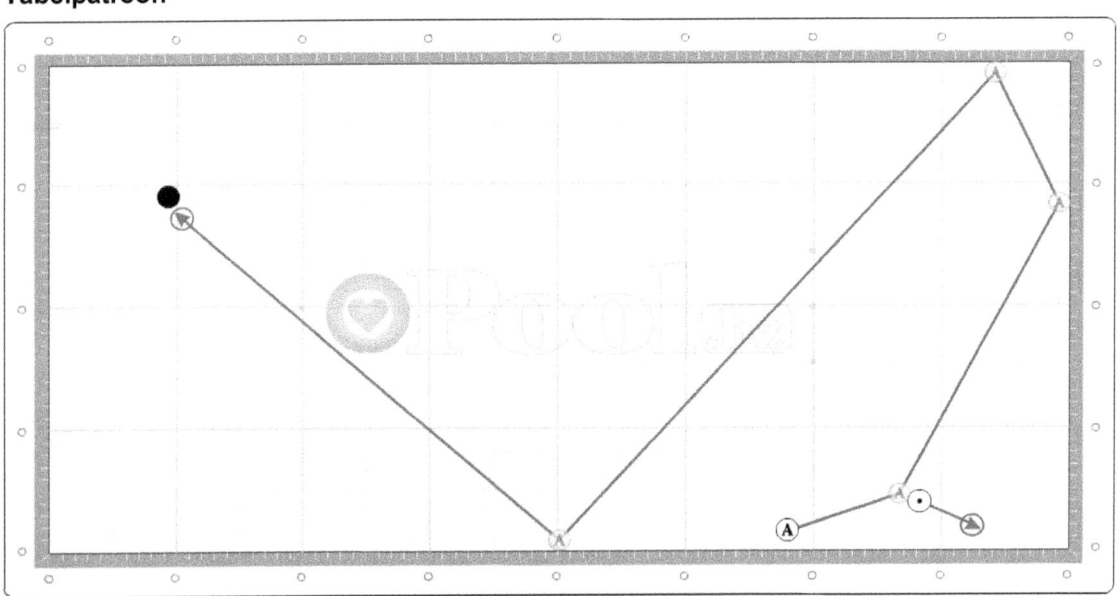

M:1b – Opstelling

NOTAS VIR JOU IDEES:

Tabelpatroon

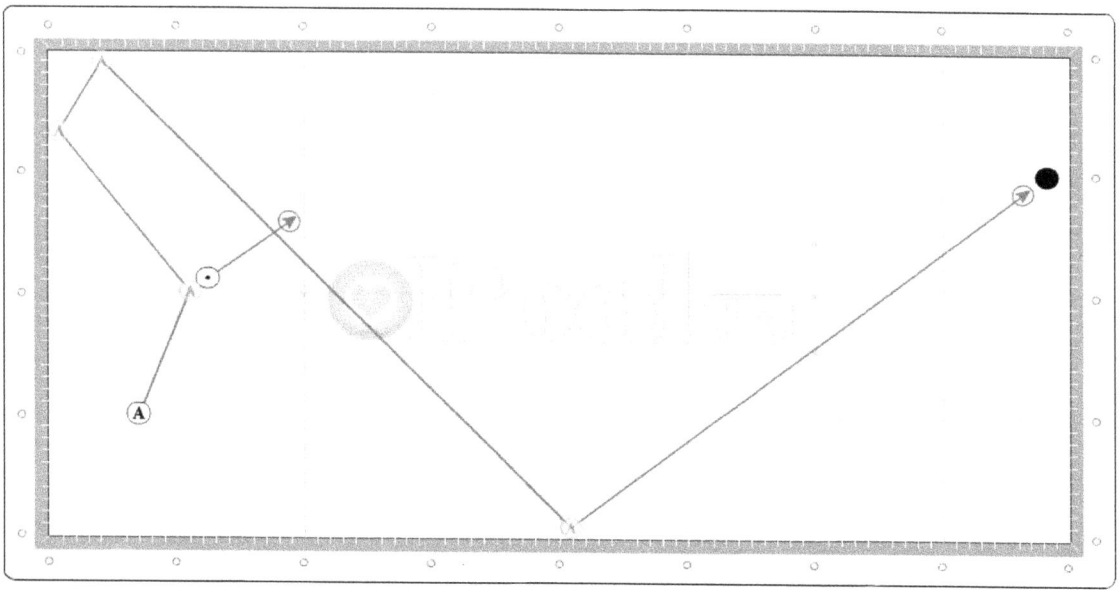

M:1c – Opstelling

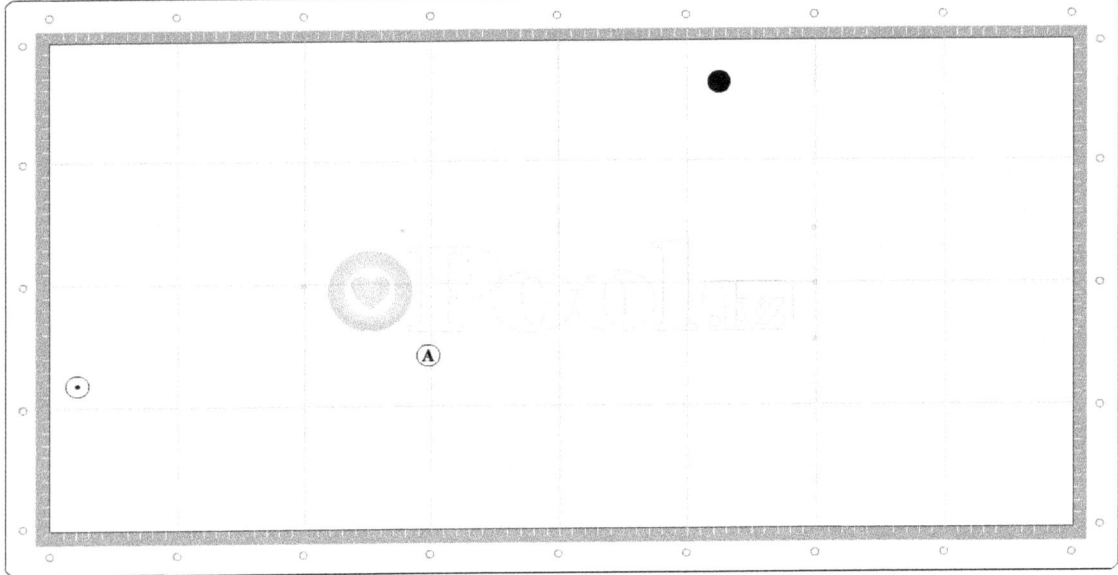

NOTAS VIR JOU IDEES:

Tabelpatroon

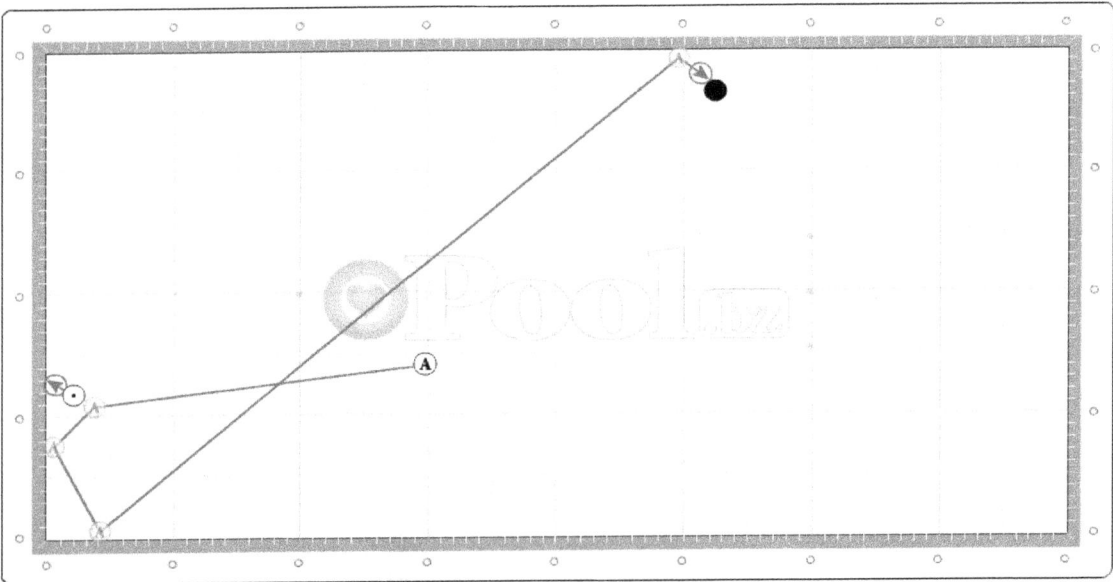

M:1d – Opstelling

NOTAS VIR JOU IDEES:

Tabelpatroon

www.ingramcontent.com/pod-product-compliance
Lightning Source LLC
Chambersburg PA
CBHW080321170426
43194CB00031B/2598